第四の革命

The 4th Revolution

情報圏《インフォスフィア》が現実をつくりかえる

How The Infosphere Is Reshaping Human Reality

ルチアーノ・フロリディ［著］
Luciano Floridi

春木良且・犬束敦史［監訳］
先端社会科学技術研究所［訳］

新曜社

Luciano Floridi
THE FOURTH REVOLUTION
How the Infosphere is Reshaping Human Reality

First Edition was originally published in English in 2014.
This translation is published by arrangement with Oxford University Press.

はじめに

この本は、デジタルＩＣＴ（Information and Communication Technology：情報通信技術）が、我々の自己感覚や、互いの関係のしかた、我々を取り巻く世界を形づくりつつ関わっていくあり方に、どのように影響するかについて述べたものである。ナノテクノロジー、ＩｏＴ（Internet of Things：モノのインターネット）、ウェブ2・0、セマンティックウェブ、クラウドコンピューティング、モーションキャプチャーゲーム、スマホアプリ、タブレットとタッチスクリーン、ＧＰＳ、拡張現実、人工知能コンパニオン、無人ドローン、無人自動車、ウェアラブルコンピュータ、３Ｄプリンタ、アイデンティティ窃盗[訳注1]、オンライン学習、ソーシャルメディア、サイバー戦争…、技術マニアも技術嫌いも、同じ質問をする。「次は何なんだい？」哲学者は、その背景についてあれこれ考える。これらのすべての現象を、一つの、マクロなトレンドの多様な側面として説明できるような、統合的視点を見つけ出すことができるだろうか？　それに答えるのが難しいのは、まず我々が未だにＩＣＴを、外界と、そして我々相互が関わりあうためのツー

[訳注1]　他人に成りすますことによって行われる犯罪行為の総称。クレジットカード番号やアカウント情報（ユーザーＩＤ、パスワード）などの重要な個人情報を盗み出すフィッシング詐欺は、アイデンティティ窃盗の手段として行われることがある。

ルだと見なしているという点にある。ＩＣＴは、実際にはすでに環境なのであり、人類学的な、そして社会的な、世界を解釈する力となっているのである。それは、我々の知的、物理的な現実を生み出し、形成し、我々の自己理解を変え、我々が相互に関わるやり方を変え、世界を理解する方法をより高度化している。そしてこれらすべてが、広く、深く、強力に進んでいるのである。

したがって本書は哲学の本であるが、哲学者だけのための本ではない。ここでは、我々の生活や信条など、我々を取り巻くすべてに影響する、いくつかの深い技術の力を明確にし、解説することを目指している。しかし本書は、技術論文や学術論文ではない。目次をざっと見ていただければすぐおわかりのように、我々は主としてＩＣＴによって引き起こされた、実に大きな文化的革命の始まりを目撃しているというのが私の考えである。どの世代の人々も、生きているのは自分たちであり、過去の人々と未だ生まれていない人々の間にある、唯一の場所に存在しているために、自分たちは特別だと思ってしまう。だから、ものごとをその場から離れて俯瞰的に見ることが大切なのである。けれども、たとえば今が１７７３年12月16日で、「ボストン茶会事件」のその日にボストンにいたり、あるいは１７８９年の7月14日で、「フランス革命」の真っ只中のパリにいるとしたらどうだろう。この本で強調したいのは、我々は今、新しい世紀にいて、「インフォスフィア（infosphere：情報圏）」の中にいるということだ。

ここで述べる情報革命は、我々の未来に大きな可能性をもたらすだろう。だから、この本はほどほどに楽観的でもある。「ほどほど」と言うのは、課題は、ＩＣＴ技術を、最悪な結果を避けながら、最良のかたちで使いこなすことができるかどうかにあるからだ。どうすれば、その利点を享受できるだろうか？最適な技術転換を明らかにし、調整し、促進するために、何ができるだろうか？　この世界を、ＩＣＴに適した環境に変化させていくにあたって、考えられるリスクは何だろうか？　技術で、それが可能になるよう、支援できるのだろうか？　それとも、技術は我々の物理的スペースも概念的なスペースも束縛して、それがベストだから、あるいはそれしか道はないのだから、そのように無言のうちに我々が技術に合わせるように強いるのだろうか？　ＩＣＴは、我々の最も緊急な社会的、環境的な問題を解決する役に立つのだろうか、それとも、それらを悪化させるだろうか？　これらは、情報革命がもたらす難問の一端にすぎない。私は、本書が、これらの難問を明確にし、それに取り組む大きな努力に貢献したいと願っている。そして、こうした問題にもっと効果的で実りのあるアプローチをすることで、ＩＣＴのもたらす可能性について、より良く理解することができれば、ＩＣＴが現在と未来の生活に及ぼす影響についてより深い、より洞察に満ちた理解を得られるだろう。

ＩＣＴによってもたらされる大きな可能性には、それを正しく理解し、正しく利用するという、大きな知的責任が伴う。だから、この本は専門家のためのものではなく、技術の進歩とそれが人類とその見通しうる未来に与える影響に関心のある、すべての人に向けたものなのである。本書は初心者向けの入門書ではないが、テーマに関する前提知識は必要としない。複雑な現象も概念的に簡略化することはできるが、度を過ぎて一線を越えれば、信頼性を欠いたり、内容が歪められて役に立たなくなる。私は、その一線を越えないようにしながら、可能な限りわかりやすくするように努めた。読者の方々が、そのあたりをご理解いただければと思う。

専門家ではない一般の方々のための本としては、はしがきが長いかもしれない。というのも本書は、情報哲学を基礎として、我々の哲学を更新し、時代に即したものとし、学問の壁を越えることを目指す、より大きな企図の一部なのである。[1] 情報化時代の夜明けが、先例のない新しいことごとを生み出している。我々の基礎的な哲学的観点は、歴史、とりわけ工業化時代の歴史の中で作られたものであり、完全に入れ替えるとまでは言わないまでも、時代に合ったものに改訂し、補足する必要があるというのも当然と言えよう。学会やシンクタンク、研究所、R&D企業などはまだましではあるが、一般市民やネットの世界では、明らかに、懸念と期待とがないまぜになった混乱の雰囲気がある。世界や我々自身、そして我々の外界や他者に対する関わりに起こりつつある、胸躍る、根底からの変化への気づきである。この雰囲気と気づきは、研究プログラムや、補助金による応用などの結果ではない。世界に対する我々の見方の変化は、もっとずっと現実的かつ強力に、しかしより混乱気味かつ試行錯誤的でもありながら、我々の目の前と足元で指数関数的かつ不断に流動的に変化している現実に対する、日々の知的、行動的な調整の結果なのである。我々は、未だ成熟した沈殿物とはなっていない新しい条件を作りながら、かつそれに適応しながら、駆け足で未来へと向かい、新しい均衡のあり方を見出しつつある。新しいものごとは、もはや、初期の混乱をもたらすことなく、最終的には安定した「大同小異」のパターンに解消してゆく。たとえば、自動車産業や書籍業界を考えてみると、初期の頃の混乱は、迅速な調整によって安定に辿り着いた。我々の時代を、歴史[訳注2]（ヒストリー）の終わりと、ハイパーヒストリー（この考え方については第1章で述べる）の始まりとして捉える「歴史の新しい哲学」が、新しい自然の哲学、新しい哲学的な人類学、我々と世界を結ぶ総合的な環境主義、新しい政治哲学を生み出すのは明らかだろう。サイバーカルチャー、ポストヒューマニズム、特異点《シンギュラリティ》（singularity）、そしてその他の類似した先端的な考えは、我々の新しいハイパーヒストリーに根ざした試みとして理解できる。たとえそれに説得力がなかったとしても、それらは時代を示しており、暗示や示唆だと考えることもできるだろう。ブラジルには、こういう諺がある。「O buraco é mais embaixo.」穴がより深くなれば、問題はさらに大きくなる。我々は、真剣に、哲学的に穴掘り（探究）をする必要がある。これが、技術的に広がっていくこの世界で、現在と未来の再考をすることが、ハイパーヒストリーの下でのあらゆる局面に適用できる、新しい情報の哲学を求めることを意味する理由である。我々自身は、固有の文化の、末端にある葉や花とも関わっているため、我々の文化の起源やその姿を注意深く眺めておく必要がある。

情報化社会は、書字、印刷、そしてマスメディアの発明に、遠い起源があることは広く知られている。しかし情報化社会が現実化したのは、ＩＣＴの記録や通信設備が情報処理機能に進化した、つい最近のことである。ＩＣＴがもたらした変容が多大で広範であるため、哲学的な概念や考え方が大いに後れをとっている。これから手を付けていこうとする課題は非常に重要なものであり、明らかに哲学を俎上に乗せ、積極的に関わる必要がある。情報それ自身の性質を、より良く把握するための哲学が必要とされている。それはＩＣＴの、我々自身や環境に対する倫理的な影響を予測し、制御するための哲学でもあり、情報の経済や社会、政治的なダイナミックさを向上させる哲学でもある。そして、我々が直面する新たな困難に対して、意味づけを与えること（意味と理解を与えること）ができるような、適切な知的枠組みを開発するための哲学でもある。要するに、我々の時代のための、我々の時代の、情報の哲学が必要なのである。

［訳注２］本書では、ハイパーヒストリーに対応する前時代を、ヒストリーと表記している。

私は、我々が立ち向かっていくべき巨大な課題に対して、幻想を抱いてはいない。本書では、ハイパーヒストリーの哲学の観点から、ヒストリーの哲学について、またインフォスフィアの哲学の観点から、自然の哲学に対して、我々の自己理解におけるコペルニクス、ダーウィン、そしてフロイト以降の第四の革命の観点から、哲学的人類学について、そして、グローバルな問題を扱うマルチエージェントシステムのデザインの観点から、政治哲学について、いくつかのアイデアを提起したいと考えている。本書で扱うこれらの内容は、人工的なこと、デジタル、または合成的であることを含んだ、環境全体に対する倫理的な関心と配慮へと広がっていかねばならない。こうした新しい「e-環境」の倫理は、すべてのインフォスフィアとそれに関係するコンポーネント、その世界の住民のための情報倫理に基づかねばならない。以降の諸章では、このような考えに触れ、それに合致する倫理的な基盤（インフラ）の必要性について概観するが、さらに多くのことが待ち構えている。多くの人々が、議論に参加してくれることを望んでいる。

最後に、本書の読者は、本書に含まれている新しい表現や実験的な言葉、省略語など、多くの用語を目にするだろう。それらは一般的ではなく、いわば暫定的なものである。こういった言語を作り替える試みは、あまりいい印象を抱かないかもしれないが、避けることができないと考えている。読みやすさと正確さの間のバランスをとるのは非常に難しいが、私はそのことを隠そうとは思っていない。ウィーン学団[訳注3]のメンバーである哲学者、フリードリヒ・ヴァイスマン（1896-1959）の生彩に富んだ比喩表現を言い換えれば、泳ぎの得意な人が流れの上流に向かって泳いで行けるように、素晴らしい哲学者は、現在の言語の慣用に立ち向かって、「会話の上流」に向かって思考するという、難しい技を持たねばならない。[2] その意見に同意するが、我々が直面している深淵な知的な新しさを捉える私の努力が、まだまだ適切には及ばないことも自覚している。より良い理解を抜きに、より良い方針を作ることはできないため、古い考え方の流れにあらがう挑戦は、切実なものである。我々は、我々の時代を適切に把握するため、したがって、それらをオープンな課題として最適に扱うことができる、最適な手法を導き出すための最適な機会として、概念的な用語《ボキャブラリー》と、世界（我々の意味づけをする過程や実践など）に意味を与え、理解する方法を再考し、再デザインする必要があるだろう。同時にこれは、明晰さと理由づけ、最適な証拠と適切な説明、可能な説明、そして不確実性、無知を正直に認めることを諦めるということを意味しない。流れに逆らって泳ぐことは、動転してバタバタすることとは違う。それどころか、訓練がより必須となるだろう。我々は、諦めずに、知的な条件を改善しなければならない。そこで、同じウィーン学団のメンバーである、オーストリアの科学哲学者・社会学者のオットー・ノイラート（1882-1945）の、もう一つの水に関わる比喩[3]がふさわしいだろう。「我々にはいかだすらないが、しかし無為に溺死するという選択はない[4]」。思考における怠惰な姿勢は、我々の抱えている問題を悪化させるだけである。我々は合理的に努力し、まだ泳げる間に、いかだを作らなければならない。以下の諸章が、その材料になれば幸いである。

［訳注3］20世紀初頭に活躍した、ウィーン大学の哲学教授モーリッツ・シュリックを中心とする科学者、哲学者のグループ。論理実証主義を標榜した。

謝辞

本書の執筆にあたり、多くの方々にさまざまな方法で、また多様な局面で助けていただきました。そのすべての方々のお名前をどんなに長く列挙しようと努めたとしても、どなたか重要なほうを見落としてしまいそうです。ここでは、この研究の最後の段階と、本書のマラソンにも似た執筆期間に大変大きく影響を受けた方々に限定して、謝辞を述べることとしました。

オックスフォード大学出版局の上席企画編集者、ラター・メノンさんは、私がこの野心的なプロジェクトに取り組むよう励まし、その過程のいくつかの段階で意見を述べ、そして、何度も原稿完成の期限延長を要請し続けた長い年月にわたって、変わらずサポートしてくれました。深く感謝いたします。彼女は、最終稿となる前に草稿を読み、ずっと読みやすいものにしてくれました。

アントニー・ビーバーズ、テリー・バイナム、マッシモ・ドゥランテ、チャールズ・エス、エイモス・ゴラン、ミレイユ・ヒルデブラント、ホスク・リー・マキヤマ、マルコ・パンチーニ、ウーゴ・パガロ、マリアロサーラ・タデオ、マッテオ・トゥリッリ、メノ・ヴァン・ドールン、マーティ・ウルフたちと交わした本書のさまざまな部分についての会話は、大きな改善につながりました。共にしたワインは無駄でありませんでした。しかし、まだ彼らに何杯か借りがあります。特にマッシモ・ドゥランテ、フェデリコ・ゴッボ、カーソン・グルーバー、ウーゴ・パガロ、マーティ・ウルフは、私がこれが完成稿と考えた原稿を読んでくれ、もう一度推敲することになりました。彼らの思慮深いフィードバックに感謝します。

妻のアンナ・クリスティーナ（キア）・デ・オゾリオ・ノブレに感謝します。愛情に満ちた生活だけでなく、「第四の革命」によりフォーカスを当てるという当初のアイデアも、彼女に負っています。そして彼女の高い期待と要求に夫は応えうるという、無限の信頼にも支えてもらいました。やり遂げられるだろうかと逡巡し、書き上げるのが難しいとたびたび泣き言を言うのに耳を傾けてくれました。愛し、尊敬する人が、あなたは成功すると完璧に請け合ってくれるほど、我々を動機づけてくれることはほとんどないでしょう。私は何度か、自宅の暖炉の前で妻に最終稿を読み上げて聞いてもらったのですが、そんな素敵な夕べに、彼女は多くの、重要で洞察に満ちた提案をしてくれました。

私は２０１２年に、光栄にも欧州委員会が組織した、欧州社会で起こっているデジタルへの転換に対するＩＣＴの影響に関する「オンライフ・イニシアティブ」という研究グループの議長を務めました。欧州委員会通信ネットワーク・コンテンツ・技術総局局長のアドバイザーであるニコル・ドゥワンドルは、プロジェクト全体をスタートさせ、強力に支援してくれました。彼女とロバート・マデリンには、現実世界での哲学的な実践という素晴らしい挑戦の機会を与えていただき、深く感謝しています。このグループの活動の成果が『オンライフ・マニフェスト（*The Onlife Manifesto*）』[1]ですが、私が本書で提示したアイデアに因んで名づけられたグループとマニフェストが存在することを大変光栄に思います。そのグループの一員であったことは、素晴らしい知的経験でした。それを通して、私は情報革命の多くの側面について理解を深めることができました。これは、多くの優れた同僚たちとの会話や彼らからの情報がなければ、おそらくできなかったでしょう。仲間のオンライファー（onlifers）である、フランコ・アコーディーノ、ステファナ・ブロードベント、ニコル・ドゥワンドル、チャールズ・エス、ジャン・ガブリエル・ガネシア、ミレイユ・ヒルデブラント、イアニス・ラウリス、クレール・ロベット、サラ・オーツ、ウーゴ・パガロ、ジュディス・サイモン、メイ・ソーセース、ピーター・ポール・ヴェルビークに感謝します。

完成した本書は、オックスフォード大学出版局の編集チーム、特にエマ・マーとの楽しく、有意義な一連のやりとりの成果です。オックスフォード大学出版局が選任した匿名の査読者の方々は、私が脇道に逸れないよう導いてくれました。私の個人助手であるペニー・ドリスコールは、卓越した手腕で校正刷を読み、より読みやすくしてくれました。彼女はまた本書の最終版について、いくつかの非常に有用な哲学的フィードバックを提供してくれました。すでに述べたことをここでも確認することになりますが、彼女の卓越した支援と完璧な管理スキルがなければ、私はこのプロジェクトを完了できませんでした。

最後に、過去数年にわたって、さまざまな段階で私が研究を進めるために必要なすべてのサポートを提供してくださった、ハートフォードシャー大学のブレンダン・ラーボア、ジェレミー・リッジマン、2010／11年度と2011／12年度に、三つの学術助成金を付与してくださり本書の研究の一部をサポートしていただいた、英国芸術人文研究評議会とグーグル、ワシントンのアメリカン大学経済学科のインフォメトリクス研究所の非常勤教授として私を招いてくださったエイモス・ゴラン、そして、私の最近の新しい学問のホームである、オックスフォード・インターネット研究所に感謝いたします。2013年にアメリカン大学で過ごすという特権のおかげで、静かで集中した、組織だった期間を得、執筆のための最終的な努力が可能になりました。

目次

装幀＝荒川伸生

第1章　時間
ハイパーヒストリー

人間開発の三つの時代

人類の歴史の中で、現在は最も多くの人々が生きている。そして、我々の多くが、かつてよりも長く生きる。世界的な不均衡の程度は未だ大問題ではあるが、平均寿命は増加し（図1、図19も参照）、貧困は減少しつつある（図2）。その結果として、「障害」が人類の健康に関して最大の課題となっている。

図1と図2の中の傾向を示す線は、総じて、我々が技術を平和的、かつ持続的に開発し、知的にそれらを使用した限りにおいてであるが、技術によって描かれたものである。

我々はしばしば、火打石と車輪、火の粉と鋤《すき》、そしてエンジンとコンピュータに、どれほど負っているかを忘れてしまう。人々の暮らしを先史時代《プレヒストリー》とそれ以降の歴史《ヒストリー》に分けるとき、技術に大きく負っていることに気づく。そのような顕著な転換点は、我々が誰であったかと誰であるのか、そして、本書で述べてゆ

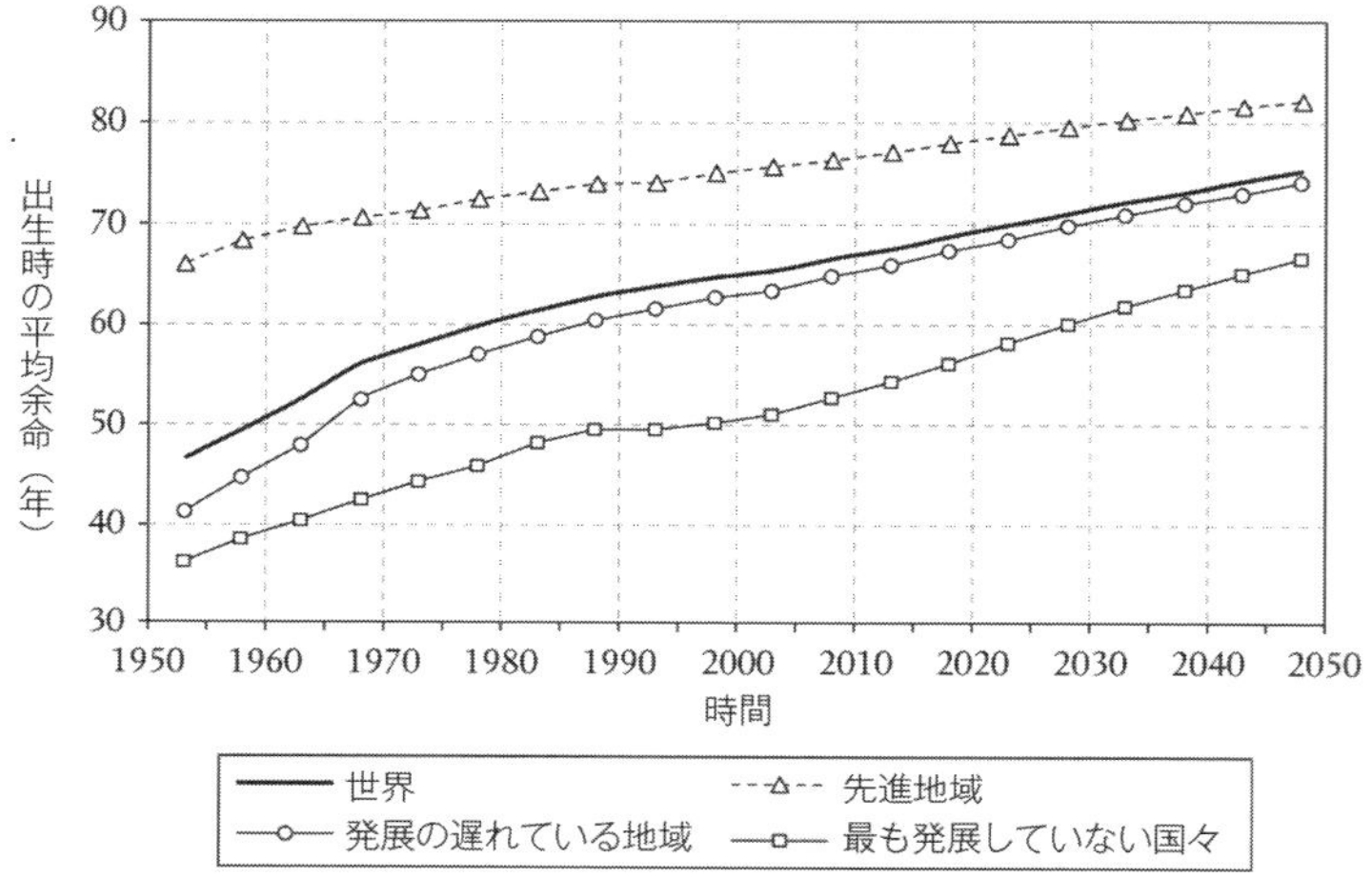

図1　出生時に予測される寿命の世界平均と先進地域との比較

出典：Population Division of the Department of Economic and Social Affairs of the United Nations Secretariat (2005). *World Population Prospects：The 2004 Revision Highlights*. New York：United Nations.

くが、我々がどうありえたかとどうなるのかとの違いのすべてを生み出したＩＣＴの発明と発展にあるということを、認めざるをえない。過去の世代によって学ばれたことが、ソフト的に、あるいはラマルク流[1]のしかたで指数関数的に進化し始め、人類がヒストリーへと入ったのは、出来事を記録するシステムが可能となり、それによって将来的な使用のために情報を蓄積し、伝達することができるようになってからのことであった。

したがって、ヒストリーは、情報化の時代と同義であると言っていいだろう。こうした一連の推定は、少なくとも青銅器時代、メソポタミアや他の地域で書字が発明された時代（紀元前４０００年）から、人類がさまざまな種類の情報化社会に住んでいたことを示している。実際に、紀元前３０００年、シュメール（イラク）の都市ウルは、世界で最も先進

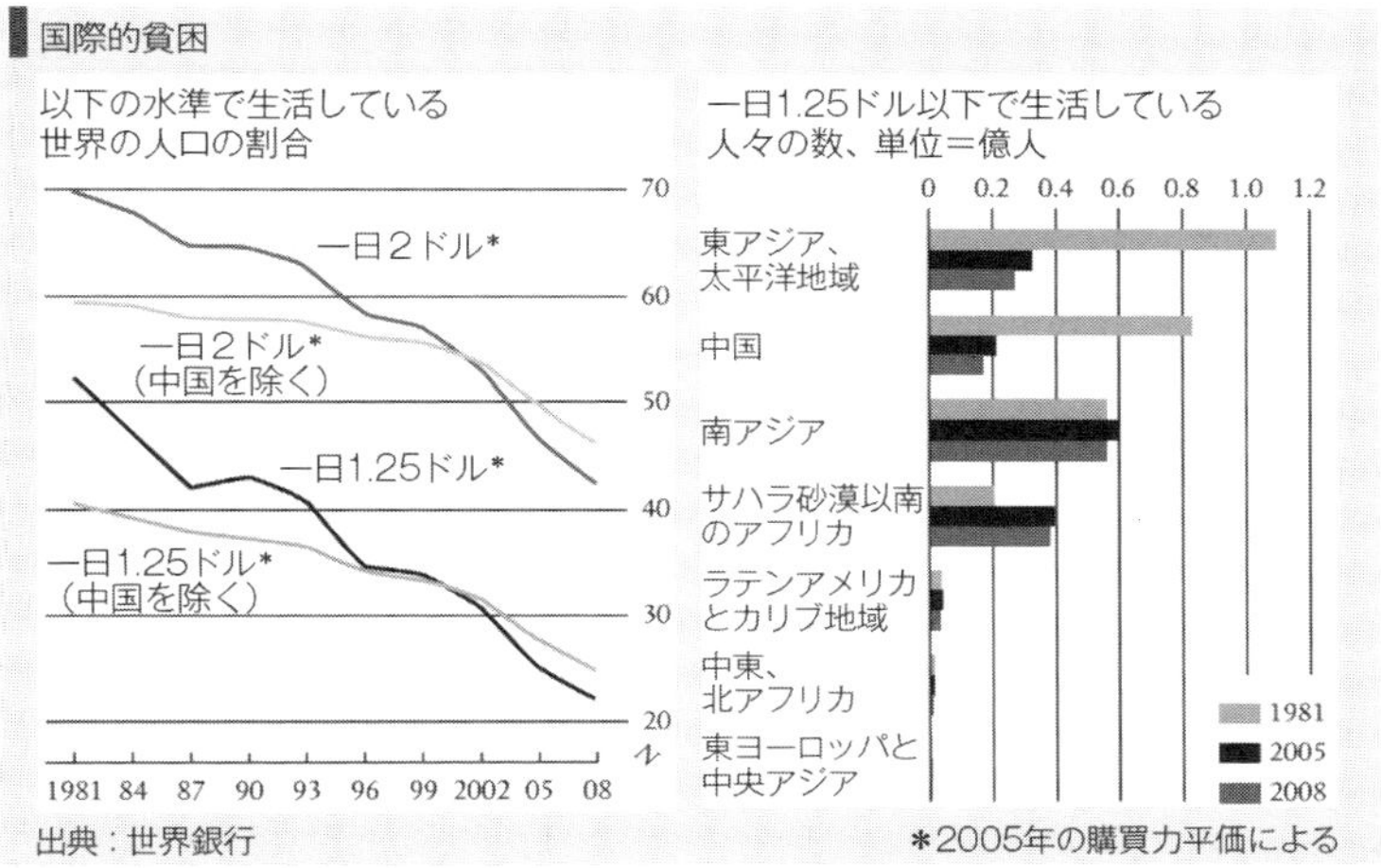

図２　2005～2008年の間の、1日1.25ドル（2005年価格）以下で生活する人々の数と割合により定義された世界の貧困
出典：World Bank. ⓒ *The Economist* Newspaper Limited, London（2012年2月29日）.

的な中央集権の官僚国家の代表であった。その結果として、湾岸戦争（１９９１年）やイラク戦争（２００３～２０１１年）以前には、数十万もの粘土板のライブラリが存在していたのである。それらは、愛の手紙や休日の物語ではなく、主に、在庫目録や商取引記録、管理文書などである。しかし、情報社会としては、ウルは我々が典型的に思い描くものではない。多くの解釈があるだろうが、一つ確かだと思えることがある。人類の進歩と福祉は、ごく最近になって、情報のライフサイクルの適切かつ効果的な管理に単に関連しているというだけでなく、それらに大きく依存するようになったということである。この章では以下、こうしたサイクルについて述べるが、まずは、このような依存関係が、なぜ近年ハイパーヒストリーに入ったことを意味するのかを見ておくことにする（図３）。

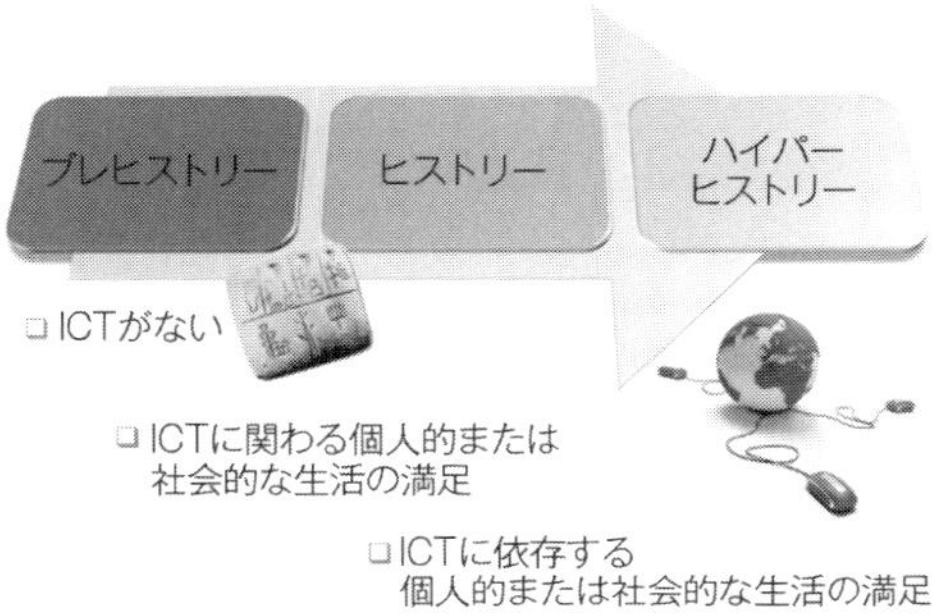

図３　プレヒストリーからハイパーヒストリーへ

プレヒストリー（先史時代）とヒストリーは、副詞のように機能している。それらは人々がどのように生きたかを示すが、いつ、どこで生きたかは示さない。こうした観点からは、人類社会は生きる手段として見た場合、現在三つの時代を超えてきている。アマゾン川流域の、文明と接点のなかった不特定多数の種族に関するレポートによると、[2] 21世紀の初頭においても、文書記録を持たず、プレヒストリー的な生活をしている社会がいくつか存在している。もし、というよりも、いつかこうした種族が姿を消してしまうある日、我々の進化を記す書の最初の章の末尾が書かれるだろう。

今日でも、ほとんどの人々がヒストリーの中で生きている。そこは、さまざまな種類のデータを記録し、伝達し、それを使用するのに、ＩＣＴに依存している社会である。こうしたヒストリーの社会では、ＩＣＴは、それが不可欠だという意味での重要性から言えば、他の技術、特にエネルギー関連の技術を追い越してはいない。そして、世界にはすでに、ハイパーヒストリーの中で生きている人々がいくらか存在する。その社会や環境では、ＩＣＴとそのデータ処理機能は単に重要であるというのではなく、社会の福祉や個人の幸福、そして全体の繁栄を維持し、さらに発展する上での基本条件となっている。たとえば、G7グループ諸国、すなわち、カナダ、フランス、ドイツ、イタリア、日本、イギリス、アメリカ合衆国は、ハイパーヒストリー社会としての資格がある。それらの国では、少なくとも国内総生産（GDP、その国内で生産される商品とサービスの価値）の70％が、農業や工業過程によるモノとしての産物ではなく、情報と関係する無形の商品に依存している。それらの国々では、経済が情報ベースの資産（知識ベースの経済）、情報集約型のサービス（特にビジネスと資産サービス、通信、金融、保険とエンターテイメント）や、情報を指向する公共部門（特に教育、行政と健康管理）に大きく依存している。

紛争の性質が、こうした三段階の人類の進化に対する、残念な試練となる。ハイパーヒストリーに生きる社会のみが、サイバー攻撃によって、情報的に脅かされることになる。第8章で述べるが、デジタルに生きる人だけが、デジタルによって死ぬことになるのである。

ここでウルに戻るが、我々がウルを情報社会であるとは考えない理由は、ウルはヒストリー的ではあるが、未だハイパーヒストリーではないからである。粘土板よりは、より農業技術に依存していた。シュメールのICTは、情報の記録と通信の社会基盤を提供し、他の技術の増大を可能にし、その直接的な結果として、何重にも層を重ねる技術への依存をいっそう進めたのである。しかし、ICTの記録と通信の仕組みが情報処理能力を持つように進化したのは、1000年の後、ヨハン・グーテンベルグ（1400-1468）からアラン・チューリング（1912-1954）の間の、数世紀においてであった。現在の世代だけが、ICTによってもたらされた、ヒストリーとハイパーヒストリーの間の境を画する、急激な転換を経験している。

ICTの進化によって、ハイパーヒストリーの情報社会がもたらされるのにかかったこの時間の長さ

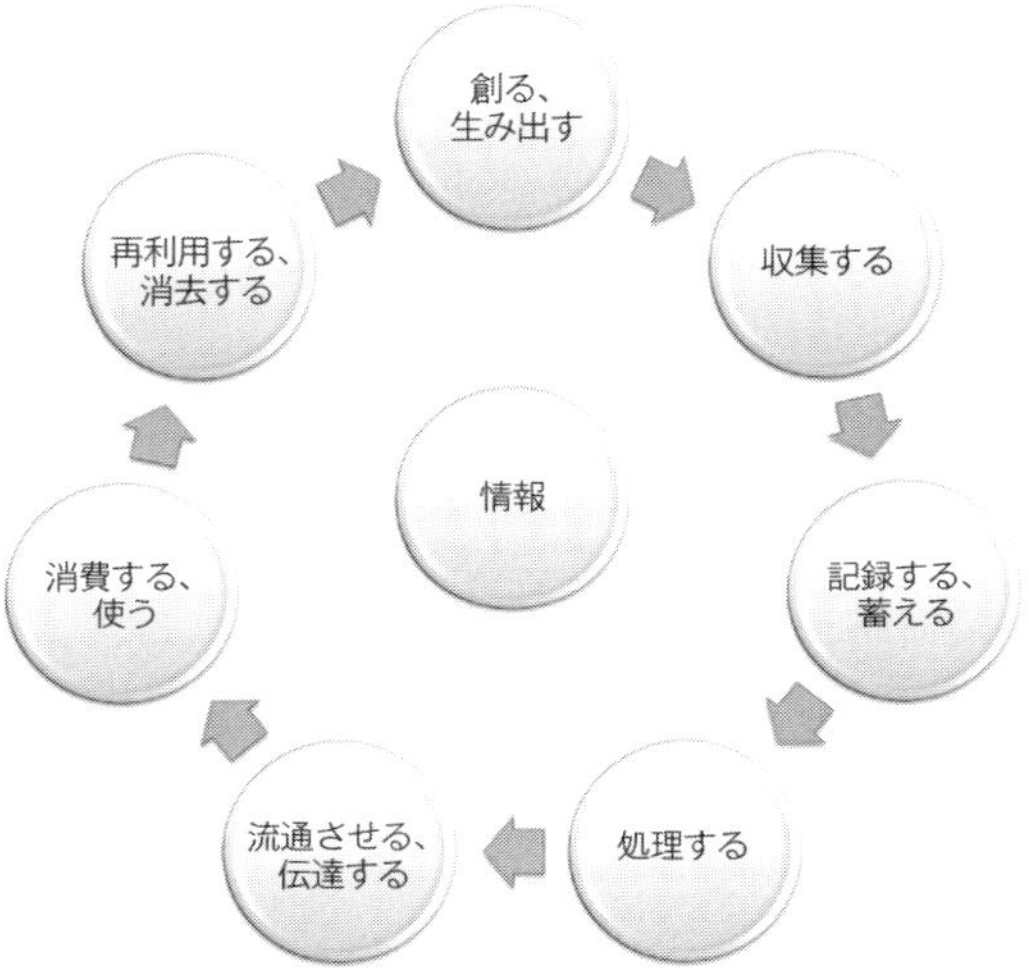

図４　情報の典型的なライフサイクル

は、驚くにあたらない。図４に示すように、典型的な情報のライフサイクルは、以下のような相を含む。情報の発生（発見、デザイン、オーサリングなど）、記録、伝達（ネットワーク、流通、アクセス、検索など）、処理（収集、検証、マージ、変更、組織化、インデックスづけ、分類、フィルタリング、更新、分類、保存など）、使用（モニタリング、モデル化、分析、説明、計画、予測、意思決定、指導、教育、学習、ゲームなど）。さて、図４を時計に見立てて、歴史家が未来、たとえば１００年後に書いているとしよう。歴史家は、農業革命の成果が行き渡るためには、紀元前1万年の新石器時代から青銅器時代まで、およそ６０００年間を要し、青銅器時代から紀元２０００年に情報革命が実を結ぶまで、やはり６０００年を経ていることを、ごく自然であり、見事に対称をなしているとさえ考えるかもしれない。歴史家は、人間の進化を三段式ロケットのようなものとして視覚化するのが有用だと、気づくだろう。プレヒストリー時代には、ＩＣＴは存在しない。ヒストリーの時代には、ＩＣＴが存在し、情報を記録し伝達したが、主要な資源とエネルギーに関しては、主に他の種類のテクノロジーに依存していた。そしてハイパーヒストリーでは、ＩＣＴが存在し、記録し通信し、そして、情報を処理し、それが次第に自律的になされ、人間の社会はそれらと情報に極度に依存するようになり、社会を進展させるための基本的な資源となった。西暦３０００年の初め頃には、未来の歴史家は、イノベーションや幸福、さらにさまざまな付加価値は、ＩＣＴに関連している状態から、ＩＣＴに依存するものへと移行したと結論づけるだろう。そしてそうした移行には、かつてないレベルの情報処理能力と、膨大なデータ量が必要であったと推定するだろう。そこでは、メモリ（記憶容量）と相互接続が、ある種のボトルネックになったと考えるかもしれない。この章の後半で見ていくように、その指摘は、確かにそのとおりなのである。

教育

図５と図６の、二つの図について考察してみたい。図５は良く知られており、ほとんどアイコンのように使われている。これはムーアの法則として知られており、デジタル・コンピュータの発展段階において、集積回路のトランジスタの数が、ほぼ2年おきに2倍になるということを意味している。

図６はそれほど知られてはいないが、やはり驚かされる。それはムーアの法則と同じ類であるが、コンピュータの処理能力《パワー》に対する費用の低下を示している。２０１０年の時点で、ｉＰａｄ２には、１秒につ

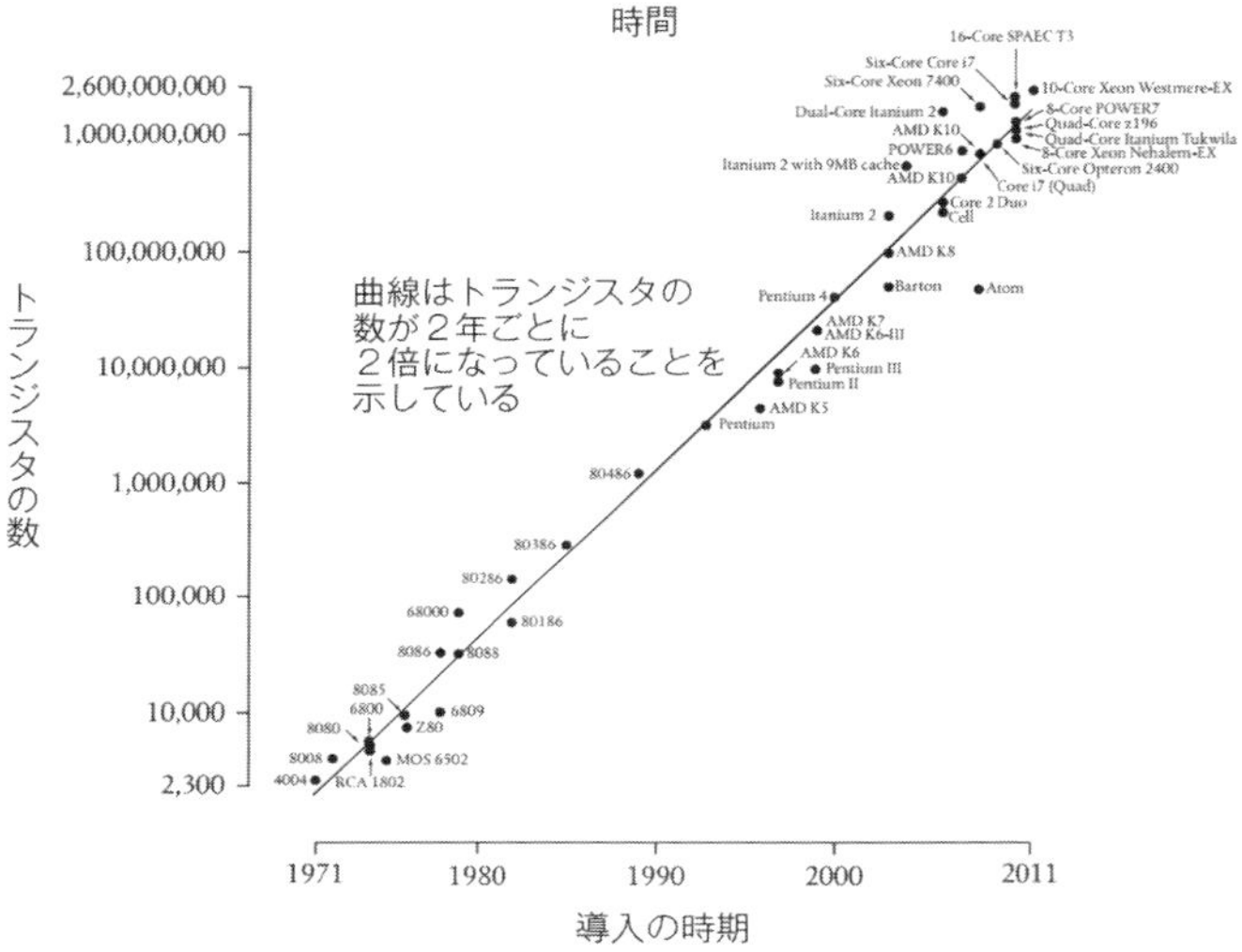

図５　ムーアの法則　出典：Wikipedia

き16億回の命令を処理する（１６００ＭＩＰＳ）のに十分な計算能力があった。図６は、この処理能力を１００ドルとして、過去の数十年間にｉＰａｄ２の計算能力を買うのにどのくらいの費用がかかったかを示している。計算能力にかかる費用が劇的に低下したため、縦軸は対数で示されており、10の累乗刻みで低下している点に注意してほしい。これが意味するのは、１９５０年代には、２０１０年にあなたが手にしている、あるいは、２０１３年にはｉＰａｄ４はすでに１７０５９ＭＩＰＳで動いていたのだから、手にしていた、と言うべきか、１６００ＭＩＰＳを手に入れるのに、１００兆ドルかかっただろうということである。この数字は、銀行家や将軍レベルの人間でなければ、理解できないだろう。そこで簡単に比較するために、カタールのＧＤＰについて考えてみよう。２０１０年に、そのＧＤＰは世界１９０ヵ国中第57位

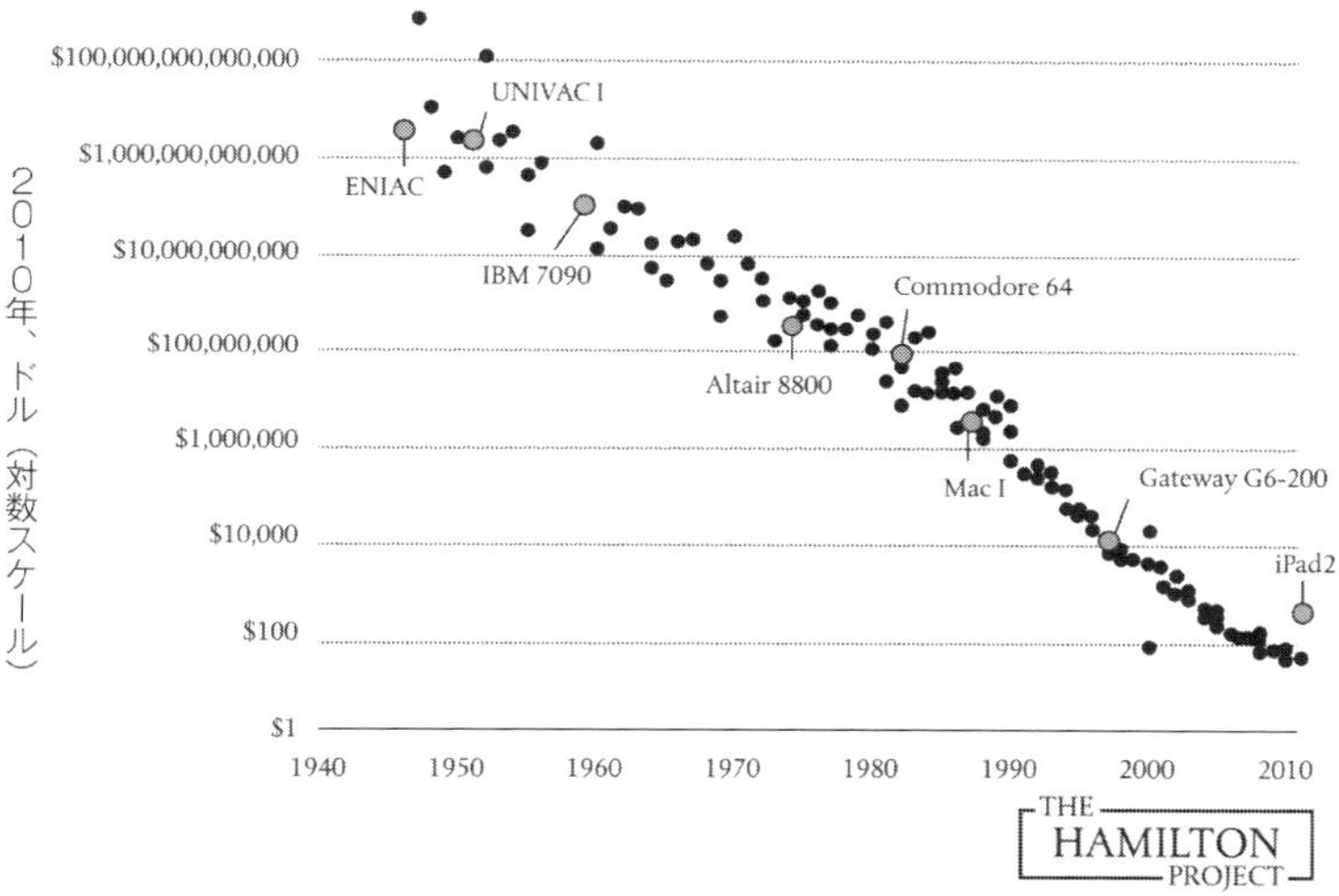

図6　iPad2と同等の計算能力に必要な費用
出典：The Hamilton Project at the Brookings Institution.

で、98兆ドルだったため、1950年代にiPad2に等しいコンピュータを手に入れるには、若干足りなかったことになる。

図5や図6のどちらがより説得的だと思うかにかかわらず、結論は同じである。次第により大きなパワーが、コストは減少しつつ、大量かつ驚くべきスピードで、ますます多くの人々が手にすることができるようになったのである。計算能力の限界は、主として物理的な側面であると思われる。問題は、どんどん小さくなりながら、いかにICTの熱を逃がし、不可避のハードウェアの障害から復旧するかである。これは、先述の例で言えば、人類をヒストリーからハイパーヒストリーまで旅出させたロケットである。これはまた、ICTが未だ破壊的なテクノロジーであり、まだ成熟して落ち着いてはいないということも説明している。新しい世代は、自動車の運転や電子レンジの使い方など

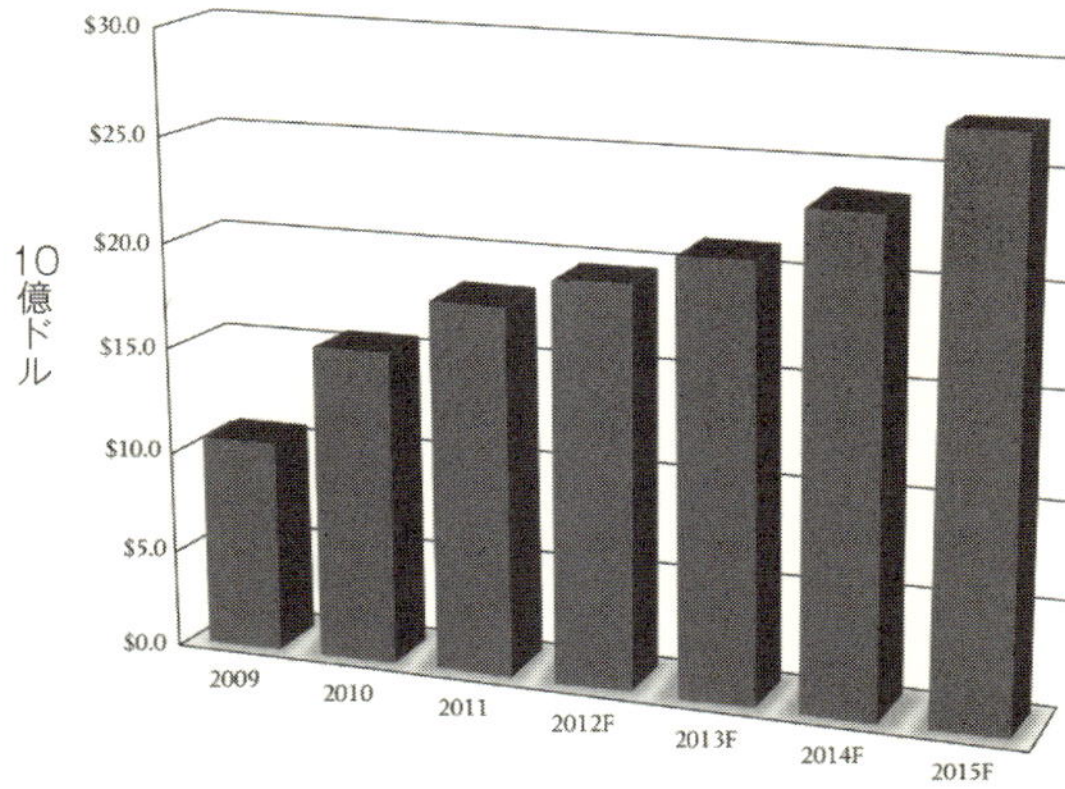

図７　自動車内に含まれている平均的な半導体の価格（US ドル）
Ｆは予想。データ出典：IC Insights, 2012.

については未だに古い世代から習っているが、ＩＣＴについては、古い世代にその使い方を教え続けねばならない。

ここでの明らかな疑問は、この計算パワーがどこに向かうのかである。人々がスマートフォンやタブレットを持って、しょっちゅう月に行くということではない。その答えは、ＨＣＩ［訳注1］として知られる、機械対機械や人間とコンピュータの間での相互作用である。

機械相互がやりとりするというのは、たとえばメーターやセンサーのようなＩＣＴシステムが、道路の表面温度のような出来事をモニターし記録して、そのデータを、ネットワークを通してアプリケーションに伝達し、たとえば必要であれば自動的に自動車のブレーキをかけるというように、アプリケーションがデータを処理して行動を起こすのである。今日では、1台の普通の新車のほうが、米航空宇宙局（ＮＡＳＡ）がアポロ計画（1969年）で月に宇宙飛行士を送り込んだときよりも、大きなコンピュータパワーを搭載していることを聞いたことがあると思う。それは事実である。衛星ナビゲーションシステムからハイファイディスプレー、ＡＢＳ（アンチロックブレーキ）から電動ロック、エンターテイメントシステムからエンジンに埋め込まれたすべてのセンサーに至るまで、普通の自動車には、50以上のＩＣＴシステムが搭載されている。図7に示すように、それらは自動車産業における成長市場である。インテル社によれば、ネットと接続した自動車は、すでに携帯電話やタブレットに次ぐ、第三の成長著しい、技術的デバイスとなっている。すべての自動車がインターネットに接続され、たとえば、出先で駐車場を探すとか、他の乗り物を感知する、あるいは安いガソリンスタンドを探すようになるのは、もはやすぐそこである。そして言うまでもなく、電気自動車は、より多くの「計算パワー」を必要とする。２０１５年には、自動車は従来の2倍以上の半導体を積んでいるであろうし、自動車の整備士は、コンピュータエンジニアとなっていく。

人間とコンピュータのインタラクション（ＨＣＩ）においては、ＩＣＴは人間のユーザーとコンピュータシステム相互のコミュニケーションを生み出したり、容易にしたり、あるいは改善したりするなどのために使われる。ＩＣＴについて考える場合、若干逆説的であるが、コンピュータは計算しない、電話は通話しないということを忘れがちである。コンピュータ、スマートフォン、そしてタブレットなど、すべてのＩＣＴは、データを取り扱っているのである。我々は、数字の足し算をしたり友人に電話するよりも、フェイスブックを更新したり、オンラインで新しいｅ-ブックを発注したり読んだり、支払いをしたり、

［訳注1］Human Computer Interaction. 人間とコンピュータや他の機械の接点での、相互作用や対話などに関する研究領域を意味する。ＡＣＭ ＳＩＧＣＨＩ（ＨＣＩに関する学会）の定義では、「人間が使用するための対話型コンピュータシステムのデザイン、評価、実装に関連し、それら周辺の主要な現象に関する研究を含む学問分野」とされている。

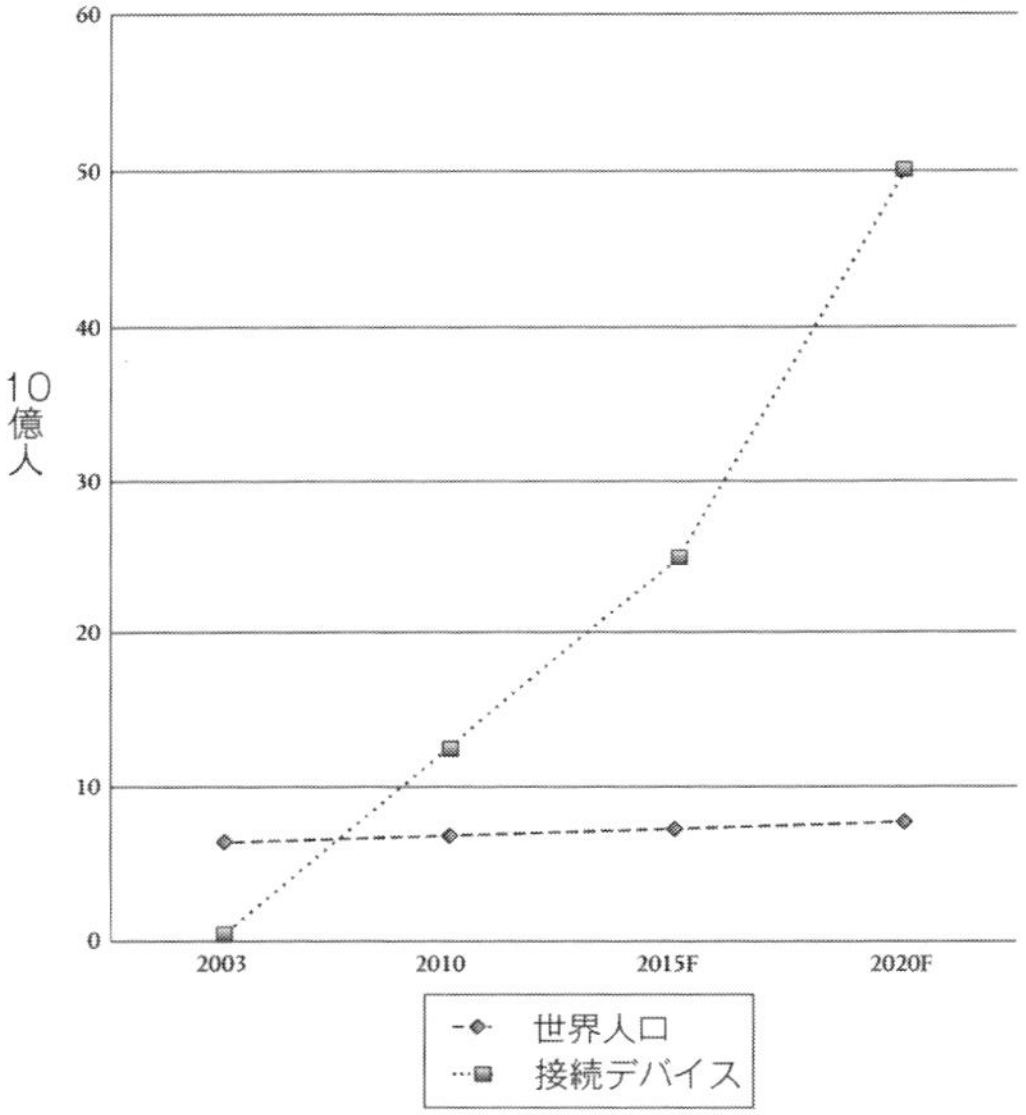

図８　世界の人口とネット接続デバイスの増加

Ｆは予想。データ出典：Evans (2011).

航空券を買ったり、電子搭乗券をスキャンしたり、映画を観たり、店内をモニターしたり、どこかにドライブしたり、実際、何であれこういったことのほうで、ＩＣＴの巨大なＭＩＰＳ量を扱う能力に依存している。ＨＣＩの重要性は、まさにこうした点にある。実際に、１９９０年代の半ば以降、ＨＣＩには画面やキーボードなどがあると考える必要すらなくなってきている。それはいずれ、脳に挿入される神経補綴装置となっていくだろう。もちろん、すべての人間‐コンピュータの相互作用において、より良い処理には、当該ＩＣＴの計算力がより貪欲に求められていく。らくらく成し遂げるためには、より多くのＭＩＰＳが必要である。そのために、新しいオペレーティングシステムを古いコンピュータで

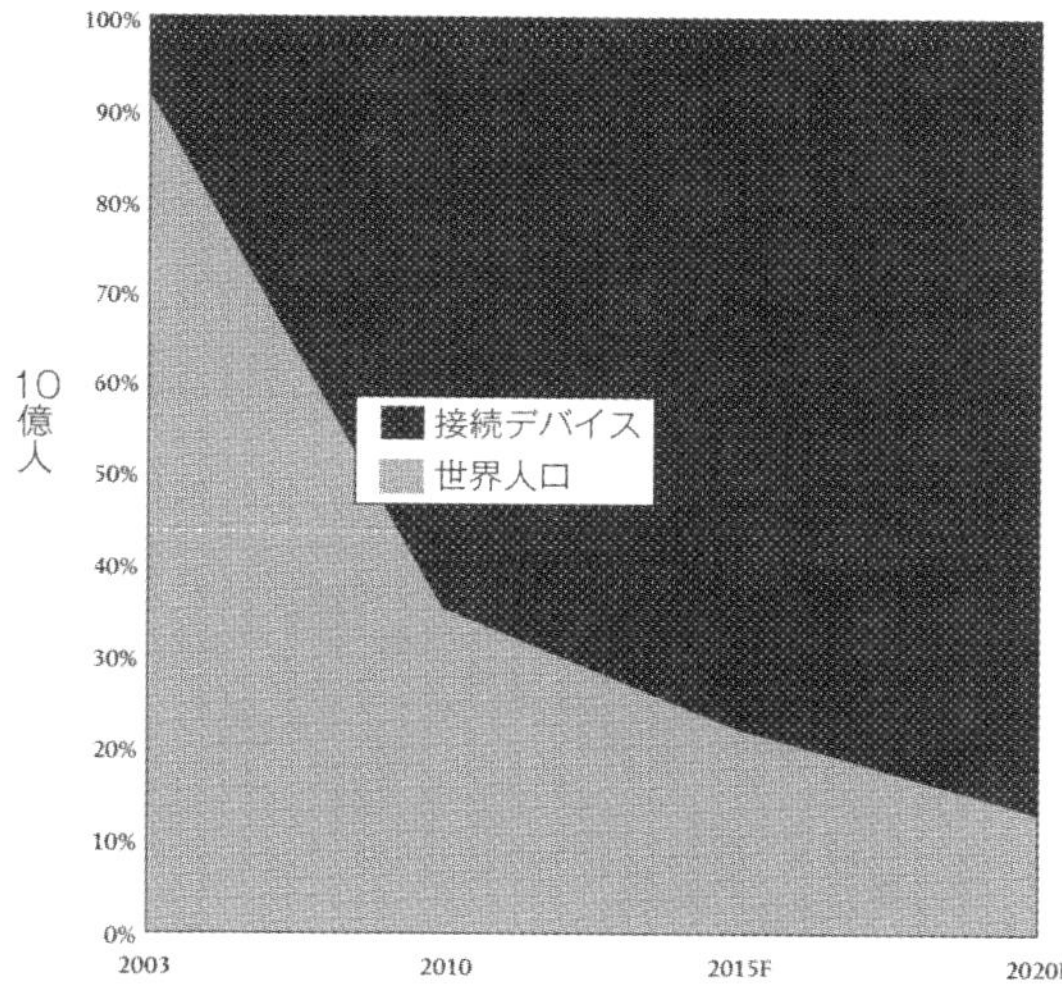

図9　世界の人口増加率と接続機器数の成長率の関係から見た接続性の総スペース
Fは予想。データ出典：Evans (2011).

動かすことがまずできないのである。

我々は、自分自身が見える世界、たとえば虹の可視光スペクトラムは、ガンマ線やX線、紫外線、赤外線、電磁波、そしてマイクロ波などを含む電磁スペクトルのごく一部でしかないことを知っている。同じように、我々が知覚できるデータ処理の「スペクトラム」も、機械対機械や人間対コンピュータのインタラクションにおいて実際に行われていることの、ごくごくわずかでしかない。莫大な数のＩＣＴアプリケーションが、毎ミリ秒あたり無数の命令を実行することで、我々のハイパーヒストリーの情報社会を動かし続けている。ＩＣＴは、相互に会話し、協調し、作業を調整し、その処理過程で可能な限り、我々が快適にそこに参加し、あるいは必要なら参加しなくていいように、ＭＩＰＳの大部分を使っている。ネットワーク装置をデザイン、製造、販売する多国籍企業のＣＩＳ

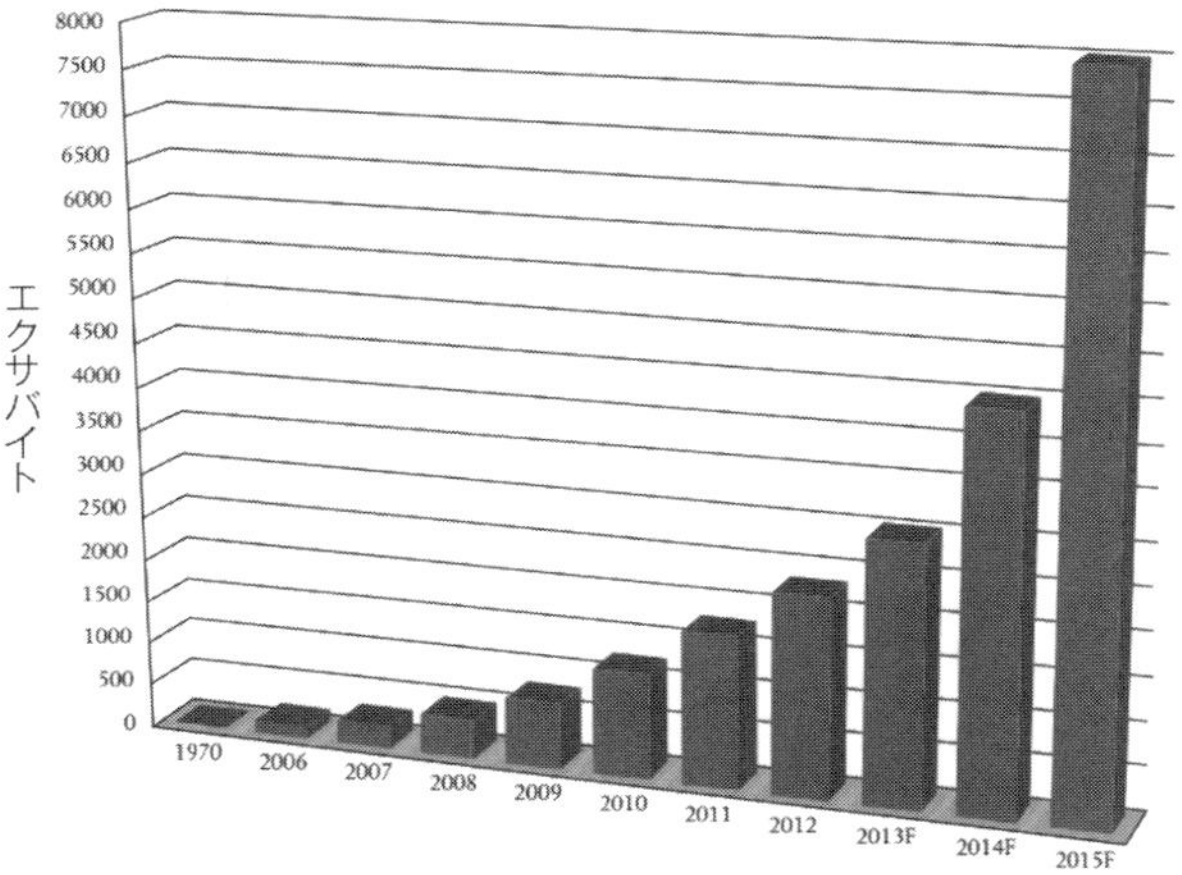

図10　ビッグデータの増加

Fは予想。出典：IDC white paper, 'The Diverse and Exploding Digital Universe', March 2008, および IDC white paper, 'Worldwide Big Data Technology and Service 2012-2015 Forecast', March 2012 に基づく。

ＣＯ社ＩＢＳＧ[3]（シスコ・インターネットビジネス・ソリューション グループ）の最新白書によると、２０１５年までに、インターネットに接続している装置は２５０億台ほどになり、２０２０年までには５００億台となると予想されている（図８）。

１人あたりのネットに接続されているデバイスの数は、２００３年の時点では０・08台、２０１０年には１・84台だったが、さらに２０１５年には３・47台、そして２０２０年には６・85台に増大すると予測されている。未来の歴史家にとって、地球上のグローバルなコミュニケーションは、図９が示すように、大部分が人間に依らない現象として見えるだろう。

我々が呼吸する酸素のように、ほとんどのＭＩＰＳは目に見えないが、同じように不可欠になりつつあり、指数的に増大している。図10に示すように、コンピュータ化されたさまざまな種類のデバイスが、人類のこれまでの歴史上で扱った量をはるかに超える、驚異的な量のデータを作り出している。ゼタバイト（zettabytes）、これがハイパーヒストリーをもたらした、もう一つの資源なのである。

データ

数年前、バークレー校の情報学部[4]の研究者が、コンピュータが日常的になるまでの全歴史の間に、人類はおよそ12エクサバイト[5]のデータを蓄積したが、それが２００６年までに、すでに１８０エクサバイトに達したと推定した。より最近の研究[6]によると、２００６〜２０１１年の間に、その合計は１６００エクサバイト以上に増大し、ゼタバイト（１０００エクサバイト）の壁を越えたことになる。この数値は、現在でも、ほぼ3年おきに4倍に成長すると予想されており、２０１５年までに8ゼタバイトほどのデータを保持するようになる。日々生まれる新しい情報は、全米のすべての図書館を8回以上も満たすほどの量である。当然のことながら、ＩＣＴ装置の軍団は、このようなデータの大海を乗り切るように我々をナビゲートしてくれている。予見しうる未来において、データは着実に、急速に増え続けていくであろうが、それは、大量のデータのほとんどの源がまさにそれらのＩＣＴ装置であり、次には大量のデータがより多くのＩＣＴ装置を必要とし、その増大を可能としているからである。それは自己強化的なサイクルであり、そのことに圧倒される思いを持たないのは不自然というものだろう。それは、後述するように、リスクに対する不安や、新たな機会への期待、そして実現されることに対する驚きなどが入り混じったものであろうし、そうであるべきであろう。

ＩＣＴのおかげで、我々はゼタバイトの時代に入った。我々の世代は、ゼタの洪水を最初に経験している。ゼタの洪水とは、我々の環境を飲み込みつつあるバイトの津波を表現するための、新しい造語であり、これは、他の文脈では「ビッグデータ」としても知られている（図10）。

こうした現象の重要性にもかかわらず、このビッグデータという言葉が正確には何を意味するのか、明確ではない。同様のケースで、「ポルノ」とは何かを問われた連邦最高裁判事のポッター・スチュワートの先駆的な答えをそのまま使いたいという誘惑に駆られる。「定義するのは難しいが、見ればわかる。」この他の定義は、それほど成功していない。たとえばアメリカの全米科学財団（ＮＳＦ）と国立衛生研究所（ＮＩＨ）は、ビッグデータを、コンピュータプログラムに焦点を当てたものとして定義した。ＮＳＦ‐ＮＩＨの共同事業のひとつは、ビッグデータ科学と工学のためのコア技術や手法の必要性を説いている。しかし、この二つの機関は、ビッグデータを次のように特定している。


ビッグデータという言葉は、機械やセンサー、インターネット取引、電子メール、ビデオ、クリックストリーム［ウェブページの訪問者が渡り歩いた軌跡］その他現在、および未来におけるあらゆるデジタルソーズから生み出された、大きく、多様で、複雑かつ長期的な、あるいは分配されたデータセットを意味する。[7]

この一文は、別に論理学者でなくとも、曖昧で漠然としていることはわかるだろう。またウィキペディアも、役に立たない。ビッグデータに関連したエントリーが信頼できないのではなく、そこでは「ビッグデータ」を、大量で複雑なデータの塊と捉えて、既存のデータマネージメントツールや旧来のデータ処理アプリケーションでは扱うことが難しいという、一般的な定義がなされているにすぎないからである。「ビッグ」を「大量」で定義するという循環に陥っていることを別にしても（NSFとNHIは、それで満足しているようだが）、「ビッグデータ」を、「スモールツール」の観点から捉えるのは、現在のコンピュータの能力との関係においてデータが大きすぎるとか大量すぎると言っているのである。これは誤解を招く。もちろん、「ビッグ」は、他の言葉と同様、関係的述語である。たとえばあなたに大きい靴も、私にはちょうどいいかもしれない。さらに、その参照枠にあえて触れずとも明らかな場合には、しばしばものごとを非関係的に評価しがちだという指摘も、些細なことにすぎない。鯨がどう考えるかに関係なく、馬はビッグな動物なのだ。これらの単純な例を挙げたが、しかし、「ビッグデータ」をこのように緩く定義して、現在のコンピュータでは、このようなとてつもない多くのデータを効率的に扱うことはできないという事実に言及することに、現実的に何も問題はないという印象を持つかもしれない。しかしここに、二つの混乱が忍び込むのである。まず、ビッグデータに関する認識論上の（つまり、それに知識関連の）問題があり、それがあまりにも多くあることである（それらをどのように使うかに関わる倫理的問題であり、現在ますます問題になっている）。そして第二に、この認識論上の問題に対する解決は、技術的なものだということである。技術や手法が進めば、ビッグデータを扱える大きさに「縮小」できるだろう。だが認識論上の問題はそうではない。それは認識論による解決を必要とする。

　最初の問題について考えると、「ビッグデータ」を、他の騒々しい表現、情報過多（infogrut）などによって述べることはなくなってきたが、基本的には捉え方は変わっていない。それには、我々があたかもガチョウのように、咀嚼できる以上のものを飲み込んでいるとか、我々の知的肝臓が爆発しているというような、圧倒される感覚を述べている。しかし、これは誤りである。我々は明らかに、かつてなく増え続ける多くのトピックについて、データが指数関数的に増加するのを目の当たりにしている。しかし、そうした過剰に不平を言うのは、食べ切れない量が提供される晩餐会に不満を述べるようなものだ。データは資産であり、活用すべき資源なのである。誰も、手に入るすべてのバイトを消化することを強制してなどいない。我々は、日々、データについて豊かになっていくのであり、これが基本的な重要問題であるはずがない。

　問題は、手に入るデータの豊かさの増大ではないので、その解決策を再考しなければならない。それは、単に我々がどれくらいのデータを技術的に処理できるかということではない。手法や技術が進めば、より多くのデータを生み出すだけだと知っている。データが多すぎるのが問題であるのならば、ＩＣＴの普及はそれを悪化させるだけである。これまでのように、データ処理システムをより大きなものへと拡張させるのは、未来に向けての道ではない。

　ビッグデータに関する本当の認識論上の問題は、小さなパターン[訳注2]にある。現在まさに非常に多くのデータを、ほとんど何についても迅速に、安価に生成し処理することができるようになり、フェイスブックやウォルマート、アマゾン、グーグルなどの、新興のデータ長者にも、遺伝学や医療、実験物理学や神経科学など、昔からのデータを駆使することで資金を集めてきた人々にも、その巨大なデータベース中のどこに本当に価値を付け加える新しいパターンがあるか、そこからいかに富を生み出し、人々の生活を改善し、知識を進歩させるために使うかを見出すことができるかが、圧力となっている。これは、コンピュータの能力というよりも、知力の問題である。

小さなパターンが問題であるのは、ハイパーヒストリーでは、それが科学からビジネスまで、統治から社会政策まで、保安から安全まで、イノベーションと競争の新しいフロンティアだからである。フリーでオープンな知的アイデアのマーケットでは、誰かが先に小さなパターンをうまく利用したならば、その他の人々はビジネスから追い出され、基本的な発見に遅れてノーベル賞を逃し、あるいは国家を深刻な危機に陥れてしまうかもしれない。

また小さなパターンは、さらに危険なものでもある。それは予想可能な出来事や行動の限界を押し広げ、予測できるようにするかもしれないからである。これは、倫理的な問題である。アメリカのある小売業者は、25の製品の販売パターンの分析を用いて、各顧客の妊娠予定日を推定して「妊娠予測スコア」を出し、妊娠中の特定の段階にタイミングを合わせてクーポン券を送っている。しかし最悪のことに、ある家庭にクーポンを送ったが、そこの十代の娘が妊娠している事実を両親に伝えてなかったために、深刻な問題を引き起こした[8]。本書の第3章と第4章で、パーソナル・アイデンティティとプライバシーについて取り上げるので、この種の問題に関してはそこで再び述べることにする。

残念ながら、小さなパターンは、正しく集積され、相関され、統合され、銀行が――たとえば、ポイントカードとショッピングのお知らせに関して――詐欺師に対抗するためビッグデータを利用するときのように比較し、金融マーケットのようにタイムリーに処理して、初めて重要となる。そして情報はそれ

［訳注2］ビッグデータから発見されるさまざまな規則やパターン。

が無いときにもまた何事かを示すので（あるデータの欠如は、そのこと自体が情報である）、小さなパターンもまたそれが存在しないことが意味を持つ。シャーロック・ホームズは、いつも吠えている犬が吠えなかったことで、一つの有名な事件を解決した。たとえば、もしビッグデータが吠えるべき時に吠えなかったならば、金融の番犬が知っている（べき）ように、何かが起こっているのである。

ビッグデータはここでも拡大していく。それに取り組む唯一の方法は、そこに何を探すかを知ることである。我々は、単にデータを蓄積して科学をするわけではないし、またそのようにして政治やビジネスをするわけでもない。現在のところ、必要とされる認識論上の技術は、解析と呼ばれる「魔術」によって教えられ、適用されている。それらは、大学の標準カリキュラムにはない。しかし我々の安寧はそれに大きく依存しているのであり、その方法論的な調査を始めるべき時である。哲学者は学ぶべきものを持つだけでなく、教えるべき教訓をいくらか持っているかもしれない。それは、プラトンなら同意するだろう。しかしプラトンは、記憶というものが、もはやオプションではないことに失望するかもしれない。第7章で述べるが、記憶は知性を超えるかもしれないが、単なるデータの蓄積は、より能力の高いコンピュータや洗練されたソフトウェア、そして人々の新しいスキルを待っている間は機能しない。それはとりわけ、我々に十分なストレージがないからである。ここで、我々の未来にいる歴史家を思い出そう。これは彼が見出す、ハイパーヒストリーの発展における最初のボトルネックである。それはデジタルの記憶喪失に悩まされている。

メモリ

ハイパーヒストリーはビッグデータに依存している。しかし、デジタルメモリへの依存に関しては、二つの神話があり、それらについて、まずこの最初の章で述べておかねばならない。

最初の神話は、デジタルメモリの品質に関するものである。ＩＣＴには、「忘れやすいメモリ」がある。それらはすぐに時代遅れになり、束の間だけ、再記録可能である。古いデジタル文書は、たとえばフロッピードライブや古い処理ソフトなどのように対応する技術が利用できなくなって、もはや使えなくなる場合がある。インターネット上には、アップデートや修正されずに破棄されたページが何百万も存在している。１９９８年の初頭には、作成されたウェブ文書の平均寿命は75日ほどだったが、現在は45日ほどだと推定されている。これは、いわゆる「リンク切れ」（オンライン上の資源へのリンクが機能していない）となり、これが常態なのである。１９９３年の４月30日に、欧州原子核研究機構（ＣＥＲＮ）は、開発したワールドワイドウェブ（World Wide Web）を、誰でもが自由に無料で使用できると発表した。その20年後、ＣＥＲＮのチームはこの記念イベントのために、最初のウェブページ（と、そのオリジナルのＵＲＬその他）を再現しなければならなかった。もはや存在しなかったからである。我々のデジタルな記憶は、口述文化がそうであったように束の間と見えるが、おそらくさらに不安定である。というのも、我々にその反対の印象を与えるからである。このデジタル「プレヒストリー」のパラドックス——ＩＣＴは、我々を永久の現在に生きるようにするため、過去を未来の消費のために保存しない——は、近い将来大きな課題となるだろう。メモリは、ストレージとその効果的な管理の問題だけではない。それはまた、重要な差異のキュレーション（収集整理）の問題でもあり、したがって過去を一連の秩序ある変化として着実に堆積することであり、この二つの歴史過程が、現在深刻なリスクに晒されている。たとえば、ＩＣＴの先駆者であり、ハイパーテキスト、ハイパーメディアという概念を作り出したテッド・ネルソンは、古いファイルのコピーが決して削除されないように、ザナドゥ（Xanadu）をデザインした。[訳注3]絶えず書き換えられるウェブサイトはサイト自身の過去の記録を持っていない。それと同様のドキュメントを何千回も書き換え可能なダイナミックなシステムも、過去のバージョンのさまざまな記録を、将来の参照のために残しそうにない。「このドキュメントを保存せよ」ということは、「それを旧版と入れ替えよ」ということであり、あらゆる種類のすべてのデジタルドキュメントは、そのような非歴史的性質を持つ。そのリスクは、差異が消去され、選択肢は混合され、過去は常に書き換えられ、歴史は今ここの現在に縮小される。我々の知識の大部分がこの忘れやすいメモリの手中にあるとき、我々は永遠の現在に閉じ込められていると気づくだろう。ますますデジタルになってゆく文化遺産を未来の世代のために残すための取り組み、たとえば全米デジタル・スチュワードシップ・アライアンス[訳注4]（ＮＤＳＡ）や、国際インターネット保存コンソーシアム[訳注5]（ＩＩＰＣ）などが、不可欠である理由がここにある。そして、情報のキュレーターの役割が、ますます重要なものとなっていかざるをえない。

そこで、現在莫大な量のデータが同時に作り出されているという、潜在的な壊滅的リスクがある。我々は、ほとんどの、実際上ほぼすべてのデータが、ほんの数年で作られてきたことを目撃している。それらは共に古びていき、ベビーブーマーの世代が同時に引退していくように、いずれ一緒にシステム障害の淵に達するだろう。この問題を理解するために、音楽CDコレクションについてのかつての議論を思い出してほしい。アナログレコードとは対照的に、CDは数十年で使えなくなるだろうという議論である。光ストレージ技術協会[訳注6]によると、新品の記録されていないCDとDVDの保存寿命は、おおよそ5〜10年と推定されている。また、国立公文書記録管理局[9]によれば、記録されたCDとDVDの寿命は2〜5年程度ということである。一方出版物の寿命は、10年、25年、あるいはそれ以上とされている。問題なのは、数年後に、それらの材質が、使用に耐えるほどの品質を失うだろうということである。同じ問題が、我々のデジタルを支えているハードディスクやメモリ、その他の記録媒体にも言える。MTBF[訳注7]は、システムの予

[訳注3] テッド・ネルソン（Ted Nelson）は、アメリカの社会学者、思想家であるが、情報技術のパイオニアとしても知られ、特に今日のウェブの基礎ともなる「ハイパーテキスト」と「ハイパーメディア」という概念を1960年代に生み出した。1960年から開始した彼の主唱するザナドゥ（Xanadu：桃源郷の意）プロジェクトは、世界最初のハイパーテキストプロジェクトで、54年間を経た2014年にソフトウェア「OpenXanadu」をリリースした。

[訳注4] National Digital Stewardship Alliance (NDSA). 米国議会図書館の取り組みとして、2010年7月に会員制組織として発足した、全米デジタル情報基盤と保存プログラムのことである。

[訳注5] International Internet Preservation Consortium (IIPC). 各国の国立図書館等が国際的に連携して、ウェブアーカイブを主とするインターネット情報の収集・保存・提供に係る技術的、運用上の課題の解決を図るとともに、世界各国にインターネット情報の収集・保存・提供の取り組みを普及するために、協力して活動する組織である。

[訳注6] Optical Storage Technology Association (OSTA). 記録可能な光学技術や製品の利用を促進するために、1992年に国際貿易協会として設立された。組織は、世界中の光学製品の出荷台数の85%以上を占める、光学製品メーカーや再販業者からなっている。

[訳注7] mean time before failure. システムが稼働してから故障するまでの時間の平均を意味する。システムの信頼性を示す基準のひとつである。また故障から回復までの平均時間を、MTTR（Mean Time To Repair）と呼ぶ。

測される寿命を示しており、[10]高いＭＴＢＦ値は、長くシステムが稼働することを意味する。標準的なハードディスクで言えば、ＭＴＢＦ値５万時間（５・７年）というのが通常である。こうした媒体の寿命の短さはすでに問題であるが、しかし私がここで強調している本当の問題は別にある。我々の過去の経験に反して、使っているデータ支援媒体の寿命が、現在危険なほど同期しているのである。これは一種のベビーブームのようなものである。ビッグデータは、すべてが同時に歳を取り、一斉に死んでいく。明らかに、大量のデータを定期的に新しい媒体に再記録し、移動しておく必要があり、実際すでに行われている。しかし、どのデータを、次の技術的な変化の側に持っていくべきだろうか？　比較のために、無声映画の新しい種類の媒体への移行、あるいは録音された音楽のビニールレコードからＣＤへの移行について考えてみよう。その際、大量のデータが移行されずに取り残され、失われてしまったり、入手不可能になったり、アクセス不能になってしまった。

ＩＢＩＳワールド[訳注8]の２０１２度研究レポートによると、データのリカバリー産業は、２０１２年秋までの５年間の総収益が、年率０・９％の割合で減少し、合計10億ドルで、２０１２年は０・６％の低下であった。[11]これは、我々の直観に反しているように見える。ビッグデータは成長しており、破損や故障、参照不能になったファイルやストレージ媒体の問題も増大している。こうした問題に対処する産業は、成長しているはずである。つまり、クラウドやオンラインストレージがデータリカバリーやデータの損失の防止の選択肢を拡大したのである。もしドロップボックス、グーグルドックス、アップル iクラウド、あるいはマイクロソフトスカイドライブなどを使っていれば、コンピュータが壊れた場合でも、ファイルはオンラインで使用可能であり、容易に復旧できるため、データのリカバリーサービスは不要ということである。しかしこれは単に移行の問題にすぎず、したがって時間の問題でしかない。クラウドコンピューティングは、消費者レベルのコンピュータに特化した産業に衝撃を与えた。（コンピュータという）道具が単なるターミナルになってしまうと、データについて気にする必要がなくなる。しかしこうしたデータのストレージは、未だ物理的なインフラに依存しており、ますますメンテナンスが必要となる。データのリカバリー産業は消えるだろうが、しかしクラウドコンピューティングの事故を専門とする新しい産業がすでに現れている。それは、冗長性という力業（同じファイルを複数コピーする）に頼るということではない。この戦略は、デジタルなメモリへの依存の第二の神話のために、グローバルなレベルで採用できないのである。それは、デジタルメモリーの量に関する神話である。

２００７年以来、人類は使えるストレージ以上のデータを作ってきた。[12]（ムーアの法則に並ぶ）クライダーの法則[訳注9]によれば、ハードディスクの記憶密度はムーアの法則が示す半導体の集積度よりも早く拡大していくので、２０２０年には14テラバイトのディスク装置が２・５インチの大きさになり、40ドル程度の価格になると予測されているにもかかわらず、そうなのである。残念ながら、我々が新しくデータを生み出すペースに比較すればクライダーの法則が予測する成長でさえ緩慢であり、十分ではない。写真を撮り

［訳注8］IBISWorld. １９７１年に創業した、業界研究や調達研究に特化したビジネス・インテリジェンスの世界有数の出版社のひとつ。

［訳注9］クライダーの法則（Kryder's law）：アメリカのハードディスクドライブ製造メーカー、シーゲイト・テクノロジー社の上席役員（ＳＶＰ）だったマーク・クライダー（Mark Kryder）の研究によるもので、13ヵ月でハードディスクの記憶密度は2倍になるというものである。ムーアの法則によれば、ＩＣ回路の集積度は18～24ヵ月でほぼ倍になるが、ディスクストレージについて同じことがさらに速いペースで起こっていることが明らかになった。

すぎて、スマホの容量が一杯になってしまったということが、世界規模で起こっているのである。人類の歴史において、問題は何を保全するかであった。どの法律や名前を、粘土に焼いたり石に彫るか、あるいはどの文章をパピルスやペラム（革紙）に手書きするか、どのニュースを紙に印刷する価値があるか。ハイパーヒストリーの時代では、保存することが前提である。そのため問題となるのは、何を削除すべきかになる。ストレージでは不十分なため、何かが削除され、書き換えられ、あるいは最初から記録されないことにならざるをえない。一般に新しいものが旧いものを押し出す、つまり「先入れ先出し」が起こる。ウェブページを更新すると、旧いものは消され、新しい写真は旧いものの価値を下げ、新しいメッセージは旧いものの上に記録される。また最新の電子メールは、過去のメールを犠牲にして保存される。

　ハイパーヒストリーではメモリスペースが不足して、何年も前のデータは捨てられる。こうした、メモリの不足の増大に対する「法則」に特段名前が与えられてはいないが、どうもその不足は年々2倍になっているようである。物理的なストレージやソフトウェアの圧縮の技術革新がなければ、このペースはさらに、量的に悪化するだろう。しかし、質的に見た場合、それはさほど深刻ではない。広告業界でよく使われる言い回し[訳注10]にならえば、我々の周りにあるデータの半分はゴミであるが、それがどちらの半分かをわかっていないのである。たとえば、10枚の写真を撮って、1枚が満足のいくものだったら、他の9枚は捨て去ることができる。それらは、最初から保存することを想定していないのである。これは、どのデータが保存しキュレートすべき価値があるか、より理解する必要があるということを意味している。このことは、前の節で触れたように、現在だけではなく、未来においても、どの質問が問うに足る興味深いものであるかを把握するという問題となる。これはわずかながら希望の持てる、良い循環をもたらす。我々はすぐに、どのデータが保存する価値があるか、ビッグデータに尋ねることができるようになるに違いない。スマホのアプリが、10枚の写真のうちどれを保存するか提案するだけではなく、あなたが決断したら（たとえば、あなたは暗めの写真が好みかもしれない）それから学ぶことを考えてみよう。そこで新しい挑戦は、どうやって、機械が誤った決定をすることを避け、いわゆる機械学習を改善し、機械に新しい好み（後になってあなたは、より明るい写真が好きになるかもしれない）を再学習させるかとなる。より詳細な情報があれば、どの情報を保存しキュレートすべきかの決定に役立つだろう。未来の歴史家は、ハイパーヒストリーにおけるゼタバイトの時代を、ビッグデータに無知の時期から、見通しを持った時代への移行期と解釈しそうである。

メモリの不足という最初のボトルネックについては、以上である。もう一つの接続性（connectivity）に関して理解するためには、最初にネットワークが持つ若干の特徴を見ておく必要がある。

接続性

コンピュータがネットワークに接続していないならば、機能が大きく制約される。しかしこれは、必ずしもいつもそうだとは言えない。たとえば、核ミサイルの発射をコントロールするコンピュータの場合、ハッキングから守られる必要があるため、ネットワークにつなぐのは問題がある。しかし一般的には、こ

［訳注10］"but we don't know which half" これは教育や広告などの世界で使われる情報過多に関するジョークで、さまざまなバリエーションがある。

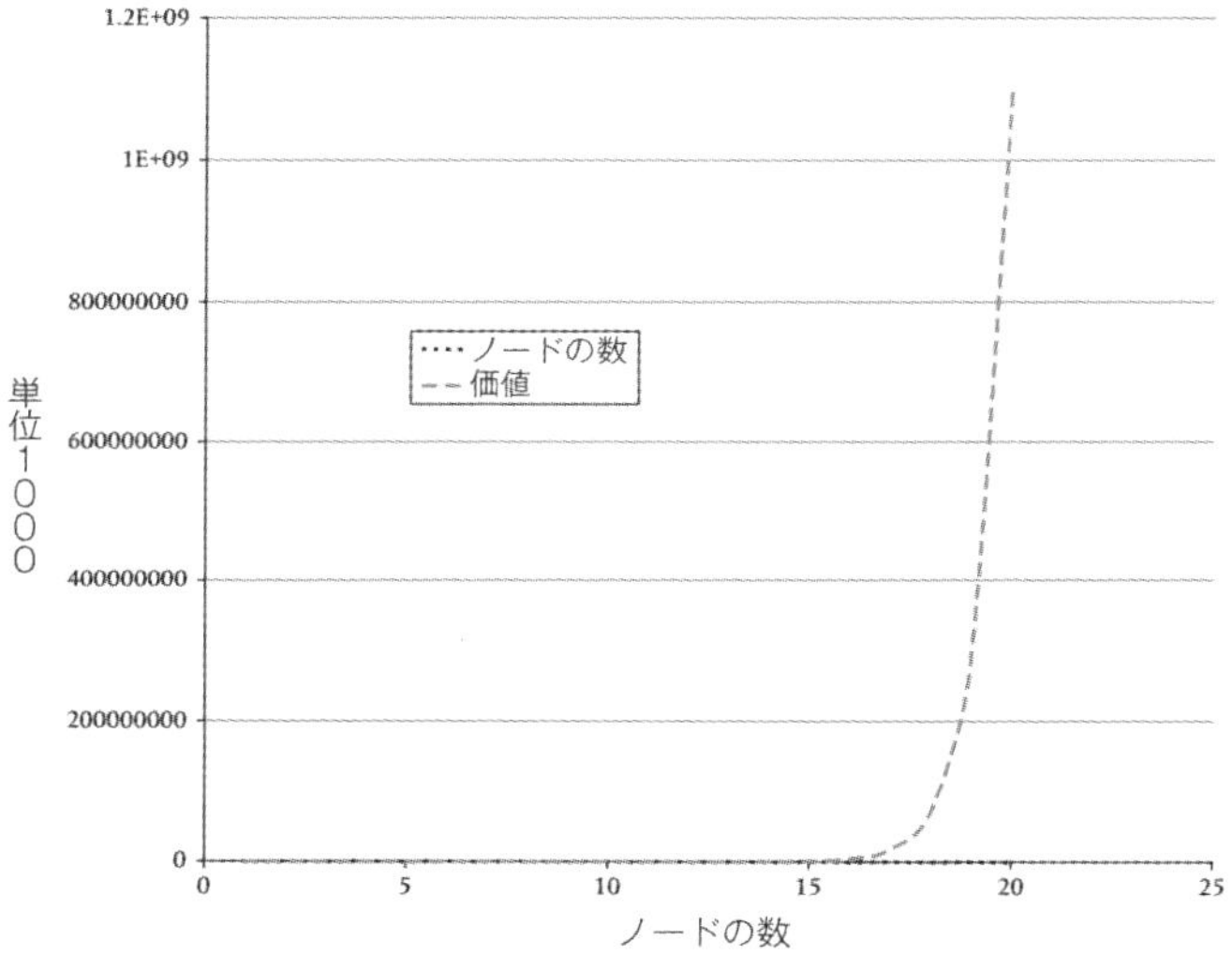

図11　メトカーフの法則：n 個のノードを持つネットワークの価値は、ノード数＝n^2.

うした観点はあまり重要ではない。テザリングが、ロープや鎖（テザー）で動物をつなぐことでなく、実際ICTデバイス同士をつなぐことを意味する時代において、問題はもはや、接続性に何か価値があるかではなく、実際にどれほどの価値があるかである。今まで、リードの法則、サーノフの法則、ベックストームの法則など、通信に関する多くの理論や法則が提起されてきたが、最も知られているのは、メトカーフの法則だろう。[訳注11] ムーアの法則や他の法則と同様、それは科学的法則というよりは、むしろものごとの傾向を一般化したものであり、啓蒙的な役割を持つ。そこでは、ネットワークの価値は、システム中で接続したノードの数の二乗（n^2）に比例するとされている。２台のコンピュータからなるネットワークには、$2^2=4$の価値しかないが、つながっているコンピュータの数を２倍にすると、ネットワークの価値は

$4^2=16$、と4倍になる。図11は、メトカーフの法則における、接続が20になるまでの様子を示している。その考え方は単純である。多くのノードを持つほど、接続されたときの利便性が高く、接続されていないと高くつく。実際、覚えるポイントはもっと単純で、というのもさらに包括的な一般化があるからである。いかなる線形よりも大きな成長（線形成長とは、xに定数をかけたものを言い、たとえば月給×12ヵ月である）、たとえばメトカーフの法則のように二乗や、三次式（n^3）、さらに指数関数（e^x）などは、何回か繰り返した後、縦軸で180度回転させた大文字のLのようになる。

　この「L字の法則」だけ覚えておけばよい。これは、ビジネスが目指すべき成長の姿であり、ハイパー接続性の姿である。国際電気通信連合（ITU）のレポート[13]によると、2013年には、世界人口の3分の1以上がオンラインでつながっていた。ネットワークの価値が、竿のように真っ直ぐに急上昇したのも不思議ではない。では、何が問題なのだろうか。いずれのL字の法則も、ノードの数に対するリンクの数など、ネットワークの複雑さの価値に関して述べており、ネットワーク中のコミュニケーションに関しては触れていないのである。コミュニケーションにはリンク（つながり）が必要だが、それは速度も要す

［訳注11］リードの法則（Reed's Law）：SNSを代表とする巨大なネットワークの有用性は、ネットワークの大きさとともに指数関数的に増加する。
- サーノフの法則（Sarnoff's Law）：ネットワークの価値もしくは効用は、ノード（加入者や視聴者）数に比例する。
- ベックストームの法則（Beckstrom's Law）：ネットワークの価値は、そのネットワークで行われるユーザーの業務を合計した値に等しい。
- メトカーフの法則（Metcalfe's law）：通信網の価値は、利用者数の二乗に比例する。また、通信網の価格は利用者数に比例する。

る。道路について考えてみよう。交通の有無や、小さな通りか高速道路かによって違いが生じる。未来の歴史家は、これを、コミュニケーションのボトルネックと考えるだろう。これはニールセンの法則[訳注12]として知られている。

何年か前、ニールセンは、一般的に、家庭用ネットワーク接続のスピードが、一年につきおよそ50％増加しており、したがって21ヵ月ほどごとに2倍になっているということに気づいた。これは印象的ではあるが、ムーアの法則に従う通信速度と比べたらそれほどでもない。これでは、我々が伝達したいファイルの「重さ」（ビット数）の増大に対応するのには、すでに不十分なのである。その結果として、予測しうる将来、オンライン上の経験は、ネットワークの帯域幅に制約されることになるだろう。

むすび

現在生きている世代の人々は、ヒストリーからハイパーヒストリーへの転換を経験している。高度情報化社会では、その社会の機能と成長のために、よりいっそう強くＩＣＴに依存することになる。情報の処理能力は向上し、その一方で安価にもなっていく。データの総量は信じられないほどの量に達し、我々のネットワークの価値は、ほぼ垂直に上昇していくだろう。しかし、我々が使えるストレージの容量（スペース）と、コミュニケーションの速度（時間）は、後れをとっている。ハイパーヒストリーは、人間の発展の新しい段階であるが、しかし、それは常にこの惑星での我々の生活を統制してきた時空の制約を超えるものでない。次に考えるべき問題は、次のとおりである。この章で見てきたすべての変数に基づいて、我々と未来の世代のために、我々はどういう種類のハイパーヒストリー環境を構築していくのだろうか。一言で答えれば、インフォスフィア（infosphere）である。その詳細は、第2章で述べることにする。

［訳注12］ニールセンの法則（Nielsen's Law）：ウェブサイトにおける、ユーザービリティ研究の第一人者である、アメリカのヤコブ・ニールセン（Jakob Nielsen）が唱えた。

第2章 スペース
インフォスフィア

技術の中間性

どんな技術をも特徴づける最も明確な性質のひとつは、その媒介者としての性質、すなわち中間性（in-betweenness）である。不思議の国アリスがオックスフォードではなく、リオ・デ・ジャネイロに住んでいるとしよう。帽子はアリスと太陽の間にある技術である。サンダルは、彼女と、彼女が歩いている砂浜の熱い砂の間にある技術である。そしてサングラスは、アリスと彼女を取り囲んでいる明るい光の間にある。こうした中間性の考え方は、明白で議論をする余地もないように思えるが、実はそれほど単純ではない。

我々は人間を中心に考えるので、技術の中間性の一方の側について述べるための標準的な用語を持っている。アリスは相互作用している、ユーザーである。我々に欠けていると思われるのは、この相互関係の

図12　技術の中間性の図式表現

図13　一次技術

もう一方の側に対する用語である。すなわち、特定の使用や何らかの相互作用を示すことを可能にする用語である。太陽がすることは、帽子を開発し、それを被らせるのを促進することである。そこで、技術の中間性のもう一方の側を、プロンプター[1]（prompter：促進者）と呼ぶことにしよう。特定の技術による仲介を招いたり、示唆したり、実現するという考えを伝えることは別として、これは技術の哲学における新しい用語であり、演劇で使われている用語とは混同しないだろうし[訳注1]、ユーザーと韻を踏んでいる。ここでは（図12参照）、太陽が帽子のプロンプターであり、熱い砂がサンダルのプロンプター、眩しい光はサングラスのプロンプターである。発明者は、これらのプロンプターによって引き起こされたユーザーのニーズや望みを満足させる人工物を作り出した誰かである。おわかりのように、私は「プロンプター」という用語を、その意味を壊さないように拡大している。

　技術が人間のユーザーと自然のプロンプターの中間にあるとき、それを一次技術（first-order technology）と呼ぶ（図13）。一次技術を列挙するのは容易である。先ほど述べたものは、すべて該当する。さらに、鋤や車輪や傘のようなものを容易に加えられる。斧《おの》はおそらく、最初で最古の種類の一次技術であろう。現代でも、未だに木を切る斧は、あなた（ユーザー）と木（プロンプター）の間の一次技術である。サドルは、あなたと馬の間の一次技術である。爪切りや狩猟用の弓矢は、そのような一次技術の別の例である。一次技術は単純なものである必要はなく、技術に依存し、技術的に洗練されたものでもありえる。たとえば自動小銃は、悲しいことに、二つの人間の側、ユーザーとプロンプターの間の一次技術である。

この時点で、「道具（tool）」という語が、適切なものとして思い浮かぶかもしれないが、正しい表現とは言えないだろう。道具は、ここで説明するように、一次技術である必要はないからである。

たくさんの人間以外の動物が、単純な一次技術を作り、利用している。たとえば、棒きれや貝殻を加工して、食料調達や毛繕い、争いや遊びといったことに用いている。過去、これらの発見によって、「道具を作る人《ホモ・ファベル》（homo faber）」を、「技術を使う人《ホモ・テクノロジカス》（homo technologicus）」とする単純な解釈に終焉がもたらされた。確かに我々は、作る種であるが、「作る」という点に関しては、若干微妙である。なぜなら、多くの他の種もまた何かを作り、使って、環境と作用しあっているからである。自然言語や、他のシンボルを用いるコミュニケーションや、人工言語、特に機械をプログラムする言語を創造したりすることにおいて、我々と他の種との間には比較できない違いが存在しているが、それは、基本的な能力の有無という二者択一の問題だからではなく、我々には非常に高度で柔軟にそのような能力があるがゆえなのである。それは、子供がクレヨンで遊んだ塗り絵と、システィーナ礼拝堂との違いである。連続性を主張するのは間違いではないが、誤解を招く。技術の場合、以下に述べる意味で、「道具を作る人」を「技術を使う人」、一次、二次、三次技術の発明者、使用者として捉えることが望ましいだろう。

［訳注1］演劇においてプロンプタは、舞台、出演者が台詞や立ち位置などを失念した場合に合図を送る役割の舞台要員や装置のことを指す。

図14　二次技術

二次技術（second-order technology）とは、ユーザーをもはや自然とではなく、他の技術と関係づける技術であり、そこでは、そのプロンプターが他の技術であるような技術である（図14参照）。

これが、道具や消費財の概念を、一次技術と同一のものとして考えない、大きな理由である。素朴な例として、シンプルなネジ回しを考えてみよう。もちろん、それは道具であるが、あなたとネジの間にある。そのネジはまた別の技術であり、ネジ回しと、たとえば二つの木材の間にある。同じネジ回しを、他の製品を作り出すことを助ける資本財（capital goods）としても理解できる。こうした二次技術の他の例として鍵がある。そのプロンプターは錠前である。また乗り物で言えば、ユーザーは人間であり、そのプロンプターは、他の技術である舗装道路である。

一次技術（「人間-技術-自然」という図式を満たすもの）には、それと対応する二次技術と結合しなければ役に立たないものもある。道は有用であるためには車を必要とはしないが、ネジにはネジ回しが必要だ。そして二次技術は、一次技術とのさまざまなレベルでの相互依存を意味する（たとえば、ドリルはドリルの刃なしには役に立たない）。このことは、技術が一定程度特殊化され、それゆえに組織化されていることの証明である。ナットとボルトの両方を持っていないなら、どちらも持っていないに等しい。

このような相互依存性とそれに呼応する二次技術の出現には、取引や何らかの通貨が必要であり、通常より複雑な人類の社会化と、それゆえある種の文明社会、それに続く余暇やレジャーのための蓄積、そして最終的には、対応する文化の出現と関係している。一方いくつかの動物も、棒をとがらせたりすることである程度自分たちの工作物を作ることができるが、意味のあるしかたで二次技術を作り出すことができないようである。

他の技術に対してエネルギーを供給する技術としてのエンジンは、おそらく最も重要な二次技術である。何千年もの間、水車や風車は、エネルギーを有益な動きに変換してきたが、蒸気を使った内燃機関や電気モータが、「ポータブル」なエネルギーの供給源となり、ユーザーと他の技術の間の必要な場所のどこにでも置くことができるようになって、産業革命が広く現実化したのである。

後期近代の大部分は、原料とエネルギーについての科学的知識とその制御の増大につき動かされて、二次技術が優勢となり、機械の繁栄を見た時代であった。シャーロック・ホームズの頃のロンドンは、歯車や時計やシャフト、車輪、動力付き装置が騒がしかった。それは、人間‐技術‐自然の関係によってだけでなく、よりはっきりと、人間‐技術‐技術の関係によって特徴づけられるものであった。人類の発展におけるプレ・ハイパーヒストリーの段階としての近代は、すぐに機械に組み込まれ、機械が連鎖反応する、複雑なネットワークに依存する世界になっていった。線路と石炭なしには鉄道は走らないし、ガソリンスタンドとガソリンなしには自動車は走らないというように、互いに強化しあうサイクルをなし、それらは頑健であると同時に、束縛でもあった。

たとえばフロッピーディスクの歴史に見るように、ある段階で、部分的改良を続けるよりシステムそのものをそっくり置き換えるほうが――もっと劇的に言えば、パラダイムを変えるほうが――簡単になる。超強力なフロッピーディスクを作ったとしても、既存の幾百万のドライブがそれを読めなかったら意味が

図15　三次技術

ない。これは、技術的跳躍[2]の、一つの長所を説明している。後からの採用者は、現行の（一次技術、二次技術と結びついた）技術的パッケージの遺産を受け継ぐ必要はなく、最新の革新的な解決策を自由に使うことができる。しかし、二次技術は他の技術と結びついているという性質を持つために、見かけほど単純ではない。もちろん、たとえば道だけがあって内燃機関のエンジンを使った自動車がないのであれば、電気自動車やハイブリット自動車を導入するのはずっと容易だろう。明らかな困難は、そもそも道は、前者のために作られたということである。こうして、技術革新を扱う立法の課題は、時に誘因と抑制要因を通して、保つ必要があるもの（たとえば、道）を、変えられる必要があるもの（たとえば、内燃機関の自動車）から分離することによって、古いテクノロジーから新しいものへの移行を容易にすることである。

我々が今日、自宅で享受している快適な家電製品の大部分は、その概念が後期近代に生まれたものである。冷蔵庫、食器洗い機、洗濯機、乾燥機、テレビ、電話、掃除機、アイロン、ステレオ……これらはすべて、一次か二次の技術であり、人間のユーザーと関連するプロンプターとの間で働いている。それらは、三次技術（third-order technology）への、革命的跳躍の機が熟した世界である。技術は、ひとたびその中間性によって、ユーザーとしての技術と他のプロンプターとしての技術を「技術‐技術‐技術」の図式（図15参照）の中で結びつけると、急激に発展していく。ここでは、我々ユーザーは、もはやそのループの中には存在せず、せいぜいそれに接しているだけである。パイロットは、操縦桿とスロットルを使って能動的にドローンを飛ばすが、オペレーターはマウスとキーボードを使ってそれらをコントロールするにすぎない。[3] あるいはおそらく、意味あるかたちでそこに居ることすらなく、完全にループの外にいて、（おそらくは、自分でも気づかずに）受益者や消費者として、そのような技術を利用したり、単純にそれに頼ったりしているかもしれない。これは、決して今まで存在しなかった現象ではない。たとえばアリストテレスは、奴隷は行動のための「生きている道具」である、と主張した。

所有財産は人生の目的のための道具であり、財産とは、一般に道具を収集したものである。そして奴隷は、生きている財産である。[4]（中略）これらの考察はしたがって、奴隷の特性とその基本的な質を明確にする。すなわち生まれつき自分自身にではなく他者に所属している人間は、生来的に奴隷である。そして他者に所属する人間は、人間ではあっても、財産の一部であり、その所有者から独立して行動する道具である。[5]

明らかにこうした「生きている道具」は三次技術として「使う」ことができるので、奴隷の主人をこのループの外に置くことになる。今日、この考えは、奴隷としてのロボットや他のＩＣＴデバイスについての多くの比喩と呼応している。

もちろん、将来を見通す唯一安全な予測は、それは間違いやすいというものである。失敗に終わったアップル社のニュートン[6][訳注2]の20年後に、ｉＰａｄを買うために行列ができると誰が考えただろう。時には、正しいリンゴが頭の上に落ちて来るのを待つ必要がある。それでも、三次技術がユーザーとは独立して機能する「モノのインターネット（the Internet of Things：ＩｏＴ）」は、注視する価値のある、手の届くところで十分に熟した果実である。専門家たちも、ここしばらく、ＩｏＴについていろいろと言及してきた。次の革新は、未知の技術の垂直展開ではなく、水平展開によるものになるだろう。というのも、それは人と人とをつなげるだけでなく、あらゆるものをあらゆるものに（anything to anything：ａ２ａ）接続するものだからである。ある日、何であれ「２・０」は時代遅れとなり、「ａ２ａ」技術に熱狂するかもしれない。この点については、第７章で改めて述べることにする。今となっては大したことではないが、ニュートンはプリンタと接続できると宣伝されたという事実は、当時としては驚くべきことだった。あなたの自動車が、自動的にあなたの電子手帳を確認して、デジタルテレビを通じて、明日長距離の運転をする前にガソリンを入れる必要があると思い出させてくれるような世界を想像してみてほしい。すでに、それ以上のことも実現可能である。その最大の障害は、標準の欠如やプロトコルの制約、さらに他のインフォスフィアの完全なモジュールとなるようデザインされたハードウェアがないことにある。世界に存在する数十億もの人工物に接続して、それらを相互作用させることを可能とするような、手頃な価格の汎用機器を発明したら、たちまち億万長者になれるだろう。それは機器群の統合と最適化の問題であり、現在は、日常的に人間がインターフェースのように働くことで解決している。たとえばガソリンスタンドで燃料ディスペンサーを操作したり、ＧＰＳの指示を元に運転操作をし、さらに自宅の冷蔵庫を見て食品スーパーで買い物をしている。

本質的に、三次技術は（ＩｏＴを含んで）、人間という、扱いにくい中間性の媒介者をループから外し、取り除くのである。最適化され、十分に統合されたインフォスフィアにおいて、デバイス間の目に見えない協調関係が、スマートフォンとラップトップパソコンが相互にやりとりし、ラップトップがプリンタとつながるというように、シームレスに協調しあうだろう。ＩｏＴによってモノが日常的に対話するようになったときに何が起こるのか、予測するのは難しい。しかし近い将来、もしコンピュータやソフトウェア企業が、テレビも含めて電化製品を開発し、発売したとしても、驚くことではない。

ユーザー側の技術は、他の中間技術を介して、プロンプターの技術と相互作用する。これが、三次の技術の諸関係が、発展、イノベーション、繁栄に必須の条件になる人間の発展の段階としてのハイパーヒストリーを捉える別の方法である。これはまた、我々の発展がハイパーヒストリーの段階に突入したことの証拠を示す、さらなる方法でもある。まさに、「機械に読み取り可読なデータ」という表現が、三次技術の世代の存在をはからずも示している。簡単に言えば、バーコードは我々が読むためのものではないし、株の超高速取引[7]（アメリカでは、株取引の4分の3が、超高速取引（ＨＦＴ）で行われている）は、非常な高速で株の売買が行われており、高速コンピュータとアルゴリズムでなければ処理できない。そこでは多くのマーケットを同時に調べ、数百万もの取引を1秒で行い、ミリ秒単位で戦略を採用し、実施している。同じことが、軍事、民生を問わず、時間が重要などんなアプリケーションにも当てはまる。さらに例を挙げれば、自動運転自動車や、「ホームオートメーション・アプライアンス」がある。これは我々の家をスマート環境に変える技術で、たとえば、セントラルヒーティングをモニター、制御、微調整したり、住人の習慣に合わせてお湯を供給したりする。これに関しては、次章以降で改めて触れる。

これまでの例からも明らかなように、究極の三次技術はＩＣＴによって提供される。コンピュータの文

〔訳注2〕アップルコンピュータが１９９３年から販売した、最初の個人用携帯情報端末（ＰＤＡ）とされる機器。

脈で「エンジン」という言葉が使われるのは（「サーチエンジン」や「ゲーム開発エンジン」）、三次技術がコンピュータに関係しているように、二次技術がエンジンに関係しているということを想起させてくれる。ＩＣＴは、自律的にデータを適切に処理することができ、したがって自身の行動に責任を持つ。この特長が十分に利用されると、人間のユーザーは不要となるだろう。最後の人間が地球を去った後でも、機械エンジンが作動し続け、自分で自分を修理するモダンワールドを想像するのは困難である。機械の現代は、未だに人間依存なのである。しかし我々はすでに、存続と成長のために人間との相互作用をする必要がない、完全に自動化されたコンピュータによるシステムを思い描くことができる。月にその資源を使って人工植民地を作るための自動組み立て型３Ｄプリンタを作り上げるプロジェクトは、まだフィクションに聞こえるかもしれないが、[8] これは未来の姿を良く示している。知的で自律的なエージェントは、もはや人間である必要はない。三次技術に完全に依存したハイパーヒストリー社会においては、原理的に人間に非依存となるのである。

ここまでのことをまとめると、我々は、技術を、その一次、二次、そして三次の性質に基づいて分析することができる。この分け方をさらに洗練させることもできるだろうが、概念的にあまり得るところがない。時計は一次技術（あなたとあなたの時間の間）、二次技術（あなたとたとえば圧力鍋の間）、三次技術（あなたのコンピュータと予定された仕事の間）だろうか？　ハサミは、一次技術（あなたとバラの茎の間）、二次技術（あなたと紙の間）、三次技術（ロボットと工場の布の間）だろうか？　コンピュータは、一次技術（あなたとたとえば貯水槽の水量の間）、二次技術（あなたと他のコンピュータの間）、三次技術（二つのコンピュータの間）だろうか？　明らかにどの答えも、文脈に依存する。しかし、脱文脈化された唯一の答えは存在しないという事実が、その区別の説得力を減じるわけではない。ただ、使うときには注意深くあれというだけのことである。ここで強調すべきことは、この区別が十分であり、すべてを尽くしているということである。四次技術は存在しないのである。もちろん、他の技術と相互作用してゆく技術の連鎖は、望むだけ拡張可能だ。しかしながら、そういう連鎖は、一次、二次、三次の三つ組の連なりとして考えることができる〔9〕。

一次から二次へ、最後に三次へという技術の発展は、多くの疑問をもたらす。その中でも２点が、我々の現在の探求の文脈の中で、最も関連があるだろう。

まず、技術が常に中間性を持つのであれば、ＩＣＴが三次技術として働くとき、それに関連する新しい要素とは何であろうか。より正確に言えば、我々は初めて、定常的、かつ安定的に他の技術のユーザーとなる技術を持った。だが、もはやユーザーではなく、しかしループの外にいる潜在的受益者である我々に対する、ＩＣＴの中間性の関係とは何であろうか。これに対する十全な答えは次章以降に委ねることにする。ここでは、こう予測しておこう。ＩＣＴは、まさにそのループを閉じ、技術がそれ自身を介して技術と相互作用するようにさせるので、この問いそのものが無意味ではないかと反論されるであろう。三次技術の登場により、すべての中間性は技術内のものとなり、もはや我々は関係がない。我々は、こうした技術の「内部化」過程によって、ＩＣＴが人々の生活を形づくり、さらにはコントロールすることになるかもしれないという懸念を生んでいることは理解できるだろう。同時に、ループを閉じる三次技術としてのＩＣＴは、技術の中間性を内在化させるが、新たな「外側」を生み出すという答えもあるだろう。というのもＩＣＴは新たなスペース（たとえばサイバースペース）を作り出し、そのスペースはループによって可能となり、ループが存続し続け、活躍することに依存しているが、それはループの内部のスペースと混同されることはないからである。このようなスペースの生起は、社会的に見て、前例がないものではない。異なる時代、異なる社会で、全体の住宅システム中に、奴隷や使用人だけが使う場所として、キッチンや食堂、別階段や廊下までが、不可視の機能としてデザインされた。人気のテレビドラマ『ダウントン・アビー』[訳注3]の視聴者には、「上の階（主人一家）と下の階（使用人たち）」の話がピンとくるだろう。前例がないのは、途方もない規模と速度で、人間社会の全体が、それが可能なときにはいつであれ、このループの外のスペースに向けて移住を始めているということである。

第二に、もし技術が常に中間性を持つのならば、何がこうした中間性がうまく働くようにしているのであろうか。少し言い換えれば、技術はどのようにしてユーザーとプロンプターと相互作用するのであろうか。それを一言で答えればインターフェースであり、次節のテーマである。

インターフェース

ヤヌスは古代ローマの神で、スペース（敷居、門、ドア、境界など）と時間（特に古い年と新しい年、月や季節、平和の時と戦争の時などの始まりと終わり）の両方における、出入り口と移り変わり、終わりと始まりを司る（英語の1月 January はヤヌスに由来する）。ヤヌスは二つの顔を持っているので、神々の中ですぐにわかる。昨今では、前後に顔があるため、インターフェースの神として、デジタル技術を司るとされている。

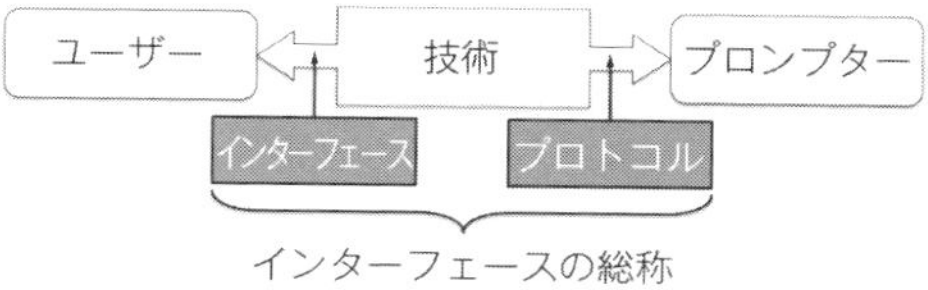

図16　技術の二つのインターフェース

ＩＣＴの顔の一つはユーザーを見ており、フレンドリーであると期待され、もう一つの顔は当該の技術をそのプロンプターとつなぐ。それらをプロトコルと呼ぶこともあるが、この用語は厳密には、データ転送を制御する規約についてのみ使われる。一次、二次、三次いずれの技術も、ユーザーインターフェースとプロトコルという二つの顔を持っている。これらの二つの顔を、「ユーザー‐技術‐プロンプター」図式の中の二つの連結器として考えてみよう（図16参照）。

技術のこの中間性の次数に応じて、プロトコルの顔は次第に見えなくなり、ユーザーインターフェースが「インターフェース」として扱われるようになり、ついにはそれも消えてしまう。ヤヌスは別の顔を隠してスタートし、他の神と同じく一つの顔のように見えるが、ついにはその顔も知覚できなくなる。先に紹介した例を使って、この段階的な消失を説明してみよう。

すでに典型的な一次技術の例として、薪割り斧を挙げた。それは、人間‐技術‐自然の図式に適合している。その柄はユーザーフレンドリーなインターフェースであり、柄＋刃はインターフェース（打撃力を伝達する）をプロンプターである木材とつなぐプロトコルである。ユーザーは中間で媒介する技術との相互作用と、その

［訳注3］*Downton Abbey.* 第一次大戦前後のカントリー・ハウスでの貴族と使用人たちの生活を描いたイギリスのテレビドラマシリーズ。アメリカでは２０１０年からＰＢＳで放送されて人気を得た。（Wikipedia より）

技術と自然のプロンプターとの相互作用の両方をコントロールする必要があるため、ユーザーはヤヌスの顔の両方、ユーザーインターフェースとプロトコルにアクセスする。たとえば、造作なく斧の刃を研ぐことはできる。

次に典型的な二次技術であるエンジンについて考えてみよう。これは、人間-技術-技術の図式の例である。技術のプロトコルによって、中間を媒介する技術が、確実に技術のプロンプターを扱うようになる。場合によっては、ユーザーがプロトコルにアクセスする必要がある。ネジ回しは、その先端がネジの頭と適合しているかどうか（マイナスネジか、プラスネジか、四角いネジか等々）を確認する必要がある。しかし多くの場合、ユーザーは、その両方の顔にアクセスする必要はない。たとえば、マニュアル車の場合、変速レバーとクラッチを認識してそれらと相互作用するだけでよい。プロトコル、すなわち、エンジンの別の顔が車の推進機構に代表されるプロンプターとどう相互作用しているかということは、故障が起こらない限り重要ではない。このため、二次技術では、通常インターフェース一般（プロトコルも含まれる）と、ユーザーインターフェースを区別しなくなる。この時点で、「インターフェース」は、単純にユーザーインターフェースのみを意味する。プロトコルはもはやそれほど明確なものでも、アクセスしやすいものでもないからである。もし何かがうまくいかない場合、プロトコルやプロンプターにアクセスするには、しばしば専門家の手を借りる必要がある。

最後に、三次技術の例として、一般的なモデムについて考えてみよう。モデムは送信側で、アナログ信号をデジタル信号に変調する装置であり、その信号は電話回線を介して送られ、受信側で復調して、情報を伝達する装置である。これは、技術-技術-技術の図式の例である（モデムがあまりに時代遅れなら、ルータを例としてもいいだろう）。ここではインターフェースが技術と技術を他の技術を介して接続するので、三次技術では、ＩＣＴによって実現される自律的な処理能力を必要とする。そのため、システム全体のインターフェースが、プロトコルの一連の集合と見なされる。技術のプロトコルが、中間で媒介する技術、二つのモデムが、技術のユーザーである、たとえばあなたのコンピュータと、技術のプロンプターである、私のコンピュータの面倒をみる。高度なコミュニケーションに必要な、必要かつ十分なパラメータを設定する動的なプロトコルでのネゴシエーションを自動化したプロセスは、ハンドシェイクとして知られている。これが、あなたと私のコンピュータの間、あるいはあなたのコンピュータとプリンタの間で相互に参照する場合、あるいはあなたのスマートフォンとラップトップの間で、たとえばあなたの書いているデジタルの記録を同期する前に行われていることである。しかしあなたも私も、こうしたハンドシェイクのやりとりに招かれてもいないし、関わってもいない。ここでは、ヤヌスの両方の顔は、我々から隠れている。我々は、完全にこのループから外れているのである。あなたが帰宅すると、スマートフォンが自動的に自宅のワイヤレスサービスに接続し、更新プログラムをダウンロードし、自宅にあるタブレットなど、他のＩＣＴデバイスと「話し」始める。どのようなプラグアンドプレイ（plug and play：ＰａＰ）機器であれ、あらゆるハンドシェイクとデータ処理に必要とされるものは、最終的な受益者である我々には見えない。ルネッサンス様式の建物の中にいるように、我々は今やピアノ・ノビーレ［訳注4］の上層の高貴な階に住んでいて、サービスルームで技術がハミングしている階下で何が起きているか、まったく知らずにいる

［訳注4］大きな家屋の主たる階を意味し、通常ルネッサンス様式の建築物について使われる。

のである。誤動作や故障がない限り、我々はこうした技術が配置されているということすら知ることはないだろう。しかし、何かが機能不全となった場合には、専門家によって、インターフェースの両側を取り扱う必要がある。こうして、技術の専門家は、ヤヌス寺院の新しい司祭となる。我々がより高次の技術に依存するようになるにつれ、その司祭たちは、ますます強力な影響力を持っていくのである。

デザイン

インターフェースは、それと関連する技術と同じく、進化する。こうした進化は、とりわけ、デザインによって実現される。多くの場合、問題となる技術が少なくとも平和主義者にとってはおぞましいものであっても、進歩のサクセス・ストーリーである。軍事博物館を訪問し、非常に古い携帯式の火器を見れば、今日では当たり前と見えること —— 手に持ちやすいグリップ —— を製造者が開発するために、驚くほど長い時間がかかったことに気づくだろう。ルネッサンス期にヨーロッパで普及した中国起源の手筒[10]は、石弓のように、砲身を持って敵を狙うものだった。長い間、古い拳銃は、ほぼ剣のように真っ直ぐな形をしていた。[11]拳銃は長い時間をかけて曲がり、ようやくつい最近、馴染みのあるL字型を獲得したのである。このデザインは今ではあまりに当たり前なので、これは驚きである。どんな子供でも、指鉄砲を人に向けるときには、親指を握り拳の上に立て、1本か2本の指を真っ直ぐ伸ばして銃身にする。

時には、意図的にレトロなデザインにすることもある。アップル社のｉＭａｃシリーズの最初のモデル、ｉＭａｃＧ３は、その後継機のように、一つの筐体内にモニターとシステム装置の両方を含んだオールインワンコンピュータであった。特に、カラフルな半透明のプラスチックで作られたケースが異彩をはなっていた。その中、すなわちヤヌスの両方の顔であるユーザーインターフェースともう他方のプロトコルを見ることができるという印象を持っただろう。こうして、iＭａｃは、一見斧のような、馴染みやすい一次技術の外見でありながら、実際には、人間のユーザーと他の技術的人工物との中間の媒介としての、洗練された二次システムとして使うことができたのである。自動車のエンジンのように、内部を見る必要はなく、実際、ユーザーはプロトコルを見てはいないし、もし見たとしても、何もできないのである。現代的な美的遊びではあったが、機能的には無意味であり、長く使われることはなかった。

時には、デザインが単に時代遅れになって、過去の遺産となる。前扉式の（ドラム式）洗濯機は、機械式洗濯システムから開発された。そのため、内部に水があるかどうか確認するための透明な窓のあるドアが備えられているというのは、透明な窓のないトッププローディング式洗濯機（縦型洗濯機）と比較する限り、いちばんもっともらしい説明であるが、実のところ、動いているときにはドアを開けられない。その後に開発された食器洗い機には、洗濯機のようなシースルーのドアは付いていないのである。

良いインターフェースをデザインするには、時間と工夫が必要である。それはたとえば、握りやすいハンドルのように、当然のことに気づくか、すでに有効ではない透明な窓のように、無意味なものを取り除くかの問題である。使用しているコンピュータの電源が入っていることを知らせるために明るいライトは必要ないので、多くのコンピュータにはそれがない。しかし近頃はＵＳＢフラッシュメモリを使うのにＵＳＢポートに容易にアクセスする必要があるにもかかわらず、多くの場合、それがコンピュータの背面にあるため、視覚的にはエレガントでも、機能的には使いにくい。結論は、インターフェースの機能性に関しては（もちろん、たとえばユーザビリティ、経済性、美学、エルゴノミクス（人間工学）、省エネルギーといった関連性もあるが）、良いデザインとは、当該の技術の要請事項の大部分を考慮に入れて、実現するデザインである。一次技術では、ユーザーインターフェースとプロトコルの両方にアクセス可能であり、使いやすい必要がある。二次技術における良いデザインは、インターフェースのユーザーインターフェースの面にのみ集中する必要があり、プロトコルは不可視となる。修理すらできない時計に、透明ケースを付けることは無意味なのである。三次技術では、インターフェースの両側、すなわちユーザーインターフェースとプロトコルは、機能に関して人間に不可視となるべきである。しかし、こうした機能的な不可視性は、三次技術の中間性の問題を、より緊急の問題として浮上させる。ループの外にいるということは、コントロールできないということを意味しうる。第8章で見るように、こうした懸念は、すぐさま政治的な問題につながる。ここでは、それらを簡単に示すために、ニュアンス抜きの白と黒のカリカチュア（風刺画）を示すことにする。

技術の政治学

技術の中間性に関わる政治学の解釈、より有り体に言えば、技術のR&D、開発、利用、イノベーションなど、すべて多かれ少なかれ人間の集団的決定、選択、好み、単なる惰性などによって形づくられるもののダイナミクスは、以下に示す二つの両極端の間で揺れ動く。どちらの極端を唱道する研究者もいるわけではないが、基本的な考え方を理解するために有効である。

一方の極端では、技術の中間性を、有害な種類の分離を引き起こすものであって、自然や真正なものとの清純な接触を失わせるものと捉える。この立場をつきつめると、技術の中間性を非身体化、あるいは少なくとも身体化の価値下げと結びつけ、さらには非定位化（身体がなければ場所がない）、グローバル化（場所がなければ地方化もない）と結びつけ、究極的には物理的なもののユニークさとその人間との関わりの価値下げとしての消費者主義と結びつけられる。この場合、技術の中間性の政治学は、良くて嘆かわしい、グローバルな過ちであり、最悪の場合、国家から多国籍企業まで、何らかの悪意あるエージェントによる悪魔の計画、ひたすらな単一目的の追求となる。

もう一方の極端は、技術の中間性によって与えられる解放への、熱狂的で楽観的な支持である。これは、人々のコミュニケーションと自己実現のためのスペースをよりいっそう作り出すための方法、バッファとして説明される。技術の中間性の考えは、一部の人々やシステム、あるいは機械が人間を凌駕して権力を行使する危険な道とは見なされず、コントロールを強化し、可能にするものと考えられる。これは、次のような式で説明できるだろう。（人間に）よりスペースがある＝より自由である＝よりコントロールできる＝より選択肢がある。

明らかに、どちらの考え方も真剣に考える価値はない。しかし、これらの二つの単純な構成要素のさまざまな組み合わせが、技術の政治学に関する現在の議論を支配している。次章以降で、こうした議論はすぐに混沌とし、それほど明確なものではないということを見ていく。

技術の解釈と創造としてのＩＣＴ

今日一般に技術と言えば、すぐにＩＣＴやユビキタス、ユーザーフレンドリーなインターフェースなどを思い浮かべるだろう。これは、当然のことではある。ハイパーヒストリーの社会では、ＩＣＴが一次、二次、三次技術を特徴づけるものとなる。我々はますます、ＩＣＴを通じて現実世界や技術と相互にやりとりし、さらにＩＣＴは、我々に見えることなく、技術が相互にやりとりをすることを可能にする「ザ技術」なのである。さらに予期されるのは、現代の支配的な技術は、過去と同じく、二重の影響を持っていることである。一方で、我々の世界との相互作用を形成しそれに影響を与えることで、一次、二次のＩＣＴは、我々に世界を、ＩＣＴに適合した観点で見る、すなわち情報的に理解するように誘う。他方、まったく新しい環境を作り出して、そこに我々は暮らすことになり（ループ外に置かれる経験。デザインによって機能上不可視である）、三次ＩＣＴは、我々の世界のますます大部分の本質的な性質を、本来的に情報的であると考えるよう誘う。要するにＩＣＴは、世界について情報的に考え、経験する世界が情報的であると考えるようにするのである。これらの二つの傾向がもたらすのは、この節で説明するように、ＩＣＴが現実や日常の全体をＩＣＴに適した用語、すなわち情報的に概念化するよう導くことである。

ＩＣＴは、現実をインフォスフィアに変えていくことによって、その性質そのもの、そして我々がそれによって意味するものを、変えつつある。インフォスフィアという言葉は、１９７０年代に生まれた新語で、我々の生活を支えている惑星上における限定された地域を示す「バイオスフィア（biosphere）」に基づいている。インフォスフィアはまた、急速に進化している概念でもある。インフォスフィアとは、最小限にとれば、すべての情報の実体とその属性、相互作用、プロセス、およびそれらの相互関係によって構成された、情報環境の全体を指す。インフォスフィアは、サイバースペース（cyberspace）と比較できるが、それとは異なる。サイバースペースは、これまでもそうであったように、インフォスフィアのサブ領域のひとつにすぎない。インフォスフィアは、オフラインの情報やアナログスペースの情報も含むからである。最大限にとれば、インフォスフィアは、我々が現実を情報的に解釈するならば、現実と同義に使うことができる概念である。この場合、現実とは情報的であり、情報とは現実的であるということを示唆している。[12] 技術に関する限り、近い将来我々が経験するであろう最も大きな変化と困難な問題のいくつかの源泉は、この現実と情報の等価性の中にある。

　ＩＣＴが世界をインフォスフィアに変えていく最も明らかな方法は、アナログからデジタルへの移行と、それに続く、我々がますます多くの時間を過ごすことになる情報スペースのとめどない成長に関わっている。そのどちらの現象も良く知られており、特に説明する必要はないだろうが、簡単なコメントを付け加えておくことにする。この徹底的な変換はまた、デジタルツールとデジタル資源の間の根本的な収斂の結果でもある。これらのツール（ソフトウェア、アルゴリズム、データベース、コミュニケーションチャンネル、プロトコルなど）の本質的な性質は、今や生データが処理された資源の本質的な性質と同じであり、相互に完全に互換となる。比喩的に言えば、それは、水を通すための水でできたポンプとパイプのようなものであり、要するに、すべてH_2Oなのである。もしこれを疑問に思うならば、物理的な観点から考えて見てほしい。コンピュータのハードディスクに入っているデータとプログラムを区別するのは不可能だろう。それらは結局、ディジットでしかないからである。

こうしたデータとプログラムの間のデジタル的な均一性は、アラン・チューリングによる最も重要な直観の一つであった。インフォスフィアでは、そこに住まう実在も仲介者もすべて等しく情報的であって、処理をする側《プロセッサ》（processors）と処理される対象の間に物理的な違いはなく、相互のやりとりは等しく情報的なものになる。それらはすべて「リード／ライト」（すなわち、アクセス／変更）動作として説明でき、「実行（execute）」が残るプロセスのタイプとなる。アリスがボブに話しかけるとき、それは「書き込み」のプロセスとなり、ボブが彼女の話を聞くのは「読み込み」のプロセスである。彼らがキスをすれば、それは「実行」の事例である。あまりロマンティックではないが、正確である。

ディジットは、容易かつ連続的にディジットを扱う。これによって、インフォスフィアでの長年のボトルネックの一つを取り除く可能性を開き、結果として、情報摩擦を徐々に減らしていく。この問題については第5章全体で扱うので、ここでは紹介するにとどめておく。当面は「情報摩擦」を、送り手から受け手へ情報を流すことの難しさを示すものと考えておく。たとえば、パブやカクテルパーティのような騒々しい環境では、メッセージを確実に伝えるために、叫んだり身振りを使うだろう。すなわち、冗長性を加えるのである。たとえばビールを二つ注文したい場合、声とジェスチャーの両方を使うかもしれない。ICTはその「データの超伝導性」によって、インフォスフィアにおける情報の流れを促進する、最も影響力のある要因として知られている。実は我々は、このような摩擦の無いインフォスフィアの姿を、身近に知っている。たとえば、スパミング［訳注5］（電子メールは事実上無料なので）やマイクロメータリング［訳注6］（1円の端数も、今では計算されている）などである。このような、「データ超伝導性」は、少なくとも四つの重要な影響を及ぼす。

まず、我々は、無視する権利が実質的に失われていくのを目撃している。ますます情報摩擦が無くなっていくインフォスフィアで、簡単に推測できる出来事や無視しづらい事実に直面した際に、それを知らなかったと主張することは、いっそう説得力を失いつつある。

第二に、人々の間の共有知識が、指数関数的に増加している。これは論理学の言葉で、基本的に、誰もがpを知っているだけではなく、誰もがpを知っているということを知っている、ということを知っている、…ということを言う。たとえば、ソーシャルメディアを通じて情報を共有する友人サークルを考えるとよい。

第三に、前者の二つの現象の影響もまた、急激に増大する。なぜなら、どのくらいの情報が手に入るか、手に入ったか、手に入るべきだったか、ということについてのメタ情報が、過剰になっているからである。その結果、我々は、情報を扱うエージェントの責任性が増しているのを目撃しているのである。情報が簡単にクリックでアクセスできるようになればなるほど、それを確認しないことが許されなくなる。道徳的に言えば、ICTは、世界のあり方、あるであろうあり方、あるべきあり方への人間の責任を、どんどん大きくしている。ICTは、特定の個々の情報エージェントへの責任の明確な帰属を、よりわかり難く、曖昧にしつつあるより広い現象の一部でもあるため、この点は若干矛盾している。

最後の必然的な結果は、情報プライバシーに関わる。だがこの分析は非常に重要なので、第5章で述べ

［訳注5］spamming. 受信者の意向を無視して、無差別かつ大量に一括して電子メールを送信すること。
［訳注6］micro metering. 微小計量の意。

ることにする。

インフォスフィアでの生活

ここ10年ほどの間に、我々はオンライン上の生活を、人間の情報エージェントがデジタル環境に適応すること（束縛からの自由と追求の自由としてのインターネット）と、人間の情報エージェントによる、デジタル環境のポストモダン、新植民地主義（統制としてのインターネット）との混合と解釈することに慣れてしまった。これは、おそらく間違いである。我々は、ＩＣＴが、新しい現実を作り上げ、我々の世界とそこに住まう我々の生活の、あらゆる側面の情報的解釈を加速させているのと同じくらい、我々の世界を変更しているのである。インターフェースが次第に見えなくなるにつれて、こちら側（アナログ、炭素ベース、オフライン）とあちら側（デジタル、シリコンベース、オンライン）の境界は、どんどん不鮮明になっていく。しかし、これには両者それぞれに利点がある。詩人ホラティウスの有名な言葉をもじれば、「征服されたインフォスフィアが、その勝者を征服した」[13]のである。デジタルオンラインの世界は、アナログオフラインの世界にあふれ出て、それと同化していく。こうした現象の最近の姿は、「ユビキタス・コンピューティング（Ubiquitous Computing）」「アンビエント・インテリジェンス（Ambient Intelligence：環境知能）」、「ＩｏＴ（The Internet of Things：モノのインターネット）」、「拡張ウェブ（Web-augmented things）」などとして、広く知られている。私はそれを、オンライフ経験[訳注7]（onlife experience）と呼びたい。それは情報化時代の発展の次の段階でもあり、すぐにそうなっていくだろう。我々は、次第にオンライフを生きるようになっているのである。

人工物や全体（社会）環境の段階的な情報化はすなわち、プレ・デジタル時代の生活がどのようなものであったかを理解するのが難しくなってきていることを意味している。近い将来、オンラインとオフラインの区別は、これまで以上に不鮮明になり、消失してしまうだろう。たとえばすでに、リアルタイムにデータベースを更新しているカーナビシステムに従って運転している際に、それがオンラインかオフラインかを問うことはほとんど意味を持たない。同じ問いを、GPSに導かれた無人自動車で移動中に電子メールをチェックしている人にしても、理解し難いだろう。

社会学者は、1960年代初頭（著者の世代）から1980年代初頭に生まれた人々をX世代、そして1980年代初頭から2000年頃までに生まれた人々をY世代とか「新世紀世代」と言っている。そこで、「長い」90年代の後に生まれた人々――長いと言われるのは、2001年9月11日[訳注8]までを指すからである――を、Z世代と呼ぼう。前の二つのアルファベットのX世代、Y世代に続くということだけでなく、彼らはゼタバイト（Zettabyte）のデータを利用できるようになったからである。Z世代に属する人々にとって、世界は常にワイアレスであった。9・11は、彼らの小学校の歴史の本に載っている。システィーナ礼拝堂は、修復が1999年に終わっており、常に輝いて色鮮やかであった。彼らにとって、「グーグル」「ツイッター」「ウィキ」のない世界は存在しないし、それらは単にサービスだけでなく、動詞

[訳注7] この後「オンライフ（onlife）」という言葉が出てくるが、「on line life」というニュアンスを持った著者の造語である。
[訳注8] 2001年9月11日にアメリカ同時多発テロ事件が起こった。旅客機がハイジャックされ、ニューヨークのワールドトレードセンターやペンタゴンなどが攻撃された。

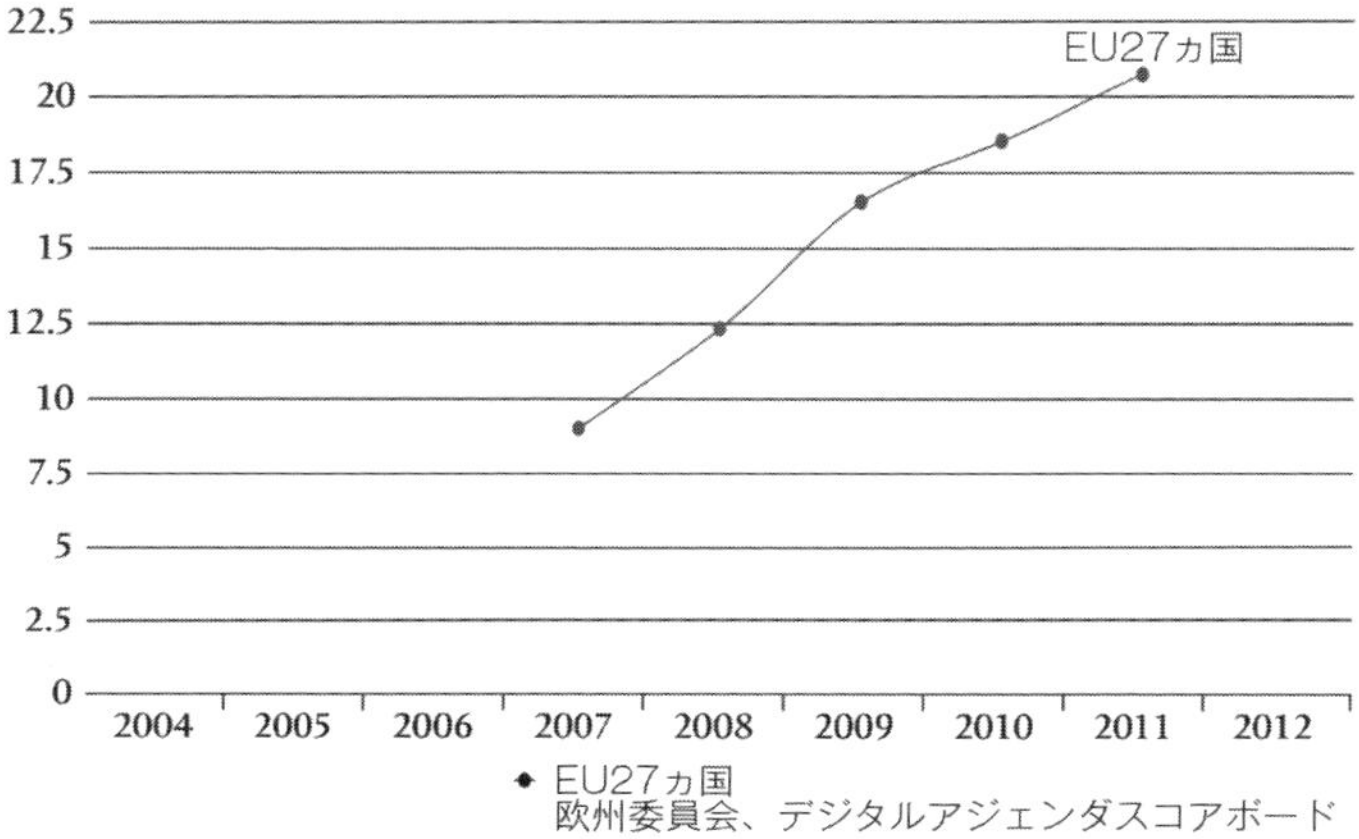

図17　2011年に、家庭、職場以外で、無線によってインターネットにアクセスするためにノートパソコンを使ったEU内の人口の割合。
出典：欧州委員会 *Digital Agenda for Europe.*

としても存在していた。彼らには、ソーシャルメディア、フェイスブックが存在しない世界の記憶はないし、本がオンラインで買えなかったことも知らないのである（アマゾンは１９９４年設立）。彼らは、ポケットミラーを携帯アプリだと思ってしまうだろう。またウィキペディア（２００１年設立）を百科事典として使っている。Z世代にとって、あるいはより包括的には、ジャンナ・クイトニー・アンダーソン[訳注9]がAO世代（always-online 世代：図17参照）と呼ぶ人たちにとって、鯨の歌とも言われた旧式のモデムが通信（ハンドシェイク）時に立てるカチカチ言う音は、X世代の耳にとってのモールス信号の電信音と同様に、考古学上のことのように未知のものなのである。Z世代は、インフォスフィアの外での生活を想像することはないだろう。なぜなら、劇的に言えば、インフォスフィアは他の現実をどんどんと吸い込んでいるからである。Z世代は、オンライフに生まれた。詳しく見てみよう。

（急速に近づく）未来では、いっそう多くのオブジェクトが、三次のＩＴエンティティ（third-order IT entities）となり、相互にモニターし、学習し、アドバイスし、コミュニケーションすることが可能となっていく。その適切な例がＲＦＩＤ（Radio Frequency Identification）タグである。ＲＦＩＤは、オブジェクトにデータを蓄えリモートで読み出しができ、バーコードのように、一意の識別ＩＤを与えることができる。タグは、紙より薄く、０・４平方ミリメートルほどのサイズである。この小さなマイクロチップを人間や動物、さらにすべてのものに組み込むと、これらはＩＴエンティティとなる。これは、ＳＦの話ではない。市場調査会社インスタット（In-Stat）による報告によれば、[14]世界全体のＲＦＩＤ生産量は、２００５年から２０１０年までに25倍以上に増加し、３３０億タグに達した。さらにアイディーテックエックス（IDTechEx）によるより新しいレポートによると、[15]２０１１年に65・１億ドルだった世界のＲＦＩＤ市場が、２０１２年には76・７億ドルに増大した。このＲＦＩＤ市場は今後10年間も着実に成長し、２０２２年には４倍の２６１・９億円に増大すると予測されている。

何百億ものＩＴエンティティが、他の何十億もの現在利用可能なあらゆる種類のＩＴデバイスと相互にネットワークを構成していることを想像してほしい。インフォスフィアがもはや「あちら」ではなく、すでに「こちら」にあることがわかるだろう。ナイキの靴とｉＰａｄは、すでに２００６年から会話をしているが、プライバシーに関して予測可能な（しかし、驚くほど予期されていなかった）問題があった。その旧モデルは、暗号化されずに、他人に検知される可能性のあるワイアレス信号を使ってメッセージを送

［訳注９］Janna Quiney Anderson. アメリカのカリフォルニアのリベラルアーツ系大学であるエロン大学の教授で、インターネット、ジャーナリズムとメディアの研究者。

信していたのである。[16]ネスト[訳注10]（Nest）は、ユーザーの暖房の好みを学習するサーモスタットである。ユーザーが快適な温度を選択するためにネストのシンプルなダイヤルを使っていると、1週間後にはネストが自ら温度を調整し始める。そのセンサーは基本的に、ユーザーの生活パターンや習慣、好みを知るのである。ユーザーがネストと情報をやりとりするほど、より学習し、サービスを微調整していく。また新しいサムスンのスマート冷蔵庫は、何が収納されているのかを知っていて、レシピの提案ができ（エピキュリオスサービス[訳注11]に基づいて）、利用可能な生鮮食品や賞味期限間近の食品を思い出させてくれる。また食料品のリストをエバーノート[訳注12]と同期して共有している。クーポンを発行したりもする。それがユーザーの好みを学び、不足しているものを知っていて、新しいラップトップに古いラップトップから好みの設定をインポートするように、以前の冷蔵庫から、好みや希望を継承することは容易に想像できる。さらに、ラップトップがプリンタやスマートフォンとやりとりするように、新しい料理の方法やスーパーマーケットのウェブサイトとやりとりできるだろう。その他、ワイアレス信号を受信し、必要なときにカラーのＬＥＤで知らせる傘がある。またボトルキャップの中にある小さなチップが、薬を飲む時間を告げたり、リマインドしたり、補充を自動的に求めたりする例もある。これらは、数多くある中のほんの一部の例にすぎない。しばらくは理論として知っていたことであったが、今やキッチンで起こっていることなのである。

金銭でさえも、次第に仮想的なものになってきている。スターリング・ポンド紙幣にはどれも、「持参人の求めに応じ、…を支払うことを約束する」と書かれているが、英国は１９３１年に金本位制を放棄したので、実際には、それと交換に貴重な黄色いものを受け取れると期待できない。ユーロは、ご承知のように、まったく何も約束していない。今では通貨は変動相場制になっているため、金銭とは、ディジットの集積にすぎない。実際、ノーザンロック銀行［訳注13］が２００７年に破綻した際に、セカンドライフ（２００３年にリンデンラボが開発したオンラインの仮想世界）のいくつかの銀行がそれに続き、[17]セカンドライフのプレイヤーが口座を閉じるために殺到した。セカンドライフはモノポリーゲームではなく、交換（技術的に言えば、償還）レートは、おおよそ1ドルが２６０リンデンドルであった。同様に、２０１３年のキプロス銀行危機［訳注14］（キプロス・ショック）の際、今度はユーロが巻き込まれ、人々が現金の安全を求めため、仮想通貨ビットコイン（Bitcoin）が、１ビットコインあたり約１４７ドルという最高値に急騰した。[18]以来、その記録は、これまでに何度も破られている。これらが興味深いのは、リンデンラボや、インターネット上のゲーム内マネーの発行者を、電子マネーの発行者に変えたからである。オンラインとオフラインの閾値は絶えず浸食されており、何らかの規制がこのような通貨にも拡張されるのはいつかが懸念されている。問題は、見た目よりもはるかに扱いにくい。２０１３年、ＦＢＩ（米連邦捜査局）は、オンラ

［訳注10］ネスト（Nest）社は、ネットにつながるサーモスタットや火災報知機といったホームオートメーション機器を開発してきた企業で、２０１４年にグーグル社が32億ドル（約３３００億円）で買収したことで話題になった。

［訳注11］Epicurious. アメリカのレシピ検索アプリで、９００万人が登録しているとされている。冷蔵庫にある残りものの野菜や肉などを検索ボックスに入力すると、一瞬にしてその材料を使ったレシピを出してくれる。

［訳注12］Evernote. エバーノート社によるパソコンやスマートフォン向けの個人用ドキュメント管理システムで、メモやノートなどのように、容易にデータを蓄積、検索できる。

［訳注13］イギリスのイングランド北部に本拠を持つ銀行。２００７年に、サブプライムローン問題に端を発する信用市場の問題から、イングランド銀行の特別融資を受けた。

［訳注14］２０１３年のユーロ圏によるキプロスへの金融支援において、支援の条件としてキプロスの全預金に最大９・９％の課税を導入することを、２０１３年３月16日にキプロス政府とユーロ圏側が合意したことに始まる金融危機のこと。

インの闇市場であるシルクロード[訳注15]の首謀者であるとされる、ロス・ウルブリヒトを逮捕し、およそ8千万ドルの価値のある彼の資産80万ビットコインを押収した。[19] FBIがウルブリヒトのビットコインをその収納庫から転送するために、それを保護する秘密鍵（ビットコインの利用を許可するパスワード）にアクセスする必要があった。しかし米国の学者は、秘密鍵を引き渡すことを強制することは、自己負罪（self-incrimination）からの保護を述べた米国憲法修正第5条の権利を侵害すると主張した。[20] 金銭と情報の間の区別がなくなるってくると、他の法的要件が適用されていくだろう。

同じようなことが、ポイントカードやマイレージプログラムにも言える。アメリカでは、ベストバイやシアーズのような大手小売店が、ポイント交換や割引き、その他の優待制度を提供するロイヤルティプログラムを持っている。英国では、二大小売店のテスコとセインズベリーが、人気のポイントカードシステムを運営している。同様のシステムで、支払いのたびにポイントを獲得できる。たとえば、交通費を立て替えた場合などのように、使った金額があなたのものではなくとも、ポイントは現金と同じにつく。これはせこい人間やポイントを貯めるのに必死な主婦たちに言えることのように思えるが、よく航空機を利用する人たちも、仮想マネーを交換できる。彼らが使うのは、マイレージサービスのマイルである。『エコノミスト』誌によれば、2005年の1月には、すでに「未使用のマイルの在庫量は、流通しているすべてのドルよりも多かった」とされており、ほぼすべてのモノをそれと交換できる。[21] 他人の金銭を介して、獲得したマイルをポケットに入れようという誘惑が生まれる。たとえば2008年に、英国議会の基準監査委員会は、下院議長マイケル・マーティンを、公金で獲得したマイルを家族に使用したとして非難した。このことは、英国がハイパーヒストリー社会となっていることの究極の証明（監査委員会ではなく、マーティンが）である。[22]
マーティン氏（1945年生まれ）やX世代に属する我々の中には、まだインフォスフィアをログイン、ログアウトする場所として考えている者もいる。まだ、オンライン中での出来事はオンラインの中だけでのことだと信じている者もいる。このことは、マーティン氏が情報公開法に基づき、イギリスの国会議員たちによる年間500万ポンドに上る旅費[23]の公表を阻止しようとしたことが、雄弁に物語っている。現実世界についての究極的な本質に対する我々の視点は、未だニュートン的であり、近代に属している。我々は、車、ビル、家具、衣類、そして、あらゆる種類の機器《ガジェット》や技術と共に育ってきたが、それらは、インタラクティブではなく、反応を返すことなく、通信、学習、記憶する能力もなかった。しかし、我々が未だオフラインの世界での経験と感じていることも、世界のさまざまな街角で、次第に完全にインタラクティブで反応的な環境になりつつある。それはリアルタイムでa4a（any-where for anytime：いつでも、どこでも）で働く、ワイアレスで、至るところにあり、分散された、a2a（anything to anything：何でも何かにつながる）情報プロセスである。すでに、友人がどこにいるか地図上に特定できるように、「車の鍵はどこ？」「メガネはどこ？」など、日常的にデジタルで物理的なモノの場所を検索するようになる日は、すぐ近くに来ている。2008年に、英国アシュフォード小学校の12歳の4人の少年、トーマス・シュミット、アレックス・フレンチ、キャメロン・ヒューズ、そして、アンガス・ヘインは、失くしたものを探す

［訳注15］Silk Road．アメリカで薬物などの不正販売の闇市ウェブサイト（闇サイト）で、禁止薬物を販売していたため「ドラッグのｅＢａｙ」とも呼ばれていた。所有者は、本文にあるようにロス・ウィリアム・ウルブリヒト（Ross William Ulbricht）である。

デバイスであるスピードサーチャーで、「家庭の発明賞」を受賞した。それは、貴重なものにタグを取り付け、自宅でコンピュータを使って位置を特定可能にしたものである。

我々の日常環境が情報化していく結果として、ハイパーヒストリーの社会の住人の中には、すでにオンライフの住人となっている者もあり、インフォスフィアはより同期化され、非局所化され、相関するようになっている。これは、グローバリゼーションの親しみやすい顔を楽観的に解釈しているかもしれないが、我々は情報社会の進化がいかに広くかつ包含的であるか、そうであるだろうかに幻想を抱くべきではない。我々が解決できなければ、デジタルデバイド[24]（digital divide）は深い割れ目となり、インフォスフィアに住むことができる人とそうではない人の間、内部の人と外部の人の間、情報強者と情報弱者の間に、新たな差別を生み出すだろう。これはZ世代プラスとZ世代マイナスの間に、世代的、地理的、社会経済的、文化的な分裂を生み出し、世界規模で社会の地図をデザインし直すことになるだろう。しかしこのギャップは、社会横断的なものであり、富んだ国と貧しい国の差に還元することはできないだろう。第1章で、世界の片隅にいる小さな部族を除いて、プレヒストリー文化がほぼ消失したことを見た。ここで言う新しい格差は、ヒストリーとハイパーヒストリーの間に生まれる。我々は、将来の情報スラムの下地を準備しているのかもしれないのである。

このプレヒストリーからの転換においては、世界を「アライブ[25]（Alive：生きている）」何かとして見る理解をもたらした。そのような、生きて動くものとしての世界は、逆説的に、我々に、自然のすべての側面に目標志向の力が存在していると解釈した、古代文化のような見かけをもたらす。我々は、第1章でメモリとデジタルのプレヒストリーのパラドックスについて議論した際に、これと平行する現象に出会った。今日では、Z世代がICTの画面を見た際に最初にやるだろうことは、キーボードを探すのでなくタップするか、画面の前でスマートフォンを振って何らかの通信機能を期待することだろう。[26] 残念ながら、こうした人工物の「動作化」は、しばしば、ICTが無限の力を持つという非合理な信念と手を携えているように思われる。ヒースロー空港で、虹彩をスキャンして登録された乗客IDを確認する、IRIS[訳注16]（虹彩認識入国管理システム）を導入した際における主要な問題のひとつは、乗客の中に、このサービスに登録したことが無くてもIRISが機能すると考えて、サービスを利用しようとする人がいたことであった。彼らには、ICTが心を持った全知全能の神のように見えるので、一部の乗客たちは、「ビッグ・ブラザー[訳注17]（Big Brother）」がすでに存在していると考えていたのである。

次のステップとしては、現実の多面的な拡大を情報的な観点から再考することである。これは我々の眼前で進行している。世界をインフォスフィアの一部として考えることが、当然のことになりつつある。『マトリックス』のシナリオのような、「リアルな現実」が未だ金属機械の住人が住む近代のハードなものにすぎない逆ユートピアの意味ではなく、革新的な日本のアニメ『攻殻機動隊』の架空のポスト・サイバネティック・メトロポリスであるニューポートシティに代表されるような、ハイパーヒストリー的かつ、進化的な、ハイブリッドな意味においてである。この映画は我々に、今日のサイバースペースのビジョン

[訳注16] 生体を用いた認証の技法のひとつである個人の目の虹彩の高解像度の画像にパターン認識技術を応用して入国管理に使用したもので、事前登録しておけば簡単に入国できる。

[訳注17] ジョージ・オーウェル（George Orwell, 1903-1950）の小説『一九八四年』に登場する、全体主義国家「オセアニア」に君臨する独裁者。

を示してくれた[27]。インフォスフィアは、純粋な「物質的」世界に支えられている仮想環境ではないだろう。むしろ、インフォスフィアという表現にあるように、ますます情報的に理解されていく、世界そのものであるだろう。デジタルの三次技術は、我々の機械の二次、一次技術の解釈を変えつつある。この移行の最後には、インフォスフィアという概念が、情報スペースに言及する方法から、現実そのものと同義になっているだろう。

我々は、現実の本質に対する日常的な視点を、物理的なモノと機械的プロセスが重要な役割を果たすヒストリー的、物質的なものから、ハイパーヒストリーと情報によるものへと変えつつある。この移行は、モノとプロセスが、［モノの］サポートから独立（support-independent）であると見られることが多いという意味で、非物理化することを意味している。音楽ファイルについて考えてみよう。あるオブジェクトのインスタンス（トークンとも呼ばれる）——たとえば、音楽ファイルのコピー——は、その原型と変わらないという意味で、代表性を持つ。あなたの音楽ファイルをコピーした私のファイルがインスタンスである。オリジナルとの区別がつかず、したがって置き換え可能であるという意味で、完全に複製可能であることが前提されている。二つのデジタルオブジェクトがあるとき、タイムスタンプや個人の経験（あなたはコピーしたファイルを作ったことを知っている）などのメタデータを使わずに、そのプロパティ（属性）を調べるだけで、オリジナルとコピーを区別するのは不可能である。

モノとプロセスに関する物質的な性質が重視されなくなるということは、利用権が所有権と、少なくとも同様に重要だと見なされるということを意味する。ここには興味深いねじれがある。これは、仮想的物質主義（virtual materialism）と呼ぶべきかもしれない。ソーシャルメディアからサーチエンジン、フリーメールやメッセージツールからウェブ2・0アプリケーションまで、「無料」の利用を推進してきた技術が、広告に、そしてデータマイニングやユーザー向け製品のカスタマイズなどに依存している。しかし、そのような依存は、ポスト物資主義的（それを期待する）文化、サービスの無料利用（メールアカウントやソーシャルメディアサービスを利用する際に、誰も支払わないだろう）は、（たとえば、次の休日のために）お金を払う必要のあるサービスや、（たとえば、次に買うTシャツのように）買うように仕向けられるものの市場を拡大していくことになる。しかしこのことは、次に所有の文化（たとえば、買ったTシャツなど）に繋がる。こうした所有の文化が機能するためには、経済的に成り立つように、消費者の潜在的な所有欲を常にリニューアルし商品化する必要がある（消費者は、何度も新しいTシャツを買うことを期待されている）。そしてこのことが、この円環を閉じる。物質的なものは、無料サービスを通じて容易に入れ替えることができるため、使い捨てになってしまい、無料サービスは、広告が可能であることによって支払われる。

無料オンラインサービスは、広告を通じて、購入可能な物質的商品の消費を促進するが、このプロセスでは、何が無料で何が無料ではないか、あるいは、何が無料であるべきかについて、混乱や、間違った期待を引き起こしがちとなる。こうした混乱は、オンラインのコンテンツを多少なりとも合法的に共有することが、なぜそれほど人気なのかを説明している。有名なファイル交換サイト、パイレートベイ[訳注18]は、2013年に10周年を迎えた。[28] ピア・ツー・ピアのファイル共有を促進するトレントファイルやリンクを提供[訳注19]する同様のウェブサイトの人気は、人間性の堕落の証拠というよりは、新しい文化の現れのように思われ

［訳注18］ Pirate Bay. 2003年に開設された、スウェーデンのビットトレントの検索サイト。設立者らは著作権侵害を幇助したとして、2009年にスウェーデンで有罪判決を受けた。

る。物質主義的-ヒストリー的な観点から「店から音楽ＣＤを盗まない」と主張する者は、この困難を完全には理解しないだろう。情報は、商品として扱う場合、ＣＤや印刷された本などを含めて、他の商品と区別される三つの主要な特性がある。まず第一に、情報は非競争的である。アリスが何か情報を消費しても、ボブが同時にその情報を消費するのを妨げることはない。ピザを食べることや、ＣＤを借りることと比較してほしい。第二に、情報は非排他的である傾向がある。知的財産、非公共で慎重に扱うべきデータ、または軍事機密など、一部の情報は多くの場合保護されるが、それには積極的な努力を必要とする。それはまさに、通常、「排他性」が情報の本来の特性ではなく、情報は容易に開示され、共有される傾向があるためである。最後に、一度情報を手にしたら、その再生産コストは無視できる[訳注20]（限界費用ゼロ）傾向がある。これはもちろん、他のさまざまな商品の場合とは異なっている。こうした理由すべてから、情報はしばしば公共財と見なされることがあり、この見方は、公共図書館や誰もが自由にアクセスできるウィキペディアのようなプロジェクトを正当化する。情報が持つこうした特性のために、店からＣＤを盗むこととの比較は役に立たない。物理的なものと情報的なものをごちゃ混ぜにしている。違法なコンテンツをダウンロードすることのもっと良いアナロジーは、「写真撮影禁止のアートギャラリーでは、デジタルカメラで撮影をしない」であろう。だが、それほど単純ではないと、すぐさま気づくだろう。実際には写真を撮ることはしないが、もし写真を撮ったとしても、それは店から写真と同じ絵はがきを盗むこととは違うと考えるはずである。ハイパーヒストリーの観点からは、同様の論理で、コンテンツの再利用やアップデート、アップグレードは、単なる盗作やだらしない道徳観として言い表されるべきものではない。それらは、情報的オブジェクトの柔軟な性質を使用したり、味わったりする方法であると言えるだろう。

我々の社会と教育システムは、依然として、こうした変容に追いつかねばならない状態にある。しかし、21世紀において、いかにコンテンツをパッケージし販売するかを再検討することで、すでにこのような新規性に取り組んでいる新しいビジネスモデルの例もある。たとえば2013年に、アマゾンは印刷された本の購入者に、同じ電子ブックを無料か割引き価格で提供することを始めた。マッチブック（Matchbook）というこのシステムは、アマゾンがオープンした1995年以降に購入した書籍に遡って適用される。[29] また音楽ファイルについても、同様である。アマゾンのオートリップサービス（AutoRip Service）は、CDやレコードアルバムを購入した人に、無料でMP3バージョンを提供する。[30] これも、過去に遡って適用される。どちらのサービスも、デジタルコンテンツの不正交換を、ずっと魅力的なものではなくしてしまう。この戦略は、他の種類のエンターテイメント企業と軌を一にしている。アメリカのオンラインDVDレンタル及び映像ストリーミング配信事業会社ネットフリックス社（Netflix）の社長、リード・ヘイスティングによれば、手頃な価格のビデオ-オン-デマンドサービスは、海賊サイトより容易に利用が可能であり、もちろん合法でリスクが低いので、人々にそれらを利用するのを思い留まらせるだろうとしている。2013年のインタビューで、彼は「カナダでは3年前にネットフリックスを立ち上げてから、ビットトレントの利用が50％も減少した」とコメントしている。[31] 実際には、ビットトレント

［訳注19］ torrent file. サイズの大きいファイルを効率的に配布するために使われるビットトレントで、目的のファイルをダウンロードする際に必要なファイル。
［訳注20］ 生産量を小さく一単位だけ増加させたとき、総費用がどれだけ増加するかを考えたときの、その増加分を意味する。

は、ｈｔｔｐのようなインターネットプロトコルであり[32]、多くの人々によって完全に合法的な目的のために使用されているということは明記しておくが、興味深いコメントである。しかしビットトレントは、著作権で保護されたコンテンツの違法交換のために広く利用されたことから、インターネット上での違法行為の同義語になった。

最後に、存在（existence）――あるものが完全に、究極的に実在する――の基準もまた、変化している。簡単に言ってしまえば、古代や中世の哲学者たちは、不変なものだけ、すなわち神だけが、完全に存在していると考えた。そして動物のように変わりゆくものはすべて、非存在（動物がいない状態）から存在（動物が生まれた状態）、そして、非存在（その動物が死ぬ状態）へと動くのである。近代の哲学者たちは、存在を、知覚される可能性と関連づけることを好んだ。最も経験主義的な人々は、存在しているという資格を満たすためには、五感を通して知覚できなければならないとする。現在では、不変性と知覚可能性は相互作用性によって結びつけられている。我々の哲学では、相互作用するものが一時的で仮想的なものだとしても、「存在することは、相互作用可能であること（to be is to be interactable）」であると示唆しているように思える。次の例は、この点をより明らかに、またより具体的にする助けになるだろう。

近年、ソフトウェアへの支出を現行のビジネスの支出としてではなく、工場のように、生産で何度も使用される他の資本投入と同じく扱うアメリカ式の考え方に、多くの国が従っている[33]。ソフトウェアへの支出は今や、恒常的にＧＤＰに貢献している。したがってソフトウェアは、実体がないとしても（デジタルの）商品として認知されている。仮想世界の資産も重要な投資であるということを認めるのは、難しいことではない。

コンピューティングの資産自体は、通常ハードウェアによって提供されるが、そのことが、その柔軟な展開の大きな制約になる。しかし、クラウドコンピューティングが、[34] 特定のCPUやストレージ設備、ネットワークインフラのような組み込みハードウェアなどコンピューティングリソースによって提供される手段をソフトウェア化する「仮想化」によって、急速にハードウェアを「ソフト化」する段階に進んでいる。たとえば、単一の計算機上で複数のオペレーティングシステムを実行するために、仮想化を採用することができる。その場合、複数の計算機が必要な場合、バーチャルマシン（virtual machine）と呼ばれるソフトウェアで作ることができ、物理的なハードウェア機器を購入する必要はない。仮想マシンと物理マシンを用いる際の差は劇的である。仮想化インフラを配置すると、仮想的なハードウェア資源のプロバイダは、潜在的に非常に大規模なユーザーのリクエストであっても、瞬時に要求を満たせる。同様に、サービスの提供の終了や停止も、同様に即時である。仮想マシンには、ハードウェアコンポーネントが含まれていないので、物理的に再配置や撤去をする必要がなく、シャットダウンするだけでよい。明らかにこれは、我々の計算機に対する概念を、物理的、機械的な観点に基づくヒストリー的なものから、ハイパーヒストリー的な、利用指向かつ実用指向のものに変更する。ドロップボックス、グーグルドキュメンツ、アップルのアイクラウド、マイクロソフトのワンドライヴ（スカイドライブ）は、これまでかなりの期間、何百万ものユーザーにクラウドコンピューティングによる日常体験を提供してきた。あらゆる種類の「（ディスク）ドライブ」が急速に消失し、ポート（USBなど）が選択されるようになったのは、仮想化への動きを示す明確なサインである。第1章で古いフロッピーディスクドライブに触れたが、より最近の犠牲者は、CDやDVDドライブである。

次に、いわゆる「仮想ブラック企業（sweatshops：搾取工場）」について考えよう。そこでは、労働者はキャラクターや装備、ゲーム内通貨などの仮想グッズを作ったり、たとえば何千ものモンスターを倒して次の面白いレベルに移るなどのゲーム内のあまり面白くない手順を担当するなど、一日に12時間以上もオンラインゲームをプレイし続けている。これらや他のものが、他のプレイヤーに向けて販売される。「仮想ブラック企業」は、10年以上にわたって存在していて、オンラインのコンピュータゲームと同じくらい古い歴史を持っている。[35] 本書を執筆していた時点で、ワールド・オブ・ウォークラフト（World of Warcraft）のような多人数参加型オンライン・ロールプレイング・ゲーム（ＭＭＯＲＰＧ）のエンドユーザー使用許諾契約（ＥＵＬＡ、すべてのユーザーが、商用ソフトウェアをインストールする際に受け入れる契約）では、仮想資産の売却を許可していない。[36] これは、ＭＳオフィスのＥＵＬＡが、そのソフトウェアによって作成されたデジタルドキュメントの所有権をユーザーに与えないというようなものである。この状況は、おそらく多くの人々が、何百、何千時間も掛けて、アバターやアセット（資産）を作ることで、変わっていくのではないだろうか。次世代の人々は、彼らが所有したいと考え、後世に譲りうるデジタルなもの（digital entities）を引き継ぐだろう。実際、禁止されていたにもかかわらず、２００７年以前に、ｅＢａｙで何千という仮想資産が売られていた。[37] ソニー社は、むしろ抜け目なく、ライセンス契約、ルール、ガイダンスに従って、プレイヤーに、ゲーム内コインやアイテムやキャラクターの売買を保証する手段を提供するオフィシャルオークションサービス、「ステーション・イクスチェンジ（Station Exchange）」を運営している。「ステーション・イクスチェンジの運営開始30日間の運用で、18万ドル以上の取引があった[38]」。

仮想資産の所有権が合法的に確立されると、次の段階としては、財産に関する訴訟が出現する。最も古い事例としては、2006年5月に、ペンシルベニアの弁護士が、セカンドライフ（Second Life）上で数万ドルの価値のある仮想の土地と他の財産を不当に押収したという理由で、その運営側を訴えたことがあった。[39]

さらに、スーパーで買えるペット保険に匹敵するような、アバターに起きるリスクに対する保護を提供する保険が、その後に続くだろう。ここでも、ワールド・オブ・ウォークラフトに優れた事例がある。ワールド・オブ・ウォークラフトは、2011年6月には1110万人ユーザーだったが、2012年10月には1000万人ユーザー、そして2013年5月には830万人のユーザーとなり、そのピークにあると言えるだろう。[40] しかし興味深いことに、スカイランダーズ（Skylanders）のようなゲームによって挑戦されている。このゲームは現実のおもちゃで遊びながらビデオゲームとやりとりするオンライフの経験に基づいていて、近距離無線通信（非接触通信）でおもちゃのタグを読み取る「パワーポータル（portal of power）」を通してビデオゲームとつながる。しかし、ワールド・オブ・ウォークラフトは、依然として世界で最もユーザーの多いMMORPGである。ワールド・オブ・ウォークラフトのユーザー人口は、世界の221の国や属領中の91位に匹敵する。そのユーザーは、1人あたり換算何十億時間も費やして、デジタル資産を構築し、強化し、改良しているのだから、それらを守るために数ドルを費やすことを厭わないだろう。

仮想化したサービスと仮想資産の組み合わせは、前例のない機会を生み出す。最近では、データが保存されているラップトップなどの機械に保険を掛けるのは一般的に行われており、また想像は容易ではあるが、格納されているデータは補償されない。これは、物質のオブジェクトとは異なり、データが貴重でありかけがえのないものであるとしても、明らかに無視できるほどの軽微なコストで完全に複製が可能なためである。そのため保険業者が、データが取り返しのつかない損失や破損を被ったと確信を持つことが難しいのである。しかし、クラウドコンピューティングによって、（プロバイダによる）データの物理的所有と、（ユーザーによる）データの所有権が分離されるので、物理的にそのデータを所有し、そのメンテナンスに責任を負うのはプロバイダである。データのユーザー／所有者は、もちろん保険を掛けて、データの破損や損失、さらにシステムの停止時の場合等には、補償されることを正当に期待する。ユーザーは、まさにデータの所有権を持つが、物理的にデータを所有しているのではないがゆえに、彼らのデータが補償されることが可能となる。「サイバー保険」が登場してから、すでに数年経っている[41]。これは適切であるが、真に適用可能なのはクラウドコンピューティングだけである。我々は、保険における戦略が、データの不可逆的な損失や破損などのリスクに対するヘッジとして、ハードウェアからデータへと、歓迎すべきシフトをしていくのを目撃することになるだろう。

むすび

古代文明における花瓶や金属の道具、彫版、グーテンベルグ以降の本のような重要な例外はあるが、具体的な個々のモノのみが存在する唯名論的な世界から、タイプとしてのモノのプラトン的世界への推移を実際にもたらしたのは、産業革命であった。我々が使っている工業製品はまったく同一のものとして完全に再生可能であるため、それらを識別できない。そのため、製品の機能の範囲では、何の損失もなく置き換えることができるため、実際上なくても済む。これがあまりにも我々の文化の一部になっているため、それが自然から生まれたものに対しても、理想的な標準や厳密なタイプの同一性を期待する。たとえばイギリスの食品産業では、食用農産物の40％までもが、市場に出荷されず、果物や野菜がサイズや形状、傷の有無など美的な基準に達していないとの理由で破棄されている。つまり、買い物客が、見た目が悪いものは買わないことを小売業者が知っているからである。[42] 同様に、たとえばファッション業界においては、モデルの身体が問題になる場合、他の皆と同じようにユニークであるべきという弁証法がデジタルの柔軟性と力を合わせ、エアブラシによる修正が盛んに行われる。デジタル写真では、写っている人々を必ずと言っていいほどレタッチして、非現実的で、人を惑わすステレオタイプの外見を与え、消費者、とりわけティーンエイジャーの期待に不健康な影響を与えている。フランスや英国では、このような慣行を制限する法律の提案が何年もの間検討されている。一方警告ラベルや免責事項が、人々の受け取り方に効果があるか否かに関する証拠について、未だ議論されている。[43]

我々の祖先が馬を購入した場合、彼らはこの馬かあの馬を買ったのであって、「馬」という種を買ったのではない。今日我々は、自動車の試乗をしてから、そのモデルの自動車を買うのであって、試乗した「そのモデルの具体化であるその車」ではない。試乗車と購入車両の2台が、事実上同一であり、問題がないということがまったく明らかだからである。我々は、個々の「インスタンス」（製品）ではなく、そのタイプ（型）を購入するのである。あなたの車のどこかに本質的な問題があれば、それはモデル全体の問題であり、何百万人もの顧客に影響を与えるかもしれない。１９８１年に、自動車産業最悪のリコールが記録され、２１００万台のフォード、マーキュリー、リンカーンが巻き込まれた。[44] まったく同じように、たとえそれがビル全体であったとしても、我々は修理が入れ替えと同義と考えるような、モノの商品化に向けて急速に進んでいる。

このようなモノのタイプへの移行は、その埋め合わせとして、情報のブランド化——文化的なアクセサリーや個人的哲学の創造に類似のプロセス[45]——と、再専有（reappropriation）に導いた。自動車の窓にステッカーを貼っている女性は、そうでなければその車は何千という他の車と完全に同一であるが、唯名論の哲学を支持し、反プラトン主義の戦いをしているのである。同じことが、自分の目印としてラップトップにステッカーを貼っている学生にも当てはまる。情報革命は、このプロセスをさらに激化させている。ウィンドウショッピングが、ウィンドウズ（Windows）でのショッピングになり、通りを歩くことでなくウェブをブラウズすることを意味するようになると、唯一でかけがえない実体としての個人の脱身体化と典型化のプロセスによって、パーソナル・アイデンティティの感覚も失い始める。我々は、他の匿名の存在の中の大量生産された匿名の、オンラインで何十億人もの良く似た人々に晒されている存在として行動し、自分自身を概念化してしまうリスクを抱えている。我々は、互いを、ジェンダーから宗教、家族の役割から職場での地位、教育から社会階層まで、さまざまなタイプの束として捉えるようになる。そしてインフォスフィアでは、我々はユーザーとして、強制されるのではないにしても、実際に参照するよりもその標識に頼るよう誘われる。街のすべてのレストランに行く（参照する）ことはできないので、オンラインの推奨（品質の標識）を信頼するようになる。代理人の文化（culture of proxies）を共有し、それを進めていくのである。リンクトイン（LinkedIn）のプロファイルは個人を表し、リンクされたページの数は適切さと重要性を表し、「いいね」は好ましさの代理であり、トリップアドバイザーはレジャーのガイドになる。当然のことながら、この過程は広告業界とその新しい仮想の物質主義の弁証法に活気を与えている。同様に、その過程は、おのずと我々にも当てはまる。代理文化では、我々は簡単に脱個人化し、タイプとして扱われる（あるタイプの顧客、あるタイプの運転手、あるタイプの市民、あるタイプの患者、その郵便番号の場所に住んでいるあるタイプの人、そのタイプの車を運転している人、そのタイプのレストランに行く人、等々）。このような代理はさらに、カスタマイズする目的で、我々を特別の消費者として再同一化するためにも用いられるだろう。私には、これらのすべてが必然的に非論理的であるかはわからないが、第３章で見るように、ＩＣＴが我々のアイデンティティと自己理解に著しく影響を与えていることを理解することは重要である。

第3章　アイデンティティ
オンライフ

自己のテクノロジーとしてのＩＣＴ

しばらく前に、聡明で活気あふれた大学院生に出会った。彼女は、ハーバード大学の学生だった２００３〜４学年度にフェイスブックに登録し、ＩＤは２４６番だった。非常に興味深い。あたかも、新しい惑星に２４６番目に降り立った人間のような感じである。このようなフェイスブックのＩＤ番号は、２００９年に画面に表示されなくなった[1]。フェイスブックがわかりやすいユーザー名を採用し、より見つけやすくしたのである。その変更は、必要なものだった。前述の学生に全世界の何億ものユーザーが急速に合流し、数年の間にフェイスブックの惑星は人口密度が高くなったからである。２０１０年7月には、ユーザー数が5億人に達した。また２０１２年10月には、10億人の大台を超えた。

この話は、物理的なだけでも完全に仮想的でもないインフォスフィアの内部で、デジタルで相互作用しながら（三つの基本的な操作である「読み」「書き」「実行」を思い出してほしい）、いかにますます多くの人々が、自身のことを伝えるのにより長い時間を使っているかということを示している。また、我々のパーソナル・アイデンティティを形成する上で、ＩＣＴがいかに影響力を持つようになっているかということにも、気づかせてくれる。ＩＣＴは、我々が接した中で、最も強力な自己のための技術[2]である。ＩＣＴは、我々の自己形成の文脈や慣習を大きく変えつつあるため、注意深く取り扱わなければならないことは明白である。説明しよう。

心の哲学では、我々が何者であるか――これをパーソナル・アイデンティティと呼ぼう――と、我々が自分を何者であると考えるか――これを自己概念と呼ぼう――とを厳密に区別する。言うまでもなく、たとえばナポレオンであることと、自分がナポレオンであると考えることの間には、決定的な違いがある。この二つの自己、パーソナル・アイデンティティと自己概念は、健全な関係の中で相互に支えあう場合にのみ、花開くのである。自己概念は、実際に何者であるかに近く、それに基づいている必要はない。我々の実際のパーソナル・アイデンティティは十分に柔軟であり、自己を何者だと考えているか、何者になりたいかにも大いに影響を受けるのである。たとえば、自分に自信があると思っているなら、そうなる可能性が高くなる。

さらに我々の自己概念は、何者であると言われるか、またどのように見られたいかによっても形成されるのであって、そのように柔軟であるために、事情はさらに複雑になる。これは、我々が「自己」と呼ぶ第三の意味である。それは、マルセル・プルースト[3]が下記の一節で巧みに描いた社会的自己である。

とはいうものの、日常生活の中で最も取るに足らない枝葉末節においてさえ、我々の誰もが、この世界全体を構成しているとは言い難い。それは誰にとっても同じであり、会計帳簿や遺言記録を構成する一ページのように、我々の社会的人格は、他者の思考によって作られる。「自分が知っている誰かを見ること」と描写されるような、単純な行動でさえ、ある程度知的なプロセスなのである。我々は自分が見ている人の物理的輪郭を、その人に関するすでに形成された知識すべてを使ってまとめている。我々の心の中で構成されたその人の完全な像を形成するにおいて、それらの知識は確かに重要な役割を果たしている。その結果、それらの知識によって、彼の頬の曲線を完全に肉付けし、それに続いて彼の鼻の線を正確に肉付けする。そしてそれらが、彼の声と非常に調和して馴染むため、あたかも透明な封筒にくるまれているように思われるのである。そのため、彼の顔を見たり声を聞いたりするたびに、我々が認識し耳を傾けるのは、彼についての我々自身の知識なのである。

社会的自己は、ＩＣＴ、特に双方向性を持つソーシャルメディアが、我々のパーソナル・アイデンティティに深く影響を及ぼす、主要なチャンネルである。住む社会環境を変え、関係のネットワークや楽しんでいる情報の流れを変え、世界への自分の見せ方や間接的に自分自身に対する自分の見せ方を規定する制約や、アフォーダンス[訳注1]の性質と範囲を変えれば、その社会的自己は根本的に書き換えられるだろうし、自己概念にフィードバックされ、パーソナル・アイデンティティの形成に至るだろう。前述の例を使うと、

[訳注1] アメリカの知覚心理学者ジェームズ・J・ギブソンによる造語。環境が動物に対してある行動を促したり制限したりする性質のことである。

もし人々が、あなたに自信があると考えてそのように伝え、またあなたが彼らから自信があるように見てほしいなら、あなたが自分に自信があると考える可能性が高くなり、それゆえに実際に自信を持つようになるだろう。

パーソナル・アイデンティティに関しては、古典的な難問がある。それは、時間、あるいは起こりうる筋書きを通しての連続性と関係している。あなたは去年のあなたと同じ人間なのか？　違う場所で育っていたら、あなたは同じ人間だろうか？　脳が他の肉体に移植されたら、あなたという人間のどれだけが残るのだろうか？　このような問題を熟考するのに慣れた人にとっては、オンライン上でのパーソナル・アイデンティティ構築の現象全体が、真剣な省察に値しない、軽薄で散漫な、ある種の「猿でもわかる哲学」のようなものに思えるだろう。しかし現実世界において、すでに成人期をずっとフェイスブックやグーグル＋、リンクトイン、ツイッター、ブログ、ユーチューブ、フリッカーなどにどっぷり浸かりきって生きてきた人の数が急速に増しており、それらの人々にとっては、このようなアイデンティティの構築は、具体的で差し迫った問題なのである。そうした彼らにとって、オンライン上でのパーソナル・アイデンティティについて思いをめぐくし、真剣に構築過程のものとして扱い、日々形成し更新することは、非常に自然なことである。彼らは、ハイパー自己意識（hyper-self-conscious）世代であり、自分の主観や個人的な趣向、私生活の些細なことや私的な経験さえも、途切れることなくフェイスブックに投稿し、ツイートし、スカイプで話し、インスタント・メッセージで送信する。

ハイパー自己意識

オンライン上で、日々更新しつつ自らの正確な存在を維持することは、簡単な作業ではないし、軽んじられるものでもない。ピュー研究所[4][訳注2]が米国で2012年に発表した調査報告書によれば、十代の女性は、一日に平均80通のテキストを送っており、十代男性は、「たったの」平均30通である。もし、現在はほぼそのすべてがSMSのテキストメッセージであり、eメールは「古臭い」と思うなら、認識をもう一段階改めねばならない。2012年には、ワッツアップ[訳注3]など、チャットアプリ上でのインスタント・メッセージの数が初めてSMSの数を追い抜き、そして大差をつけた。一日にSMSが176億通送信されていたのに対して、インスタント・メッセージは一日に190億通送信されていたのである。本書の執筆時で、従来のSMSは一日に210億通をちょうど超えた程度の数が送信されているのに比べ、インスタント・メッセージは、一日に500億通近く送信されていると推定されている。[5]

これほど多くの人々が、自分自身についてのたくさんの細々とした事柄を観察し、記録し、さらに多くの人に対して発信するということは、人類史上前代未聞である。何億兆もの、さまざまな種類と内容を

[訳注2] Pew Research Center. アメリカのワシントンDCを拠点とし、アメリカや世界における人々の問題意識や意見、傾向に関する情報を調査するシンクタンク。

[訳注3] WhatsApp Messenger. アメリカのワッツアップ社が提供する、リアルタイムでメッセージの交換ができる世界最大のスマートフォン向けインスタントメッセンジャー・アプリケーション。2009年5月にサービスを開始し、2016年2月にユーザー数が10億人を超えた。

持った小さな物語がもたらす影響は、すでに見てとれる。そうした小さな物語群は、たとえば、すでに我々がデートをして恋に落ちるしかたを変えてしまった。プロフィールと嗜好を基に、近くにいる他のユーザーを探すことができる位置情報ＳＮＳアプリは、人気である。このようなアプリには、グラインダー（Grindr：ゲイや、バイ・セクシュアル、それらに興味のある男性を探し、仲良くなり、交際するためのアプリ）やティンダー（Tinder：交際や人脈作を目的とした、匿名のやりとりを促す出会い系アプリ）などがある。そしてオンライン家電ショップのピクスマニア（PIXmania）が２０１３年に実施した調査によれば[6]、英国ではツイッターでのツイートが、交際を始めるのに好まれるということである。交際を始めるまでに必要なやりとりの数は、テキストメッセージでは平均１６３通、フェイスブックメッセージでは70通、ｅメールでは37通、電話では30回であるのに比べ、ツイッターでのツイートの場合は２２４通である。そして交際を始めると、調査対象のカップルの３分の１以上が、卑猥な文章や性的に露骨な写真を送りあうこと、いわゆるセクスティング[訳注4]をしていると認めている。交際は距離を隔てて始まり、距離を隔てて終わる。ＩＣＴは交際を終わらせるのにも好まれる手段だからである。調査対象者の36％は電話で、27％はテキストメッセージで、13％はソーシャルメディア上で交際を終わらせていた。実際に会って別れを告げるのは、とても古めかしいことなのである。

本章の主題を考えると、ここで最も重要なことは、我々が生み出し消費している小さな物語は、我々の社会的な自己をも変え、その結果として、我々の自分自身に対する見方をも変えているということである。その小さな物語は、膨大な数の表現された意識の流れであり、もし哲学者・心理学者のウィリアム・ジェイムズ（1842‐1910）が生きていれば、大いに興味を持っただろう。

そして、意識はそれ自体に対して、小さく切り刻まれた断片としては現れない。（中略）意識はつながったものではなく、流れるものなのだ。「川」あるいは「流れ」こそ、意識を最も自然に表現する隠喩である。今後意識に言及するときには、それを思考の流れ、意識の流れ、あるいは主観的な生の流れと呼ぶことにしよう。[7]

今日でも、意識は未だに流れである（その他の水の隠喩としては、序文の隠喩を思い出してほしい）。しかし、意識は小さな断片として現れる。それは言うまでもなく、ジェイムズが言う断片ではなく、ソーシャルメディアのデジタルな断片である。そこでは取るに足らなすぎるとか、無意味すぎるとか、あるいは実に個人的すぎて語られないままになることなど、存在しない。どんなデータの部分であっても、ある人自身のパーソナル・アイデンティティを説明する助けになりえるのである。そして、遠い昔の学校の同級生が投稿した恥ずかしい写真も含め、すべての情報の断片が、どこかに一瞬の痕跡を残すだろう。もちろん、それはこの惑星上の他のすべてのものと同様にいつかは消滅するが、消滅するとしても、我々のかつての自己の存在よりも、その速度はゆっくりだろう。

ハイパー自己意識のフェイスブック世代の人々は、グーグルマップ上の人生で、絶えず「君はどこにいるの？」と、問いかけ、答えているが、彼らは現実との接点を失ってしまったと嘆く、悲観論者もいる。

［訳注4］Sexting. SEX と texting の混成語。texting とはＳＭＳのことを意味している。

このような新しい世代の人々は、浅はかなおしゃべりのみが受け入れられるような、かりそめの幻想の中で生きている、偽りのない正真正銘のものとは触れ合うことができない、人工的な合成物のとりこになっている、TEDトークよりもテンポの遅い話や長く続く話は、じっと聞いていられない、自己陶酔的で自己中心的なセルフィー（オンライン上に投稿される自撮り写真）[8]でできている、いずれにせよ、すべてのことは消去、修正、反転が可能だと思っているために、責任感を持つことができない（これは、「忘れられる権利（the right to be forgotten）」の解釈のひとつであるが）と、悲観論者は批判する。

これらの中には、一定の真理があるだろう。2013年には、インスタグラム（Instagram）中に、#selfieとタグ付けされた写真が2300万枚以上、同じく、#meとタグ付けされた写真が5100万枚以上あった[9]。本書の執筆時点では、インスタグラムの解析を行うスタティグラム（Statigram）のような検索エンジンによれば、#selfieとタグ付けされた写真の数は2倍以上（5200万枚）に、#meとタグ付けされた写真は3倍以上（1億4400万枚）にも増えていた。しかし結局のところ、私は主に二つの理由で、こうした悲観論者の主張には納得しない。

第一の理由は、本物で正当と言われているものもまた、精巧に作られた、文化的な人工物でありがちだからである。我々が自然だと考えるものは、手入れの行き届いた庭園のように、しばしば目に見えにくい人工的操作の結果なのである。実際に、我々は地球に対してかなりの影響を与えてきており、地質学者は現在「人新世（anthropocene）」について論じているが、このテーマは第9章に残しておくのが賢明であろう。「自然」とは、しばしば、文化がそれを取り囲むものを理解するしかたなのである。

そして第二の理由としては、ソーシャルメディアは、我々の社会的自己を深めるための、かつてない機会、すなわちプルーストの言葉を借りれば、誰かの思考の影響や誰との交流によって、我々の社会的人格が形成されるかを、より柔軟に選択し、その結果間接的に、我々がパーソナル・アイデンティティを決定するための機会をも提供しているからである。あなたの社会的自己（すなわち、人々があなたを何者と考えるか）の構築が、あなたの自己概念（あなたが自分を何者と考えるか）にフィードバックし、そしてそのことが、あなたのパーソナル・アイデンティティ（すなわち、自分は何者であるか）の形成にフィードバックする過程を思い出してほしい。社会における自由の拡大は、自己形成の自由の拡大をも意味する。

オンライン上で、我々がパーソナル・アイデンティティを構築する自由は、もはや、コンピュータ上でeメールを打つ犬が、別の犬に「インターネット上では、相手が犬だとは誰も知らない」と告白する、ピーター・シュタイナーの有名な漫画[訳注5]が喧伝したような、匿名の自由ではない。それは、1990年代のことだ。[10] 今日では、もし誰かが犬であったり、あるいは犬のように振る舞ったりしていれば、おそらくフェイスブックやグーグル、あるいは少なくともどこかの国の治安当局は、そのことを知っているだろう。むしろそれは、自己決定や自律性に関わる自由なのである。何億人もの人々が見ているところで、自分が何者かについては、もはやそう簡単に嘘はつけないだろう。しかし、人々に対して、自分が何者であるか、あるいは何者になることを望んでいるかを合理的に示すことに最善を尽くすことはできるだろう。そしてそのことは自分についての別の物語を与え、オンラインとオフラインの双方における自分が何者であるかに、長い目で見れば影響を与えるのである。それゆえにオンライフでの経験は、プルーストの

［訳注5］https://www.flickr.com/photos/hackaday/2186706758 にその漫画がある。

会計帳簿に少々似たものではあるが、我々という共著者がいるのである。

しかし悲観論者にも一理ある。やはりプルーストの喩えを借りれば、我々が書いているものは読むに値しないのであるから、オンライフでの経験で大きな機会を逸しているという不満は、正しいだろう。彼らは、自分に関する物語の著者としての人々の能力に落胆している。しかしその一方で、彼ら悲観論者は、おそらく過去について、あまりにバラ色すぎるイメージを持っている。フェイスブックの登場するずっと前、カウチポテト族たちはソファにもたれて、プラトンの比喩で言うところの洞窟の壁[11]、すなわちテレビの前で、映画を見たり、猫や直近の休暇について、たわいない話をしていたのである。人類の大半が苦労の末得た余暇時間をどんな風に過ごすであろうかを、呆れるほど明らかに示している。アリストテレスは、哲学的生活には余暇が必要であることを知っていた。残念ながら、その逆は必ずしも真ではない。余暇は哲学を必要とはせず、娯楽だけになりやすい。その結果は、ジュゼッペ・ヴェルディ（1813 - 1901）のオペラ『椿姫』の冒頭の合唱から教えられるとおりである。

フローラのところで遊んでいたら、
つい時間を忘れてしまったんだ。[12]

以降本章では、私は悲観論者には与しない。ＩＣＴによって、いかに我々が孤立させられているかとか、フローラのパーティから帰ることができなくなるほど、死ぬほど自己の楽しみにふけるようになったとかいうことについては、もう議論しない。しかし、この論点に関しては、本書の最後で、簡単に戻ることにする。むしろより明るい側面から、同じＩＣＴが、我々の自己理解をいかに情報的なものとして形成しているかについて、探ることにする。

アイデンティティのパラドックス

言うまでもなく、我々のパーソナル・アイデンティティや自己概念、社会的自己についての問題は、「私は何者か？」という哲学的な課題と同じくらい古い。そのため、このテーマについては、新しいと思える気が利いたことは何もないのではないかと思うかもしれない。しかしそのような態度は、現在のさまざまな変化を考慮すると、あまりにも拒絶的すぎるだろう。人々の生活が、急速にオンライフ経験の問題になってきていることを見てきた。こうした経験は、我々のアイデンティティの発達やその意識的な取り込み、さらに個人的のみならず、集団的な自己理解において、制約を再構築し、新たなアフォーダンスを提供する。今日我々は、オンラインでのパーソナル・アイデンティティの構築と言えるであろう、一般的ではあるが、これまでに例のなかった現象の重要性を、次第に認めるようになっている。インフォスフィアでますます多くの時間を過ごすようになるにつれて、我々は何者であり、何者になるのか、そして何者でありえるのだろうか？　これらの問いはもっともだが、テセウスの船として知られる逆説を秘めている。そのため、これらの問いを検討する前に、この逆説自体に目を向けて、それを避けることができるかを考えるべきだろう。

偉大な古代の歴史家プルタルコス（46‐120頃）は、この問題をこのように説明する。

アテナイの人々は、デメトリオスファレロンの時代にも（テセウスの船を）保存していた。このため、朽ちた木材は徐々に新たな木材に置き換えられていき、論理的な問題から哲学者らにとって恰好の議論の的となった。すなわち、ある者はその船は、前の船ともはや同じものとは言えないとし、別の者はまだ同じものだと主張したのである。[13]

この古い問題には、異なるかたちで遭遇したことがあるかもしれない。第2章で述べた、斧を覚えているだろうか？　あなたの父が斧の柄を取り替え、あなたが刃を取り替えたら、その斧は依然として祖父の斧だろうか？　テセウスの船も祖父の斧も、部品が集まったシステムであり、時間の経過や変化の中で、何がそれらを特定の船や特定の斧にしているのかということはもちろん、何がそれらをつなぎ止め、機能する状態に保っているのかということを、厳密に説明するのは簡単ではない。同じことが、あなたに代表される特別なシステムにも該当する。

テセウスの船も斧も人も、相互作用し調整された部品群から構成されていると考えることはもっともらしく思われるが、問題はこのような部品が被る変化に関係する。人の身体について考えてみよう。身体を構成する細胞のほとんどは、時間とともに置き換えられるが、いくつかの根本的なパターンは維持され、そこで重要なことは、同一の部品で置き換えられることではなく、むしろ部品同士の関係や相互作用の性質が保存されるということであろう。そしてさらに、人体器官の集まりに対して、その単一性や調和を保証し、その結果、異なる場所や時間におけるさまざまな経験を通して、あなたの身体が一つのまとまった連続的な実体として、存在、持続、行動することを可能とする、その「接着剤」とは何なのであろうか？すぐに、テセウスの船のパラドックスが姿を現す。もしこのパラドックスを避けたいならば、第2章で提起した別の概念、すなわちインターフェースの概念に頼る必要がある。

あるもののアイデンティティについての問いは、その問いに答えるために必要な、適切なインターフェースを指定することなく提起すると、パラドックスとなってしまう。以下の例について考えてみよう。ある病院が、今は学校に転用されたとして、それが依然として同じ建物であるのかという問いは、その問いがどんな文脈において、どんな目的のために設定されたか、それゆえに、適切な答えを提供しうる正しいインターフェースは何なのか、ということを指定しなければ、投げかけても無駄であるように思われる。たとえばもしその問いが、そこに行くために投げかけられたのであれば、適切なインターフェースは建物の「場所」であり、正しい答えは「はい、それらは同じ建物です」となる。またもしその問いが、内部で何が起きているのかを理解するために投げかけられたのであれば、建物の「社会的機能」が適切なインターフェースであり、それゆえに、正しい答えは明らかに「いいえ、それらは全く違います」となる。だから、それらは同じなのか違うのか？　一つの正しい絶対的な答えが、文脈や目的や観点とは無関係に存在する、すなわち適切なインターフェースとは無関係に答えが存在するという錯覚によって、パラドックスの戯言が生まれるのである。

ここで述べたことがすべて正しいとしても、パーソナル・アイデンティティが問題となる場合は、優先されるべきインターフェースが存在すると切り返す人がいるかもしれない。しかし、そのような切り返しは、それほど重要ではない。考察する存在が、若き日のサウロ（使徒パウロの元の名）である場合にも、同じ分析が当てはまる。若き日のサウロ（改宗して後にタルソスのパウロと呼ばれた）は、ステファノを石打ちの刑に処するために人々が脇に置いた外套を見張っていた。[14] サウロとパウロは同一人物であり、同一人物ではない。蝶は青虫であり、青虫ではない。カエサルが殺害されたローマとあなたが昨年訪れたローマは、同じ都市であり、同じ都市ではない。あなたはローマへ行ったあなたと、同一人物であるが同一人物ではない。あなたは自分のフェイスブックのプロフィールであり、自分のフェイスブックのプロフィールではない。あなたがその問題を投げかけた理由と、それゆえにその問題に答えるのに必要な、適切なインターフェース次第なのである。

これは、相対主義の考え方ではない。ある特定の目的を考慮する場合に、あるインターフェースは別のインターフェースよりも優れている、つまりそれ次第で、問題への答えはより良くもより悪くもなるのである。たとえば問題が法的所有権についてであれば、いくつの部品を置き換えようとも、船はテセウスの船なのである。しかし、もし船のコレクターで板がオリジナルであるかどうかに関心があるならば、それはすでに異なる船であり、同じ金額は払わないだろう。異なる環境や時間を超えた、アイデンティティに関する問いは、責任を帰属させる、旅を計画する、徴税する、所有権や著作権を帰属させる、誰かを信用する、他人に権限を与えるなど、実に目的指向の問題なのである。絶対的な観点から検討される限り、真剣に取り合うに値しない。どのような円周であるかを考えずに、ある点が円周の中心であるかどうかを尋ねることや、何の通貨によるのかを知らされずに商品の値段を知ることが意味を成さないのと同じように、それらの問題で遊ぶことは、知的には面白いかもしれないが、無目的でインターフェースがない文脈では、意味を成さないからである。

我々の情報的な性質

元の問題に戻ろう。我々は何者であり、より多くの時間をインフォスフィアで過ごすようになるにつれ、我々は何者になり、何者でありえるのだろうか？　あなたが同じあなたであることを、認識し、再認識する過程は、多くの情報が与えられて、特定の目的に対して合理的な回答を出すために必要なインターフェースを注意深く分析して、理解する必要がある、ということを見てきた。さて、我々の目的は、ICTが我々のパーソナル・アイデンティティに影響を与えているとすれば、どのように影響を与えているかを理解することであり、自己に関する情報的な理解が、そこに適切なインターフェースを提供するように思える。そしてこれは、心の哲学が、再び役立つ領域である。自己の性質を特徴づけようとする多くのアプローチの中で、目前の課題に対して有望な手法として突出しており、広く知られているものが二つある。

第一の手法は、偉大な経験主義哲学者のジョン・ロック（1632-1704）に遡る。それを一言で言えば、あなたのアイデンティティは、意識の同一性と記憶の連続性に根ざしているということである。もしこれが少しデカルト的に聞こえるとするならば、これはデカルトの「我思う（cogito）」の議論を踏まえているからである。すなわち、あなたが考える実在である限り、あなたはこうした特定の精神的過程を経験する、固有の考える実在である。意識や記憶を激しく切り刻んでしまえば、あなたはあなたではなくなるだろう。それゆえに、たとえばあなたは自分の精神を他人の肉体に移植することは嫌ではないだろうが、他人の精神をあなたの肉体に移植しようという気にはならないのである。

そしてさらにより新しい、自己のナラティヴ理論として知られる第二のアプローチがある。それによれば、あなたのアイデンティティは、社会的な、あるいは伝記や自叙伝のような創作として理解される、「物語」なのである。プルーストが社会的な自己について述べたことを思い出してほしい。我々は、お互いを「認識」する（すなわち、アイデンティティを与えあう）が、この相互の認識は、パーソナル・アイデンティティを構築する複雑なゲームにおいて、特に新しいＩＣＴによって社会関係の機会の量と質が増加してきている時にあっては、唯一ではないにしても、重要な変数である。朝起きるたびに、周りの人全員があなたをまったく異なった人として扱う場面を想像すれば、すぐに気が狂ってしまうだろうと想像できるだろう。

ここで述べたロックのアプローチを好むか、あるいはナラティヴのアプローチを好むかにかかわらず、どちらも、自己に関する情報的な解釈を与えてくれることは明らかである。自己は、意識の活動や記憶、あるいはナラティヴから構成される、複雑な情報システムとして捉えられる。このような観点から見ると、あなたは自分自身の情報なのである。ＩＣＴは、その情報のパターンに深く影響を与えうるために、自己に影響を与える強力な技術である。以下に述べる、身体性、スペース、時間、記憶と相互作用、知覚、健康、教育の事例が、このことを例示している。

身体性 ―― アプリとしての自己

自己の情報的な概念は、多かれ少なかれ、ハードウェアとソフトウェアの区別に従い、精神と肉体の関係の二元論的な視点で見る傾向がある。我々の文化においては、ＩＣＴ的な発想が大いに染み付いており、古い肉体を新しい肉体と交換するというＳＦ的な筋書きや、自己とは、アプリケーションのように、プラットフォームに関係なく使える（クロスプラットフォーム）構造かもしれないという考え方は、十分にありえることだと考えられている。それは、心の哲学における「精神アップロード（mind uploading）」や「身体の入れ替え（body swap）」に関する議論が証言している。ここで興味があるのは、そのような思考実験の面白さや虚構性ではない。多くの場合、このような議論は見当違いで、むやみに衒学的《ペダンチック》でありがちだ。しかしこの議論を取り上げてみたい。我々が自分自身をいかに概念化するかということにＩＣＴが与えてきた固有の影響に、示唆を与えるからである。

我々の身体とその認知的特性、機能――これによって、感情や、それらに伴って生じる意識も意味している――とが切り離し難く混ざりあって、自己を生み出しているということには、疑う余地がないように思われる。我々の身体と認知が精神的な生命と自己を可能とするために必要であり、極端な二元論は、いかなるかたちであれ、正当化されることはないように思われるのだ。しかしこの自明の理は、ある事実と可能性を隠している。

まずは、その事実である。何らかの結果が生じるのに何らかの原因が必要であるとしても、その結果が実際に生じた場合、その原因となる事実が未だに存在しなければならないということを意味するわけではない。比喩を用いるなら、青虫がいなければ蝶は生まれないが、蝶が生まれたなら、蝶が生存し繁栄するためには青虫がまだ存在しなければならないという主張は誤っている。同様に、我々の情報文化は、以下の考えに良く当てはまるように思われる。身体なしに自己は発達しないが、いったん身体が意識を生み出せば、自己の生命は完全に自己に内在化され、それを可能にした特定の身体や能力とは独立したものになるであろう。別の比喩を用いれば、跳躍板によって人間は高く跳ぶことができるが、滞空時間が重力で制限されるとしても、空中にいる間は、もはや跳躍板を必要としない。[15] これらは、自己が身体のプラットフォームを必要としないということを意味しているわけではない。構築された自己を維持するためには、何らかのプラットフォームが必要である。しかしだからと言って、どんなプラットフォームでも事足りるということでもない。しかしこのことは、プラットフォームをより幅広く選択できる可能性や、プラットフォームが変わった場合でも、恒久的な自己を一時的に安定させることができる可能性を開くのである。

次に、その可能性である。自己のみならず身体自体も、情報の観点から見ることでより理解することができる。こうした観点は多く存在するが、最も人気があるのはアメリカの物理学者ジョン・アーチボルト・ホイーラー（1911-2008）によって立てられた、「ビットからイットへ（it from bit）」仮説に集約される見方である。ホイーラーはおそらく、「ブラックホール」という用語を作り出したことでより知られている。彼は、このように述べた。

ビットからイットへ。「イット」は、すべての粒子であり、すべての力場であり、時空の連続体そのものでさえある［それゆえどんな身体でもある ―― 追加は筆者］。言い換えれば、すべての「イット」は、その機能や意味、そして存在自体を、いくつかの文脈では間接的にではあるが、「はい」か「いいえ」で回答可能な、0か1しかとらない、二値選択型の質問、すなわちビットに対して回答する装置により導き出された答えから得ているのである。「ビットからイット」とは、物質世界のすべてのものには、その根底に（たいていの場合、非常に深い根底だが）、非物質的な起源と説明があるという発想を象徴しているのである。すなわち、我々が現実と呼ぶものは、煎じ詰めれば、「はい」か「いいえ」で答えられる問題を提起し、装置から導き出される回答を登録することから生じるという発想である。端的に言えば、すべての物理的な存在は、その元を辿れば情報理論的であり、これこそが、個人が参加していく世界なのである。[16]

「ビットからイットへ」仮説によれば、深く元を辿れば我々の身体も、情報で作られているのであって、非物質的なものとは異なる何らかの究極の物質的なもので作られているわけではない。これは二元論ではなく、状態基準型の一元論である。たとえば水は、気体、液体、あるいは固体として見出すことができる。もし「ビットからイットへ」仮説が正しければ、かたや精神と自己、他方で脳と身体も、情報の異なった状態のようなもの、あるいは異なった情報パターンのようなものである。物質と非物質とは、その根底にある情報的なものがとる二つの状態であるというポイントは、場所 対 存在に関する議論によって強化される。

スペースにおける存在 ―― 場所 対 存在

ＩＣＴは、自己の存在と場所の間の差異を増幅させる。蜘蛛のような生体は認知的に、情報処理システムが身体化され、中に組み込まれたものとして、現在の場所だけに存在する。たとえば夢を見ている犬のように、自分の情報処理を自覚している生体は、別の場所（家の中）にいながら、そのような処理（夢の中のウサギを追いかける）の中にも存在することができる。しかし自己、すなわち自分の情報処理と情報処理の内部における自分の存在を自己認識している生体は、自己が存在する場所を選択することができる。自己、そして一般に精神生活と呼ばれるものは、脳の中に所在しているが、脳の中に存在しているわけではない。それゆえにＩＣＴによって、身体的に所在する場所とは別の場所に存在しながら大半の時間を過ごすということが、非常に容易にできるのである。

時間の中にあること ―― 古びること 対 歳をとること

ＩＣＴは、耐久効果を増大させる。デジタルな環境においては、まったく同じものを、時間を超えて識別し、識別し直すことが容易だからである。ここでの問題は、仮想のものは適切に機能する可能性もあるが、また機能しない可能性もあり、また古くなるかもしれないし、更新されているかもしれないが、歳をとることはないことである。仮想のものは年齢を重ねるのではなく、「古びる」のである。古びるということについて考えると、ほどよく旧式ということは、まずない。対照的に、自己は年齢を重ね、程度の差はあれ、魅力的になるということもありえる。その影響については、我々は気づき始めたばかりであり、まだその対処法を学ぼうとしているところであるが、自己とオンライン上の活動場所の間、自己の中で年齢を重ねる部分（例：自分の顔）と、ただ古びる部分（例：運転免許証の自分の顔写真）の間の、時間的なズレが起こることである。オンライフの文脈において、非同期性は新しい新たな意味を獲得しつつある。

記憶と相互作用——自己の安定化

前述のように、記憶は、パーソナル・アイデンティティの構築において重大な役割を果たす。記憶の管理を主要目的とする技術はすべて、パーソナル・アイデンティティの発達とその形成の過程に大きな影響を与えるであろうことは明らかである。これは単に、量の問題だけではない。個人の記憶の質や、その入手可能性、接触可能性、さらにそれを再生することは、我々が自分を何者であると考え、何者になりえると考えるかに対して、深く影響する可能性がある。たとえば朝鮮戦争は、サウンドトラックを携行した初めての大規模な戦争だった。兵士たちは同じ曲を、家でも兵舎でも、あるいは戦闘の最中にも、聴くことができた。[17]類似した「繰り返し可能な」記憶は、それに触れた個人が、自分の過去に対する理解や自分に起きたことに対する解釈を形成する過程、そして自分が何者であるかを把握する過程に対して、深く影響を与えざるをえない。X世代は、いつでもどこでも（ユビキタスな）「再生」ができる、最初の世代だった。今日では、我々の記憶を喚起するマドレーヌは、デジタルである。[18]

最近まで、楽観的な見方として、ＩＣＴはパーソナル・アイデンティティを形成する力を人々に与えるとされていた。しかし、未来は微妙に異なっているようである。記録された記憶は、その対象の性質を不変のものにし、強化する。多くの記憶を蓄積し外部化するほど、パーソナル・アイデンティティの構築と発達に対するナラティヴが、より多くの制約を受けることになる。記憶の増加はさらに、我々自身を再定義する自由度を低下させる。忘却とは、自己構築の過程の一部なのである。来るべき世代にとって、可能性のある解決策としては、自己の性質を結晶化して固定する傾向のあるさまざまなものにいっそうつましくなり、新しく磨きのかかった自己構築スキルを使いこなすことに習熟するべきであろう。自分の記憶を個人的、公共的に消費するために、獲得し、編集、保存、管理することは、第4章で触れる情報プライバシーの保護の観点からだけではなく、健全なパーソナル・アイデンティティの構築という観点からも、重要性をさらに増すであろう。同じことが、人々の相互作用にも当てはまる。オンライフでの経験は、オンライン上とオフラインの環境の境界とは無関係である。その結果として、前述したように、たとえばフェイスブック上で自分に関して無邪気な嘘をつく余地は、徐々に小さくなっていく。この場合、その解決策は、自己表現や自己構築のためのアフォーダンスや、安全なスペースをより多く作り上げることにあるだろう（たとえば、次世代フェイスブックとも言われている、オープンソースのＳＮＳ、ディアスポラ（Diaspora）を参照）。

知覚――デジタルな凝視

凝視という複合的な現象には、長い間貴重な分析の伝統がある。[19] その考え方は非常に単純明快であり、鏡を使って他人から見られているように自分を見ること（「人々は私を見るときに何を見ているのか？」）に相当するというものである。しかし、自分を鏡の中に見ること（すなわち、エゴサーフィン、虚栄の検索（vanity googling））と混同してはならない。それは、何らかのメディアを通して、他の自己（自己自身、時に、主として自己自身を含む）によって、「自己自身の観察」を観察することなのである。子供の発達段階において、凝視行動は、まったく健全で正常な段階として理論づけされている。その段階に、たとえば、椅子の振りをしたり（椅子はどのように私を見ているのか？）、あるいはただ単に、他者に自分を置いてみることを習得する。

デジタルな凝視は、このような現象のインフォスフィアへの移行である。自己は、凝視体験を大いに促進してくれるＩＣＴに依存して、他者が見るように自己自身を見ようとする。最終的に、自己は、仮想アイデンティティを構築するために、他者による自己自身のデジタルな表現を利用する。そして仮想アイデンティティを通して、自身のパーソナル・アイデンティティを把握しようとする（「あなたにとって、私は何者か？」という問いは「オンラインでは、私は何者か？」という問いに変わる）。それは潜在的に再帰的な、調整と変更のフィードバックループの連鎖の繰り返し中で起こり、オフラインとオンラインの二つの自己の間の、オンライフの均衡をもたらす。観察の過程は通常は隠されており、もちろん表には出ない。だがデジタルの凝視は、まさにその本質のため、観察についての共通知識と見なされる事例であり――この概念についてはすでに触れた。私はあなたが知っているということを知っているということを知っている……という場合に起こることである――、また個人的な経験でもある――それは、このような視線が、できる限り、他者の視線と同じであるように努めるとしても、未だ私の、私自身への視線である――と理解されるべきである。デジタルな凝視への移行は、パーソナル・アイデンティティの発達にとって、重要な結果をもたらすことになる。

まず第一に、凝視の経験の増幅、先送り（年齢の点で）、伸延（期間の点で）がある。これは、凝視がその対象である自己の性質を変容させるという傾向が、オンライフにおける経験の永続的な特徴となることを意味する。ハイパー自己意識は、他人からどのように見られているかを理解しようとすることを、決してやめないのである。第二に自己は、デジタルな凝視を通じて、デジタルメディアの特質によって制約された、代理人における自身を第三者の視点から見る。デジタルメディアは、部分的で特定の反映しか与えない。あたかも、歪んだ鏡から自分を見るようなものであり、他の自分自身のさまざまな姿を映すことがない。第三に、ICTがさらに強力に、広範囲に普及し、より利用しやすいものとなると、デジタルな凝視は、人々を幻惑させるようになるだろう。インフォスフィアにおいて他者によって帰属される中で、自分自身の知覚を見失ってしまう。そして最後に、デジタルの凝視の経験は、メディアを通した自己によるそれ自身の健全かつ意図的な露出／探求から始まるとしても、社会的圧力がそれを強制し、それによって悪影響を受け、自分自身のアイデンティティの構築過程に外部の異質なルールを押しつけるかたちで、自己を変質させてしまいかねない。もし私があなたを、あなたが気に入らないやり方で見ているということにあなたが気づいたならば、最終的にあなたに対する私の見方が満足するものとなるように、あなたは自己を適応させ修正したくなるだろう。そしてこのことは、必ずしも健全なことではない。

情報からなる身体 ── e‐健康

オメー氏は、ギュスターヴ・フローベール（1821‐1980）の有名な小説『ボヴァリー夫人』の、あまり感じの良くない登場人物の一人である。この欺瞞的な薬剤師は、エマの夫であるシャルル・ボヴァリーに対して、深い友情がある振りをする。しかし実際には、オメー氏は絶えず患者を利用して、シャルルの評判を傷つけ、そのことが、シャルルの破滅の一因となる。オメー氏はただ卑劣なだけではない。頭の切れる男で、過去に無資格診療して有罪判決を下されたことがあった。そのため、彼は薬局で営んでいる、健康に関する助言や個人診療を提供する違法なビジネスを、シャルルが当局に告発するのではないかと、もっともな心配をするのである。この薬剤師のいかがわしい企てが最終的に成功するのは、驚くことではない。当時は、鍛冶屋や理髪師が、普段歯医者や外科医を務めることができた時代である（結局、シャルルもまた医者ではなく、ただの「保健衛生官」であった）。患者と医者がやりとりするには、面と向き会わなければならなかった。そして、健康に関する情報にアクセスできるのは、限られた人間の特権であった。もちろんすでに、郵便と電報は一般に利用可能であったが、どちらもリアルタイムな会話をすることはできない。

『ボヴァリー夫人』は1856年に雑誌連載されたが、これはアレクサンダー・グラハム・ベル（1847‐

1922）が、米国特許商標局に電話機の特許が認められる、ちょうど20年前のことである。さまざまな種類のＩＣＴによって、手っ取り早く相談したり、迅速に返事をすることが可能になり始めると、「いつでも待機している」ことが新たな意義を獲得し、遠隔治療が生まれ、世界中のオメー氏のような人々は、生計を立てることがますます難しくなるということに気づき始めた。ＩＣＴに基づいた医療や健康な生活の成功の背後には、二つの現象と三つの動向があり、それらは第2章で触れた、個人の脱身体化とタイプ化の現象と軌を一にしている。

第一の現象

これは、「透明な身体（the transparent body）」とラベルを付けられるだろう。ＩＣＴによって、我々は、よりいっそう深く、正確に、そして非侵襲的（生体を傷つけることなし）に、自らの身体を計測し、モデル化し、シミュレーションし、モニターし、管理することが可能になる。そのため、ＩＣＴは、増加の一途を辿っているさまざまな病気の予防や治療のために、必要不可欠なのである。驚くことではないが、図18に示すように、消費者向け医療機器の世界市場規模は、今後数年間、着実に増加すると見込まれている。

こうした「透明な身体」の現象は、病気だけでなく、日常の健康な生活にも関連している。モバイルとデジタル技術を専門とする、英国のジュニパーリサーチ社[20]の報告書によれば、スポーツの活動状況や健康レベルを計測し、トレーニング計画を新たに提案してくれるウェアラブル型電子機器の世界的な市場規模は、２０１３年の売上14億ドルから、２０１８年までに１９０億ドルまでに増加するだろうと予測されている。アディダス社のマイコーチ、ナイキ社のフューエルバンド、モトローラ社のモトアクティブや、そ

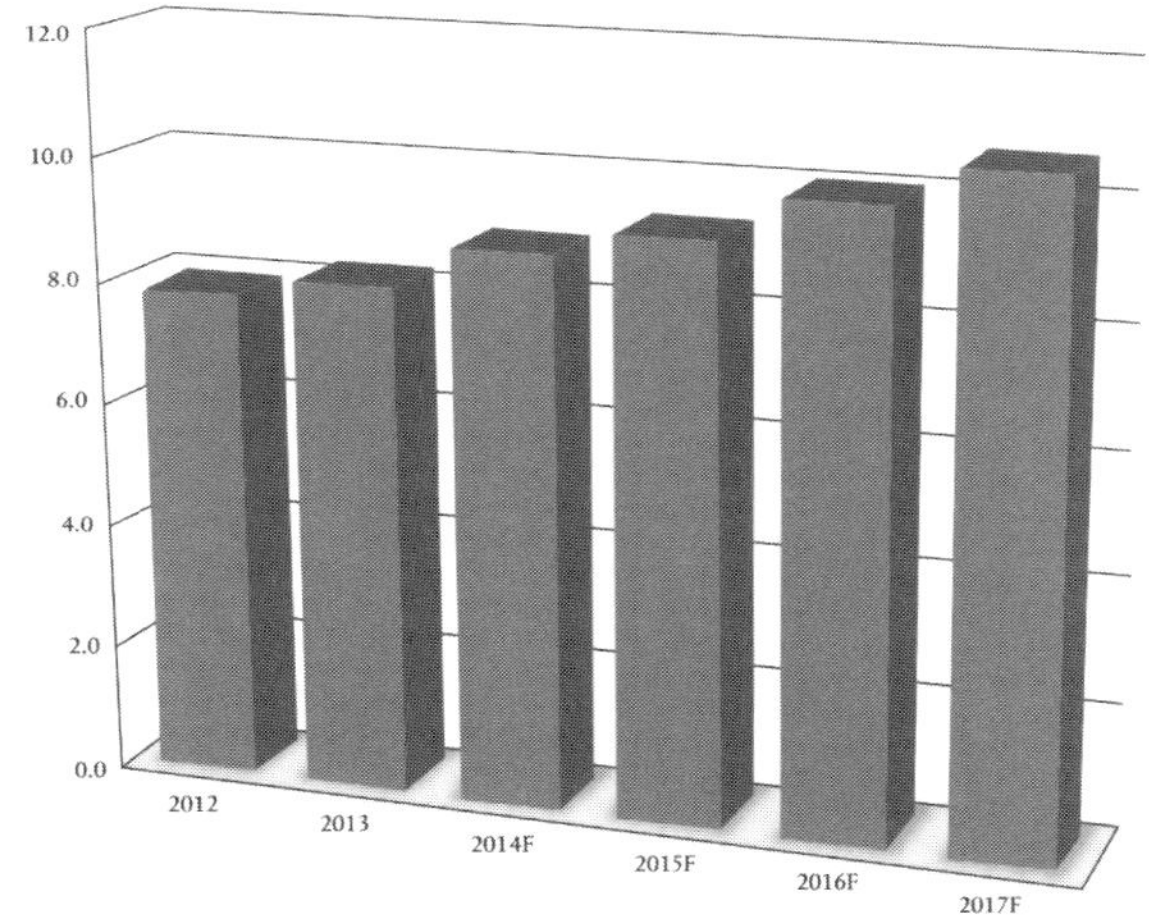

図18　医療機器の消費による国際的な総収益の予測
データ出典：IHS Inc., Seeptember 2013.

の他の類似した製品の間で繰り広げられる手首をめぐる戦いには、健康にまつわる重要な背景がある。これは、我々の身体を、より有効かつ快適に、我々自身に対して透明にすることに成功するのはどの企業かをめぐる、競争だと解釈できる。ICTは、我々自身をより簡単に調査可能にし、我々の身体の外部および内部（ナノテクノロジー）から生まれる相互作用の範囲は拡大し、X線からfMRIに至るまで、身体と環境の間の境界線は、急速に破られている。ブラックボックスであった我々の存在は、急速に、自分で内部を見ることが可能な、ホワイトボックスになりつつある。

第二の現象

これは、「共有される身体（the shared body）」とラベルを付けることができるだろう。「私の」身体は、今や容易に身体の「タイプ」として捉えられるようになり、「私の健康状態」から、「他者と共有する健康状態」に容易に変換する。そして、自分を情報源（たとえば、あなたが医者に伝えること）あるいは、自分に関する情報の所有者（あなたの健康プロファイル）としてだけでなく、DNA情報やそれに対応する生物学的特徴を、過去と未来の世代の間で伝達するチャンネル（あなたは両親と子供の間の生物学的な架橋である）としても考えることが、より当然なこととなってきている。高速な遺伝子診断が、今や99ドルで、簡単に受診できるのである。

「共有される身体」には、孤独を減少させる、希望を増加させる、成功事例をより簡単に拡散できる、よりいっそうの予防が可能になる、そして、より良い計画が可能になるなど、明らかに優位性がある。それに対して、深刻なリスクとしては、「みんながやっている」という要因がある。我々は、数が多ければ正常であると考え、不健康な選択や習慣が、医療問題から社会問題に変質していくことに気づくだろう。たとえば、もし爪を咬む癖を肯定する集団に参加したとするならば、その癖を、治療が必要な衝動制御の障害だとは考えなくなるだろう。興味深いことに、これらの現象は、前述したハイパー意識の問題（「誰のアイデンティティか？」）や、第5章で述べる情報プライバシーの問題（「誰の情報か？」）、第6章と第7章で分析する、権限付与の可能性（「誰の選択肢か？」）にも入り込んでいく。

「透明な身体」と「共有される身体」は、三つの主な動向と相関がある。健康情報の民主化、健康に関連するユーザー生成コンテンツの入手が容易になること、そして健康状態の社会化である。ここで言う民主化とは、より多くの情報が、より多くの人々にとって、入手、利用、所有が可能になることを意味する。しかし、患者は医療情報を貪欲に消費するのみならず、大量の健康に関連したコンテンツを積極的に生成し、共有も行う。医療情報の「ウィキ化」は、すでに世界規模の影響を伴う、重要な現象となってい

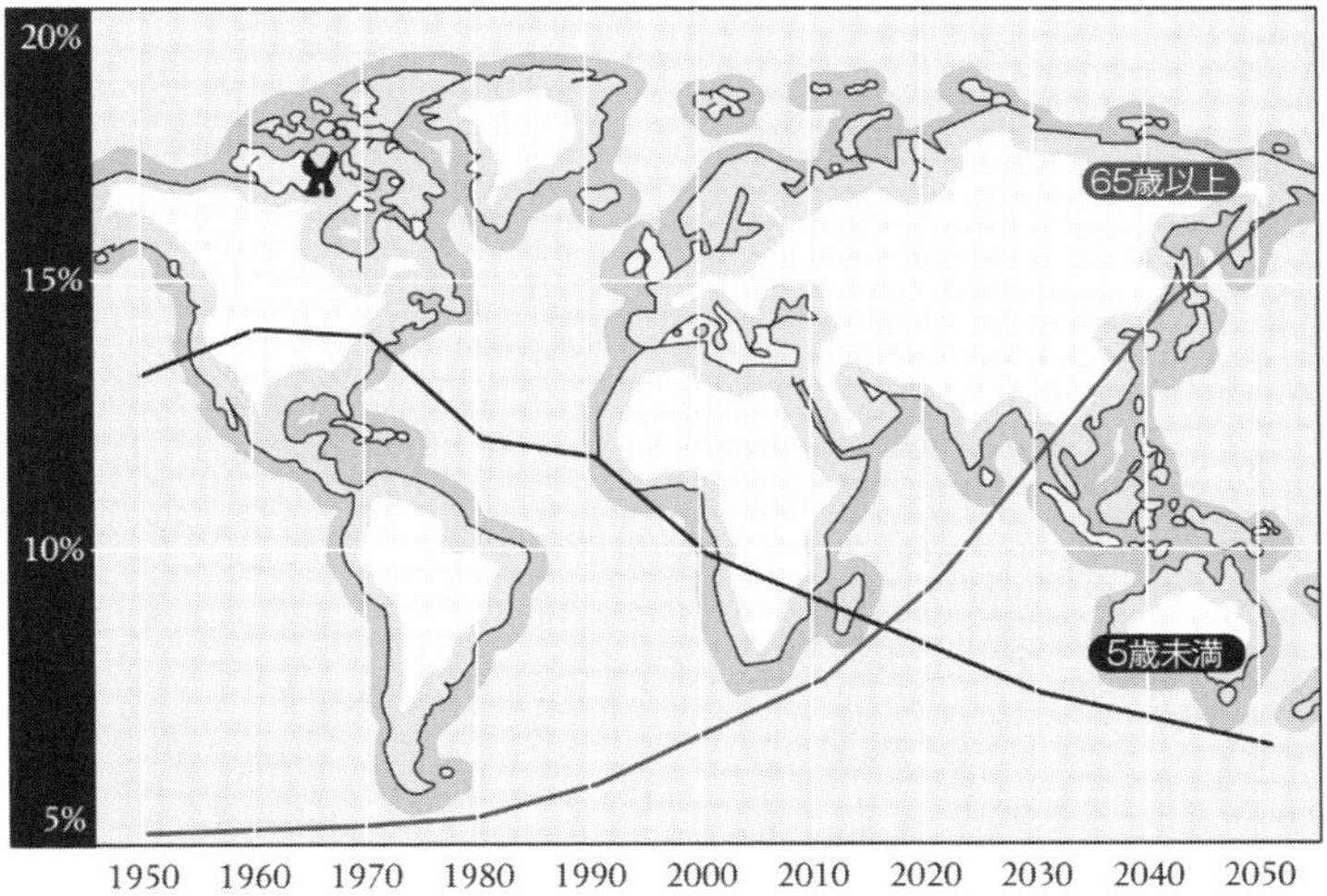

図19　高齢化する世界　出典：不明

る。[21] さらなる影響として、我々は、かつてない健康状態の社会化を目撃している。すでに、その主要なリスクについては述べた。だがその利点も、同様に重要である。ＩＣＴがどれほど容易かつ有意義に、我々が患者や介護スタッフの共同体に帰属しているという感覚を形成し、変化させているかを理解するには、たとえばユーチューブで「多発性硬化症（multiple sclerosis）」を検索してみれば十分である。

　ここまでの分析を考慮すれば、すでに２００１年に、英国のケネディ・レポートが以下のように述べていた理由は明らかである。

> あらゆる医療は、情報に基づいており、そのため貧しい情報による脅威は、医療サービスの質とＮＨＳ（国民保健サービス）のガバナンスに対する、直接的なリスクとなるのである。

2018年までには、人類の歴史上初めて、5歳未満の子供よりも、65歳を超える人々のほうが、世界人口の多くを占めるようになるだろう[22]（図19参照）。

我々はさらに高齢化し、教育レベルが上がり、さらにより裕福になるので、e‐健康（e-health）はますます普及し、日常体験となり、将来の医療の柱の一つとなり、そして明らかに数十億ドル産業になるが、その事業の中のいくつかは、必然的に危険なものだろう。あなたのメールの受信箱は、胡散臭い医学的な助言や医薬品の宣伝で埋め尽くされる。これらのことから、当然ながら、我々はオメー氏に引き戻されることになる。エマは彼から、ヒ素を手に入れる方法を教えてもらい、そのヒ素を使って自殺する。彼女が身の毛もよだつ苦しみに悶える間、夫は必死に「医学辞典を調べようとしたが、読むことができなかった」。今日では、普通にウィキペディア（Wikipedia）があれば十分である。「ヒ素中毒」の項を調べれば、診断と治療法の両方を見つけることができるだろう。

e‐教育

本章で触れたい最後のe‐教育（e-ducation）の主題は、より多くの紙幅を割くに値する。他者との相互のやりとりほど、我々に影響を与えるものはほとんど存在しない。そのやりとりが教育であるなら、なおさらである。教育とＩＣＴにまつわる議論は、決して新しいものではない。新しいのは、教育にまつわるやりとりが、ハイパーヒストリー社会、オンライフにおいて起こるとき、我々が直面するであろう課題である。

おそらく、かつては「文明的」、「文化的」、「教育のある」という三つの単語が、類義語として扱われた時代があった。古代アテナイの歴史家トゥキディデス（BC 460頃 - 395頃）やキケロ（BC 106 - 43）が思い浮かぶだろう。ジェイン・オースティン（1775 - 1817）やヘンリー・ジェイムズ（1843 - 1916、前述したウィリアム・ジェイムズの弟）、イーディス・ウォートン（1862 - 1937）などの小説には、類似する三つの概念の間にあまり区別のない登場人物がいる。しかし今日では、この三つの概念はほとんど重なりあわない。「文明的」という言葉は、人のマナーや振る舞いに言及するものである。また、「文化的」という単語は、芸術や文学などの、知的な探求に携わる人を修飾する。そして「教育のある」という言葉は、普通、初頭、中等、高等教育機関が提供する学習過程や訓練過程を修了した人に対して使われる。三つのうちのどれかに当てはまるが、残り二つのどちらにも当てはまらないという人も存在しうる。

グローバル化は、ローカルとグローバルという正反対の方向にではあるが、こうした概念の分化を推し進める大きな一因となった。ルネッサンス期フランスの哲学者ミシェル・ド・モンテーニュ（1533 - 1592）は、当時から、「文明的」と「文化的」という単語にはローカルな意味合いが含まれていることをわきまえていた。当時と異なるのは、我々は今日、リオ・デ・ジャネイロであれ、ニューデリーであれ、北京であれ、東京であれ、ある「地域」を他の地域に優位性を与えることにますます正当性を感じなくなってきているということである。靴を脱ぐか履いたままでいるかどうかは、どこにいるか、あるいは誰を訪ねているかということ次第であり、それは文明化された礼節の問題であると知っている。アリスは、ブラジルのボサノバ音楽や、インドアッサム州の伝統舞踊、サットリヤダンス、あるいは中国四川省の伝統芸能、川劇《せんげき》、日本の能などがまったくわからないとしても、文化的だということは納得できるだろう。しかし教育は、必ずしもこのいずれかについてであるというわけではない。義務教育、指導と学習の組織化、普遍的な教育原理、労働市場のグローバル化といった事象により、古い時代の「しつけ」という概念と教育は、ずいぶん昔から切り離されるようになった。今日では、航空電子工学の技術者や、たとえばメキシコ文学の研究者、発達心理学者、マクロ経済学者などは、国際的な、地球規模の基準で評価されるようになっている。

ＩＣＴは、こうした両方の傾向を、より増幅させ、加速させてきた。ＩＣＴによって、我々が相互に自らを開示していくようになると、文明的であることや文化的であることは、相対的な問題でしかない、ということに気づくようになっていく。インフォスフィアには多くのノードが含まれているが、そこには究極的な中心は存在しないため、程度の差はあれ、人はその周縁でしかありえない。しかし、ＩＣＴによって、地球規模での要求や期待を共有するようになると、人々は均等な最低限の水準の教育を要求するようにもなる。インフォスフィアにおいては、教育されているということは、より脱局所的であり、均一で地球規模の事象になっていく。こうした傾向は、次に示す意味において、相対的な問題ではなく、相関的な問題であると言えよう。

教育とは、主に、知識と、知識量を増やす手法の伝達である。ここで問題とする知識とは、広く解釈すれば、事実や公式を批判的に習得することのみならず、価値観や解釈、生活様式や伝統、能力や技能を理解し、真価を認識することでもある。これらのリストは不完全だが、いずれの場合でも、教育は、必然的に教育されることを他の何かと結びつける。教育により伝達される知識は、場所や慣習についてであるかもしれないし、そのあれやこれやが当てはまる、あるいは当てはまらないということかもしれないし、なぜ他のしかたなのか、そうでないのかかもしれないし、何かが働く方法についてであるかもしれない。「教育されること」と、伝達されている知識の間の関連は、最終的には、真理を探究し、真理を生成する特性によって検証される。アリスがいつどこに住んでいたとしても、ロサンゼルスに行ったことがなく、そこをイタリアの小さな村であると考えていたら、彼女はロサンゼルスを知っているとは言えない。彼女は、地球が平らでないと知っているとは言えない。彼女が人生で一度も自動車を運転したことがなければ、運転する方法を知っているとは言えない。

もちろん、たとえば中国で教えられている歴史や地理は、日本や韓国で教えられている歴史や地理とは大きく異なっているだろうし[23]、米国の生物学の講座の中には、ヨーロッパで教えられている同じ講座と必ずしも同等でないものもある[24]。だから、アリスとボブは、育った文化的な文脈に応じて、かなり異なった教育を受けているだろう。しかしながら、これは核心ではない。ここでの核心は、文化的であることや文明的であることに対する期待は、慎重に相対的なものとして扱うべきであるが、それに対して教育されることに対する期待は、絶対的なものであるべきだということである。このために、たとえば異なる国の生徒の達成度を比較することには意味があるが、異なる国の生徒の文化的洗練度を比較することには意味がない。また、世界中の大学の質を比較することには意味があるが、世界中の大学の学生の、文明的な洗練度を比較することには意味がないのである。

教育は知識と結びついているので、知識が変化した場合には、教育も後に続かなければならない。さて、情報社会は、人類の歴史上最も速い速度での知識の増加を目の当たりにしてきている。それは質的かつ量的な増加であり、範囲と速度の両方に及んでいる。第1章で、利用可能なデータ量が非常に大きく増加しているという証拠を見た。驚くことではないが、伝達されるだろうものの指数関数的な増加によって、我々の教育に対する考え方や教育システムの構築方法に、大きな危機がもたらされている。しばしば見かける一般社会の反応のひとつは、ICTを問題の一部から、解決策の一部へと変えようとすることである。これは有益ではあるが、本質から外れたものでもある。ハイパーヒストリー社会における真の教育の課題は、教育の方法ではなく、教育のカリキュラムに含める内容に変わっている。

方法は容易であるが、それは、方法がそのまま実現可能だからというわけではなく、教育方法は、その内容よりも、明確に理解できるからである。教室におけるデジタル技術の利用は、古い現象である。アラン・チューリングの誕生から1世紀が経過し、大学は学内の講義のオンライン公開を急ピッチで進めており、e-ラーニング市場は急成長している。（遠隔の）e-ラーニングが、「無人教育」の一形態や、単なる安価なアウトソーシングではないということに関しては、述べたいことが多くある。e-ラーニングの支持者が正しく強調するように、すでに膨大な教育コンテンツの宝庫が何百万人もの人々に提供されてきており、さらにこれまで以上に多くの教育コンテンツの提供が約束されている。ICTによって、エリート教育以外では実現できなかったような、教育のカスタマイズができるようになる可能性がある。数百万人に向けた、教育体験の個別化である。しかし、これらのすべては、教育の提供方針や方法、そして使われる技術の問題である。Z世代や、その後に続く世代の人々をどのように教育するかということの解決策として解釈するならば、鎮痛剤を治療と取り違えていることになる。真の悩みの種は、方法ではない。1980年代後半以来、MOOs（同時接続された多数のユーザーのための、テキストベースのオンライン仮想現実システム）、文字通りのハイパーテキスト、手袋とゴーグルを使うVR（仮想現実）、ハイパーカード、セカンドライフ、そして今やＭＯＯＣｓ（大規模公開オンライン講座）などに、我々は夢中になってきた。新たな流行や略語が、きっと今後も登場してくるだろう。しかし、真の悩みの種は、教育の手段ではなく、内容なのである。

ハイパーヒストリー社会における教育の内容に関する問いに対する、明確かつ確固とした答えは存在しない。その理由は、我々が、ハイパーヒストリー社会に生きたことがないからというだけでなく、過去においてそうだったように、その答えは、やはり別の問題の答えに依存しているからでもある。それは、教育の目的は何か、何のための教育かという問いである。そうは言うものの、いくつか考察することで、解決策を探る問題スペースの範囲を限定することができるだろう。それらの考察を紹介するために、簡単な例を用いることにする。

アリスが、コンピュータゲームで遊んでいるとする。どこかにモンスターが隠れていることなど、彼女が知っていることがある。これが、彼女の知識である。実際にモンスターが隠れている場所などのように、自分がそれを知らないということを彼女が知っていることもある。だから彼女は、モンスターの隠れ場所を探しているのである。これは、彼女の知識の欠如であり、ただ単に未知の状態とも言える。さらに、自分の武器がモンスターを倒すのに十分強力であるかどうかなどのように、知っているのかどうか、彼女にはよくわからないことがある。そのため、彼女はさらに何か武器を獲得しようとする。これが、彼女の不確実である。そして最後に、自分が知らないということを、彼女が知ってさえいないことがある。たとえば、モンスターを倒すことができる魔法の剣があるというようなことである。これが、彼女の無知である。この例を、次のように、情報学的な用語に置き換えることができる。

1　知識：アリスが得ている情報（モンスターがいる）
2　知識の欠如：自分が知らないと気づいている情報（モンスターはどこに隠れているのか？）
3　不確実：アリスがよくわかっていない情報（自分の武器はモンスターを倒すのに十分なのか？）
4　無知：自分が知らないとアリスが気づいていない情報（魔法の武器があるという事実を知らないと、彼女が知ってさえいれば！）

教育は常に、知識を増やし（1）、知識の欠如（2）や不確実（3）、そして無知（4）を減らすことを目的としてきた。

（1）の知識については、簡単に手に入れられる情報や安価なＩＣＴ、そして多数の知識労働者にあふれた世界においては、基礎的な知識を増やすことは容易になっている。そのため、ＭＯＯＣｓの成功は、ウェブを通じた相互参加と、人々の開かれた利用に基づいている。（1）の知識に関する教育上の問題としては、新しい情報が意義のある有用なものとなり、批判的に利用されるためには、何らかの古い背景となる情報が必要だということである。そのため、今日、アリスが教育を受けるためには、どれくらいの量の、どのような種類の背景情報を、どのくらいの量を得る必要があるかを理解する必要がある。ここで言う背景情報とは、必要ならウィキペディアで調べるとかとは独立した、知っている必要があることである。

（2）の知識の欠如については、我々の知識の限界や、我々はどのような種類の情報を有していないか、また獲得したいと考えているか、それゆえ教育は、我々が尋ねるべき適切な質問に対する感覚を提供せねばならない。我々は皆、知識に欠けがある。差をもたらすのは、知識の欠けた程度をどう扱うかである。そのため、(2)の知識の欠如に関する教育上の課題は、今日のアリスは、どのような種類の未知に気づくように教えられるべきか、ということである。

(3)の不確実性に関しては、我々がすでに知っていると考えていることに注意すること、そして一見疑う余地のないことにさえ、疑いを持ち、批判的になる技術を教育で伝えるべきである。我々は皆、誤りを免れえない。誤りの可能性の度合いをどう扱うかが差異をもたらす。そのため、(3)の不確実性に関する教育上の課題は、今日のアリスは、どんな種類の不確実性について教えられるべきか、ということになる。

(4)の無知については、内面の問題である。それゆえに、我々はその問題を、アリスに説明することしかできない。もしアリスが、自分は何を知らないかを知らない、ということを知っているならば、結局彼女はそれについて無知ではなく、知識が欠如しているか不確実であるということになる。ここで我々が、アリスに話しかけることができたとしよう。彼女が魔法の剣の存在について、何らかの情報を知らないでいることを、我々が一挙に伝えることができれば、ある特定の事象についての彼女が無知は解消するだろう。これが、地理的な境界や学問的な境界を越える、グローバル化されたe-教育にできることである。e-教育は、人類の無知をすべて消し去ることができるわけではないが、それぞれの人間を無知と既知の境界線の、同じ面に置くことができる。もっとも、人類として、どこにその境界線があるのかはわからないのではあるが。同じ例を使って説明してみよう。

ボブは、魔法の剣がどこにあるかを知らないということを知っているが、近くにモンスターがいるという情報を知らないということには気づいてさえいないとしよう。もしアリスとボブが、彼らの情報の欠如を共有していれば、彼らは無知を減らすことができる。つまり彼らが協力すれば、モンスターがいる場所と魔法の剣がある場所の、両方とも知らないということを知るだろう。これは滑稽に聞こえるかもしれないが、大いなる進歩なのである。外面の無知は減らないとしても（アリスとボブが集団として知らないことに気づいていないこと、たとえば両者とも友好的な魔術師の存在を知らないなど）、内面の無知は減少するのである。

ここまで述べてきたことのうち、事実とスキルの間での緊張が、まだ残っている。モンスターには七つの頭があり、倒すためには、その七つの頭すべてを切る必要があるとアリスに教えることと、七つの頭を切る方法をアリスに教えることでは、どちらの重要性が高いだろうか？　すぐに、この事実とスキルの間の二項対立は、誤解を招く性質のものだとわかるだろう。彼女には、両方の種類の知識が必要であり、さもなければ、そのゲームに勝てないだろう。しかし今日では、多くの情報がたった一クリックで手に入るので、知っている（know-that）よりも、知る方法（know-how）を重要だと考える傾向があるようである。これは、特に、先ほど強調した、背景情報の重要性を思い出せば、愚かなことである。もし方法を重要視して、デザイナーや生産者の文化ではなく、利用者や消費者の文化のみを推進するなら、それも誤りだろう。情報社会は、新たな生産社会であって、情報は、我々が作り出し操作する原材料であり、消費する製品でもある。そのような社会では、スキルと言うとき、いわゆる「生産者の知識」にもっと重きをおく必要がある。それは、加工物のデザイン、生産方法を知っている人々、すなわち情報を創出、デザインし、変換する方法を知っている人々が用いている知識である。これは、口で言うほどやさしいことではない。なぜなら、我々欧米の文化は、エピステーメー（科学、「それについての知」）――高く評価され、尊重される――と、テクネー（技術、「方法についての知」）――二次的なものとされる――という、古代ギリシア的な区分に深く根ざしているからである。「職業的」なスキルや訓練が、我々の社会でどのように評価されているかを考えてみてほしい。アリスとモンスターの例で述べたように、これは誤った二分法である。コインの一面だけに過度に焦点を当てた見方と言えるだろう。先ほどの例を使えば、ゲームをする知識には、プレイヤーと観客とデザイナーが含まれる。事実に基づく教育とスキルに基づく教育は、プレイヤーのための戦略である。それらはいずれも、アリスを情報の利用者、ユーザーとして扱い、情報の生産者としては扱わない。そこでのリスクは、観客が自ら実際に遊ぶことなくゲームの知識を楽しむ、「特別観客席」の反応を引き起こすことである。これは、かつて象牙の塔と呼ばれた。一方で、実際の教育における重要な部分は、ゲームデザイナーのレベルにある。

我々は、利用者であるアリスに、ゲームをうまくプレイする方法を教え、知識人としてのアリスには、ゲームを批判的に観察、研究する方法を教え、そしてデザイナーとしてのアリスには、ゲーム全体を適切に構築する方法を教える必要がある。つまり、ここでの問題は、以下のようになる。未来の情報キュレーターや情報生産者、情報デザイナーに、我々はどんな種類の能力を、優先して教えるべきだろうか？　答えは、私には極めて明快であるように思われる。それは、情報を作り出し、操作し、取得し、消費するのに使われる言語である。ここで言う「言語」は、母語のことのみを指しているのではない。もちろん、母語を完全に習得することは、他のどんなかたちの教育にとっても必要な、最初の基礎的な段階である。ここでは、入手可能な情報を批判的に理解し、新しい情報を作り出し、デザインし、それを他人と共有できるようになるために、アリスや新しい世代の人々が成長の早期段階で堪能になる必要がある、あらゆる自然言語や人工言語のことも、指しているのである。それには、たとえば、英語（あるいは何の言語であれ、いつか国際的なコミュニケーション手段となる言語）や数学、プログラミング、音楽、グラフィックスなどがある。

ＩＣＴは、情報を提供することにおいては偉大な存在である。しかし、情報をアクセス可能なものとすることや、さらに利用可能なものとすることにおいては、うまく行っているとは言い難い。ウィキペディアで、科学に関するエントリー（好みの学問分野を選んでほしい）を読んでみると、もしあなたが、適切な言語を話せないならば、その記事の大部分は理解できないだろう。情報の利用可能性や、アクセス可能性を高めることは、提供者の側の問題である。しかし、情報を利用可能にする過程の最初の段階における生産とデザイン、そしてその最終段階におけるアクセス可能な情報の利用可能性や内容の理解は、アリスの教育に関わる問題である。言語は、若いときに学ぶのが適切である。そして言語の習熟は、事実の記憶やスキルの習熟の問題ではなく、緻密に調整した諸能力の問題なのである。アリスは、情報の言語を、可能な限り早く学ぶ必要がある。

むすび

本章と第1章、第2章において、我々のいる歴史（ハイパーヒストリー）、我々の環境（インフォスフィア）、我々の自己の発達（オンライフの経験）に、ＩＣＴが重大な変化をもたらした過程を描いてきた。このような変化の根底には、この宇宙における、我々の「特別な」場所や役割に関する考えが、深く哲学的に変化してきたということがあるようである。これが、我々の自己理解における第四の革命であり、第４章でこの点について論じる。

第4章 自己理解
四つの革命

最初の三つの革命

科学は、二つの基本的な方法で、我々の理解を変える。一つは、外向（extrovert）と呼べるもので、世界についてであり、もう一つは、内向（introvert）で、我々自身についてである。過去の三つの科学的革命が、外向、内向の両面で大きな衝撃を与えた。我々の外的世界に対する理解を変えるとともに、科学は、我々が誰であるのかの概念、すなわち我々の「自己理解」をも変えた。この話は、よく知られているので、簡単に述べるにとどめよう。

我々はかつて、創造主である神の業により、自分たち人間が世界の中心にあると考えていた。それは、最も気持ちのいい、安心できる考えであった。１５４３年に、ニコラウス・コペルニクス（1473 - 1543）が、『天球の回転について』と題した、太陽を回る惑星に関する論文を発表した。おそらくコペルニクス

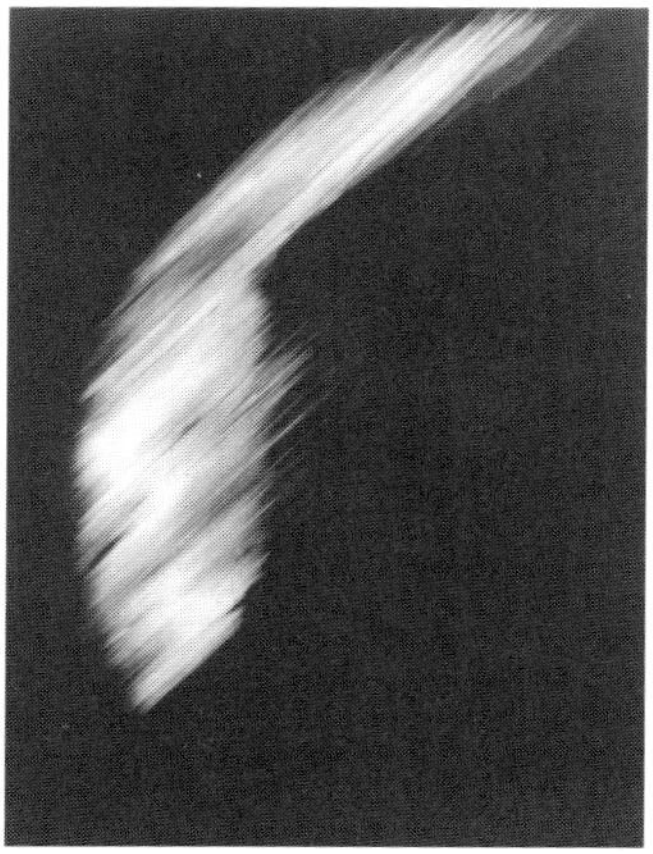

図20　アメリカの人工衛星エクスプローラーⅥにより撮影された最初の地球の写真。これは、太平洋の日の当たっている場所を示し、雲が掛かっている。このデータ信号は、衛星がメキシコを横断する際に、ハワイにある南ポイント追跡基地に送られた。
NASA の好意による。image number 59-EX-16A-VI, 1959年8月14日

は、我々の自己理解の「革命」をも引き起こすとは、思ってもいなかっただろう。それにもかかわらず、彼の太陽を中心とした宇宙論は、地球を宇宙の中心から永久に移動し、文字通り、宇宙における我々自身の居場所と役割を再考させることになった。宇宙の対する我々の見方に深い変化を起こしたので、「革命」という言葉が、以降、この根本的な科学的転換と結びつくようになった。

我々はコペルニクス革命が起きて以来、それがもたらした結果と折り合おうとしてきた。実際に、人類による宇宙探査の重要な達成のひとつは、人間の条件を外部から瞭然に示してみせたことであるとは、しばしば指摘される。宇宙からの探査で、我々は地球とその住民を、小さく、そして脆い惑星の存在として見ることができるようになったのである。もちろん、これはＩＣＴによって可能となったのである。図20

は、１９５９年8月14日に、アメリカの衛星エクスプローラーⅥによって撮影された、おそらく最初の地球の姿である。

コペルニクス革命の後、少なくとも地球上にいる私たちだけを中心とする考え方は、消えていった。第二の革命が、チャールズ・ダーウィン（1809 - 1882）が、１８５９年に『自然選択の方途による、すなわち生存競争において有利なレースの存続することによる、種の起源』を発表して起こった。ダーウィンは、自然淘汰によって、生物のすべての種が共通の祖先から長い時間を掛けて進化したことを示した。これによって、「進化（evolution）」が、新しい意味を得た。

この新しい科学的な発見によって、我々は生物王国の中心から追い出された。コペルニクス革命のときと同様に、多くの人々にとって、それは不愉快なものであった。実際、一部の人々は、特に宗教的な理由から、今も進化論に抵抗している。しかし、我々の多くは諦めて、異なるスペース、我々の精神生活に関わるスペースの中に、新たな種類の重要性と中心的な役割を見つけ出していった。

我々人類はもはや、宇宙の中心にも動物王国や世界の中心にもいないが、依然として自分自身の精神の内容についてはその主人であり、自分の思考に完全に預かっている種であると考えたのである。意識の世界における中心性の擁護は、時代を遡れば、つまるところルネ・デカルト（1596 - 1650）の仕事に辿り着く。彼による有名な「我思う、故に我あり」という言葉は、この宇宙における我々の特別な場所は、天文学的、あるいは生物学的に確認されるのではなく、精神によって確認されると解釈できるだろう。精神の意識的な自己省察の能力によって、精神を完全に透明に見通し、それを統制しているのである。コペルニクスとダーウィンにもかかわらず、我々はデカルトの塹壕の背後に寄り集まって立て直しを図ることができる。そこでは、我々は、考えから動機まで、感情から信条まで、精神の内容に対して、明晰で完全なアクセスができると誇ることができる。心理学者は、内省は精神的スペースを発見する内部への旅だと考えた。ウィリアム・ジェイムズは未だ、内省が信頼性の高い科学的な方法論であると考えていた。心とは、あたかも箱のようなものであり、中身を知るためには、中を覗き込めばよい。

ジークムント・フロイト（1596 - 1650）が、精神分析によって、この幻想を打ち壊した。それが、第三の革命である。彼は、心は無意識でもあって、抑圧のような防衛機制の影響を受けると主張した。今日では、我々がなすことの多くが無意識であり、しばしばその後で、自己の行動を正当化するために、意識的に心が理由づけのナラティヴを創造することを知っている。我々は、あたかもハードディスクの内容を捜すようには、心の内容をチェックできないことを知っている。我々は、純粋かつ透明な意識の世界から追放されてしまった。我々は、我々自身をよく知らないのである。

もちろん、精神分析が科学の営みであるかについては、重大な疑念がある。それでも人々は、文化面で、我々をデカルト的な中心性から急進的に立ち退かせる嚆矢となって、大きな影響を持ったことに喜んで同意するだろう。フロイト以後、我々が「意識」によって意味するものは、決して以前と同じではありえない。我々は科学的にというよりも、哲学的にフロイトに負っていると言えるだろう。そこで、より有望なそのような科学革命の役割の候補として、精神分析を今日の神経科学と置き換えたいと思うかもしれない。いずれにせよ、今日我々は、宇宙の中心で不動ではないし（コペルニクス革命）、動物王国の他の種と、不自然に切り離された別のものではいないし（ダーウィン革命）、そして我々自身に完全に透明なデカルトの精神からほど遠い（フロイト革命ないし神経科学革命）。

我々の自己認識に関する、これらの三つの革命に対する解釈の価値に、すぐさま疑問を持つ人もいるだろう。結局フロイト自身が、それらを人間の本性に対する段階的な再評価の単一の過程の一部として捉えた、最初の人であった。彼の解釈は、明らかに、どちらかと言うと自説擁護的ではあった。しかしその推論の道筋は腑に落ちるものであり、同様にして情報革命を理解するのにかなり有効である。昨今、非常に重要で深淵な何かが人間の生活に起こっていると知覚するとき、ここでも我々の直観は鋭敏であると言いたい。というのも、宇宙における我々の根本的な性質と役割が、これまでの場所を失い、再評価されていく過程の中で、第四の革命とも言うべきことを経験しつつあるからである。

第四の革命

三つの革命の後、我々には、自らの身を置く適切なスペースは残されているだろうか？　フランスの哲学者で神学者のブレーズ・パスカル（1623-1662）は、詩的に一つの示唆をしている。有名な言葉で、こう言っている。

> 人間はたかが葦に過ぎず、自然の中で最も弱いものだ、しかしそれは、考える葦である。宇宙全体が彼を壊そうと思えば、武装するまでもないだろう。彼を殺すには、ほんの少しの蒸気や一粒の水滴で事足りる。しかし、仮に宇宙がそれを壊そうとも、人間が自身を壊した宇宙よりも崇高であることは変わらないだろう、なぜなら彼は自分が死ぬということ、および宇宙が彼に対して持つ優越性について知っているからだ。宇宙

のほうは、このことについて何も知ってはいない。然るに、我々の尊厳のすべては思考の内にある。それによって我々は、自分たち自身を高めているのに違いなく、我々が満たすことのできない、宇宙や時間に拠るのではない[1]。（強調を付加した）

何世紀かを経て、先に述べた三つの革命によっても、パスカルの思考の尊厳は、異議を唱えられることはなかった。我々は依然として、宇宙における我々の特別な場所は、天文学や生物学、精神の透明性とは無関係に、優れた思考能力にあるという見方にしがみついている。これは、未だに存在している、宇宙における我々の例外的な場所を守るための、暗黙の防衛線だったのである。知性は、当時も、そして今でさえ、漠然とした特性を持っており、定義し難いが、地球上において、我々に知性で優る生物はまったく存在しないと確信している。知的な思考を必要とするどのような作業であれ、我々人間は圧倒的に優れており、競うことができるのは唯一、お互い同士のみなのである。我々は、動物は愚かで自分たちは優れていると考えていたのであり、安心できる物語の終わりであると思っていた。我々は密かに、他の地球上の生物が入り込まない、インフォスフィアの中心にいると思っていた。

それは危険な防衛線であり、皮肉なことに、パスカル自身が、その侵食を促していた。１６４５年、彼がフランスの大法官ピエール・セギエ（1588-1672）に宛てた短い「献呈の手紙」を公刊した。セギエという名は、『三銃士』の中で、異なった綴りで出てくるので、この名前に聞き覚えのある人もいるかもしれない。「機械式計算機[2]（Machine d'arithmetique）」と題されたその文書は、パスカルがデザインした新しい計算用の装置について述べたものであった。それは、ルーアンで徴税官をしていたパスカルの父が、仕事上必要な退屈な計算をするのを助けるために作られた。パスカルの巧みな解決策のおかげで、[3]その機械は、四つの数学演算を極めて正確に行うことができた。今日「パスカリーナ」として知られているが、それは17世紀における、唯一実用的な機械式計算機となった。それは、計算する機械として成功し、そのうちの9台が今も残っている。それは、計算機の歴史と、ドイツの偉大な数学者・哲学者のゴットフリート・ライプニッツ（1646-1716）に大きな影響を与えた。ライプニッツは、現代の二進法による数体系を考案し、まさしく最初のコンピュータ科学者であり、情報理論家であると見なされている。その文書の中で、パスカルは次のように書いた。

信愛なる読者の方へ、この通知は、私の発明品である小さな機械について、あなたにお知らせするために遣わしたものです。この発明によって、あなたはあらゆる面倒を避け、すべての数学上の演算を行うことができ、しばしばあなたの心（エスプリ）を疲弊させるような、トークン[訳注1]（ジュトン）やペンを使った手間を省きます。[5]

おそらく彼が信心深かったためであろうが、パスカルは、自分自身の「我々の尊厳は、すべて思考の中にある」という見方と、彼の機械の計算能力との間に、矛盾があるとは見なかった。彼は単に、パスカリーナと彼の父の間の実りある協力を思い描いたのである。この矛盾に架橋する仕事は、海峡を挟んだ、

[訳注1] 硬貨の代用として限定的に使用された、代用貨幣のこと。英語ではトークン（token）、フランス語ではジュトン（jeton）と呼ばれる。ヨーロッパでは、しばしば算盤玉のように、計算の道具としても使われた。

他の哲学者に託された。

パスカルの手紙が公刊されてから6年後の1651年に、歴史上、最も影響力のある政治思想家の一人であるトマス・ホッブズ（1588-1679）が、彼の代表作『リヴァイアサン――あるいは教会的及び市民的なコモンウェルスの素材、形態、及び権力』を著した。[6] これは、我々の情報社会のルーツの発見を期待できる本ではないが、それでもその第5章には、我々の文化に踏み込む、初の革新的な考えが見られる。

この意味での「推論（reason）」とは、結果を「計算（reckoning）」すること、すなわち足したり引いたりすることにすぎず、我々の思考を「マーク（marking）」し、「表明する（signifying）」ために合意された一般的な名称である。「マークする」とは、自身で計算する場合を言い、「表明する」とは、他の誰かに対して計算を示し、承認を求める場合を言う。

考えるとは推論することであり、推論することは計算することであり、さらに計算することは、すでにパスカリーナよって実現できる。第四の革命の種は蒔かれていたのである。パスカリーナの未来の世代は、我々が精神的に疲れてしまうような仕事だけではなく、インフォスフィアにおける唯一のスマートなエージェントとしての我々の中心的な役割からも、開放されようとしている。

パスカルは、論理的な情報処理の能力で我々を凌ぎ、したがって、作業を成し遂げるのに求められることのすべてが情報処理である場合にはいつでも、我々より優秀に行動することができる自律的機械を我々がデザインする可能性を、考慮していなかった。この見落としは、第四の革命の父であるアラン・チューリングの業績によって、明らかになる。

チューリングは、我々を、論理的な推論、情報処理、そして知的な行動という領域における、特権的な唯一の位置から追放した。我々はもはや、インフォスフィアにおける無条件の主人ではない。デジタル機器は、我々が行えば何らかの思考を必要とするような作業を、ますます我々から奪っている。我々は、再び、我々が「唯一」だと考えていた立場を、手放すように強いられているのである。「コンピュータ」という言葉の歴史が、それを示している。17世紀から19世紀の間、それは「計算を行う人」と同義であった。なぜなら単純に、この宇宙には、他に自律的に計算を行うことができるものは存在しなかったからである。たとえば1890年には、アメリカの公務員の「コンピュータ」という職種のための試験では、「正字法、正書法、複写、書簡書法、代数学、幾何学、対数学、三角法」という科目群があった。[7] それは依然として、ホッブズの計算としての思考の概念だった。しかしチューリングが、「計算する機械と知性」[8]と題された古典論文を発表した際には、いくつかの例では「人間のコンピュータ」について述べているということに特に言及せざるをえなかった。1950年にはすでに、もはや「コンピュータ」が、計算を行う人だけを言い表すものではないということに気づいていたからである。チューリング以降、「コンピュータ」は人間的な意味を完全に失い、そしてもちろん、今日我々がチューリング機械と呼んでいる、汎用的な、プログラム可能な機械と同義となったのである。

チューリングの革新的な業績の後、コンピュータ科学とそれに関連するICTは、我々の理解に、外向的にも内向的にも影響を与えてきた。それらは、自然や人工的な現実に対して前例を見ない科学的洞察と、それらに対する工学的な力を与えた。そして、我々は何者であるのか、どのように世界や相互に関わりあっているのか、その結果として、我々がどのように自分たち自身を認識するのかに、新しい光を当てた。以前の三つの革命のように、第四の革命も、我々が唯一の存在であるという誤った認識を取り除き、我々の自己認識を見直すための概念的な手段を提供した。我々はニュートンの古典力学の住人ではなく、孤島のロビンソン・クルーソーのように、孤立した、唯一のエージェントでもないというポスト・チューリングの考え方を、少しずつ受け入れつつある。むしろ、我々は情報的な生物（情報有機体 *inforgs*）であり、情報環境（インフォスフィア *infosphere*）の中で相互に結ばれ、それに埋め込まれており、そうした環境を、自然なものであれ人工的なものであれ、論理的に、そして自律的に情報を処理することができる他の情報エージェントと共有しているのである。第6章で、そのような情報エージェントの知性は我々のようなものではないが、それらは我々を知性面で容易に乗り越え、より多くの課題においてもそうであることを見るだろう。

情報有機体

前述のように、我々はおそらく、オンラインとオフラインの環境の明確な違いを経験する、最後の世代であろう。すでにほとんどの時間をオンライフで費やしている人々もいる。すでに、ハイパーヒストリー社会もある。もし家というものが、あなたのデータが存在する場だとすれば、すでにグーグルアースやクラウド上で生活しているだろう。人工的な、あるいは自然と人工の複合的なエージェント、すなわち一部は人工物で一部は人間であるような（たとえば銀行を考えてほしい）エージェントは、すでにデジタルなエージェントとしてデジタルな環境と相互作用しており、それらは同じ性質を共有しているため、はるかに自由に相互作用を行い、そして統制されている。我々はますます、記憶や意思決定、日常的な作業、その他の活動を、人工的なエージェントに委ね、またアウトソーシングするようになってきており、それらは、次第に我々と統合されていくだろう。こうしたことのすべてはよく知られており、それは第四の革命によって引き起こされた、我々が何でないかという意味での追放を理解することに関わっている。しかしこれは、私が情報有機体について述べるときに言及したいことではない。すなわち、第四の革命によって、我々が自らをこうであろうと考えるように招くことではない。実際、少なくともさらに三つほど、潜在的な誤解がある。指摘しておく必要があるだろう。

第一に、第四の革命は、否定的には、新たに失われてしまった我々の「独自性」（我々はもはやインフォスフィアの中心にはいない）に関わり、肯定的には我々自身を情報有機体と見なすという新しい認識に関わる、という誤解である。第四の革命は、人間のサイボーグ化という幻想と混同してはならない。これはサイエンス・フィクションでしかない。無線ブルートゥースヘッドホンのようなものを耳に埋め込んで歩きまわることが、最適な未来だとは思えない。とりわけ、それが同時に意図している社会的メッセージと矛盾するからである。週7日、一日24時間、電話待機状態というのは、ある意味奴隷であり、忙しく地位もある人なら、代わりにアシスタントをつけるべきであろう。グーグルグラスなどの、ウェアラブル端末にも、同じことが言える。真実はむしろ、一種のサイボーグになるというのは人々が喜ぶようなことではなく、不可避でない限りは、避けるようとするであろうことだろう。これがイメージできなければ、今試みられている、スクリーンをやめて身体に投影するシステムを考えてみてほしい。掌に仮想のキーボードを表示して電話番号が入力できる。これは現実的なシナリオではあるが、情報有機体の発展に関して言うべきことではない。代わりに、あなたの電話があなたを理解し、単に電話番号を声で言うだけで電話する現在の経験を思い浮かべてほしい。あなたとあなたの電話は、今や二つの情報エージェントとして、同じ環境を共有しているのである。

第二に、我々自身のことを情報有機体として解釈する場合、広まっている「心的アウトソーシング（mental outsourcing）」や、我々の日常と技術との融合といった現象に言及しているわけではない。もちろん我々は、日常の作業の中で、さまざまな機器にますます依存するようになってきており、大変興味深い現象である。しかし、どのような装置や道具、その他の環境的な補助具などが、我々の「拡大された心」に対する適切な部品であるかといった観点は、時代遅れだと言っていいだろう。その考え方は、依然として、紙とペンからスマートフォンまで、日記帳からタブレットまで、そしてハンカチの結び目[訳注2]からコンピュータまで、その心的過程を通してコントロールし使用している、認知的環境を完全に司っている、スタンドアローンのデカルト的なエージェント観に根ざしたものである。

最後に、ここでは、ＤＮＡ情報を管理し、そうして将来の身体化という意味での、人間の遺伝子の組み換えについて述べているわけではない。このポスト・ヒューマニズムは、その最も非現実的でフィクションの要求を取り除けば、我々が将来目にするであろうが、技術的（安全に実行できる）にも、倫理的（道徳的に受け入れられる）にも、まだここでの問題ではない。それは将来のことである。

私が考えているのは、より目立たず、センセーショナルでもないが、人間であるとは何を意味するのかという概念の、より重要で深刻な変化である。ＩＣＴはたえず、我々より高い能力を発揮し、高い効率を発揮している。我々よりも良く「計算」する。このため、ＩＣＴは、我々が生きている環境を作り替えたり創造したりしている。我々は、自分の身体を生物技術的に変えることによってではなく、より深刻かつ現実的に、我々の環境と、その中で活動しているエージェントの根本的な変化を通して、自らを情報有機体として認識し始めている。第７章で述べるが、ＩＣＴはすでにさまざまな文脈において、インフォスフィアの中での「ホームチーム」として、「アウェイ」とプレイし始めている。

強化し、拡張し、そして再デザインする技術

第四の革命は、人間のアイデンティティの本質的な情報的性質に光を当てた。それは控えめな言い方である。なぜならば、我々は我々の人工物のうち最も賢いものと、そうした性質を共有しているからである。我々を唯一のものとしてどのように定義しても、もはや我々は、ＩＣＴよりも、上手にチェスを打ったり、文書のスペルミスをチェックしたり、それを別の言語に翻訳したり、人工衛星の軌道を計算したり、車を停めたり、飛行機を着陸させたりすることはできない。あなたは、じゃんけんのような無作為なゲームでさえ、ＩＣＴを負かすことはできない。なぜなら、機械であるロボットの行動はとても高速であり、千分の１秒で、あなたの手が作ろうとしている形を認識し、勝ち手を選択し、さらにこれらをほとん

［訳注２］何かの目印、何かの記録、何かのメモ代わりに使われることがあり、ＰＣ上のトゥードゥ・リストと対比させることができる。アレクサンドル・デュマの『赤い館の騎士』など、文学や映画でも、「ハンカチの結び目」が重要なテーマとなっているものがある。

ど同時に完了するからである。このことを良くわかっていなければ、機械があなたの心を読んだと思うだろう。

また第四の革命は啓発的でもある。我々が、特別な種類の情報有機体としての自分たち自身をより深く理解することを可能にするからである。これは我々が、@マーク、ブログ、ツイートやｈｔｔｐｓなどで示される、ハイド氏のようなデジタルなアルター・エゴ（別人格）を持つということを意味しているわけではない。これは些細なことであって、ＩＣＴを単なる強化のための技術だとして、我々が依然としてインフォスフィアの中心にいるように錯覚させるだけである。我々の情報的な性質はまた、「データの影[訳注3]（data shadow）」とも混同されてはならない。これは、オンライン上でのユーザーの習慣的行動に関するデータから生成されたデジタルプロフィールを言い、混同さえされなければ有用な言葉である。ＩＣＴによる変化はより深いものである。それを理解するためには、強化する技術（enhancing technologies）と拡張する技術（augmenting technologies）の違いを考える必要がある。

強化する技術であるハンドルやスイッチ、ダイヤルなどは、斧や銃、ドリルなどのように、ユーザーの身体に人間工学的に器具を接続するためのインターフェースである。これは、サイボーグ的な発想と同じである。しかし、データやコントロールパネルといった拡張する技術は、異なった環境の間のインターフェースである。一方には、人間のユーザーの外的環境があり、他方には技術の環境がある。技術の環境の例としては、ダイナミックで、水浸しで、洗剤にまみれ、温かく暗い、食器洗い機の環境や、同じように水浸しで、洗剤にまみれ、温かくて暗いが、回転している洗濯機の環境、静かで、無菌の、洗剤はない、冷たく、ときどき照らされる冷蔵庫内の環境などがある。これらの技術は、その能力が発揮できるようその環境を「包み」、専用に整えておくことで機能する。これは、第7章で分析する、「世界を覆う（enveloping the world）」現象である。今日、いくつかの表面的部分を除けば、ＩＣＴはここで述べた意味での、単に強化したり、あるいは拡張する技術ではない。ＩＣＴは、ユーザーがそこに住むことができるような現実全体を作り上げ、再構築するがゆえに、我々の世界の本質を変える力だと言える。これらのデジタルインターフェースは、（しばしば友好的な）出入り口としての役割を果たす。例を挙げてみよう。

マウスの歴史を見ると、その技術は、我々に適応してきただけでなく、我々をユーザーとして教育してきたということがわかる。マウスの発明者ダグラス・エンゲルバート（1925-2013）は、かつて利用者の手を自由にするために、マウスを机の下に置いてみたり、あるいは膝で操作したりする実験を行ったと筆者に語った。結局我々は、両手に頼ることによってより効率よくタイプライターを使用するという歴史を辿ったのである。幸いマウスの歴史は、古いタイプライターから継承された初期の制約を克服できなかったＱＷＥＲＴＹ配列のキーボードとは、同じ道筋を辿らなかった。[9] 今日では、直接スクリーンに触ることができると期待する。人間とコンピュータの間の相互作用は、相互に対称関係にある。

最初の区別に話を戻すと、食器洗い機のインターフェースである操作パネルはユーザーの環境に合わせられているが、ＩＣＴのインターフェースは、ユーザーがインフォスフィアの領域に入り込み、存在できる出入り口なのである。[10] このような、新しいスペースを作り上げ、開くというＩＣＴの根本的な性質は、「サイバースペース」、「仮想現実」、「ネット住民」、「ウェブサーフィン」、「ゲートウェイ」などといった、

［訳注３］メールやソーシャルメディアの更新、ＡＴＭの利用など、個人が日常活動において残す小さな情報痕跡の全体を指す。

多くのスペース的なメタファーに現れている。

我々は、人類が、ニュートン流の物理的スペースから、それ自体が新しい環境としてのインフォスフィアへの、画期的かつ先例のない移行、少なくとも、後者が前者を吸収しつつあることを目撃している。X世代やY世代のようなデジタル移民が、Z世代のようなデジタルネイティブにとって代わられるにつれ、Z世代は、インフォスフィアと物理的スペースの間に何も根本的な違いを見出さず、視点の変更でしかないと見るだろう。その移行が完了した際には、Z世代は次第に、インフォスフィアと接続が断たれると、水から上げられた魚のように、思考停止や心理的トラウマに至るまでに奪われ、排斥され、障害を抱えていて貧しいと感じるようになっていくだろう。いつの日か、情報有機体であることが当然になったときには、通常の情報の流れが少しでも混乱すれば、受け入れられないと感じるだろう。

むすび

第四の革命の光の中で、我々は自分たち自身を、わけても情報有機体だと理解する。第2章で、長い目で見れば、脱個人化された（あなたは「一種の」何かになる）、再同一化された（あなたはたくさんの「種類」の何かの交差する場と見なされる）情報有機体が、市場の広告によって売買される商品のように扱われるであろうことを見た。我々は、財布を持つゴーゴリの『死せる魂』のようになるのかもしれない。[11] 我々の価値は、消費者集団の一員としての購買力に依存し、それはただクリックするだけで事足りる。これは、すべて非常に平等主義的であり、あなたのＩＤが正式な買い物客のものである限り、誰もウェブ上で、あなたが誰であるのかを気にかけることはない。

これら、オンライン上の死せる魂の株式取引所は存在しないが、しかしそれらを買いたいと思う大勢のチチコフ（ゴーゴリの小説の主人公）は存在する。それで、情報有機体の価値とは、どのくらいなのだろうか？　通常そうであるように、大量に買えば割引きが適用される。そこで、その卸売取引市場を見てみよう。２００７年に、フォックス・インタラクティブ・メディアはグーグルと、（当時）非常に人気があったマイスペース（MySpace）を含んで、自社のインターネットサイトのネットワーク全体に、有名な検索エンジン（さらには付随の広告システム）を導入する契約を結んだ。そのために、９億ドルの費用がかかった。[12]当時のマイスペース上のユーザープロフィール数は、約1億人と推定される。したがって、デジタルな魂の平均価値は、せいぜい９ドルである。しかしこれは、MySpace.com ユーザーの高いプロフィールに適合していればの話である。サバケーヴィチというゴーゴリの小説中の人物は、このように言う。

お安い買い物ですよ。詐欺師なら農奴の代わりに、価値のないくずを売って欺すでしょうがね。しかし俺のものは、すべて極上の熟れた木の実みたいにより抜きで、すべて職人や屈強な農夫なんですぜ。[13]

「熟れた木の実」というのは、本当に価値のあるものを意味するが、マイスペースのユーザーは、十分に余暇を持ち（そうでなければそこにいることはない）、十分に裕福であり、英語を話し、クレジットカードや配達可能の住所を持っている、等々の、自ら精選された数千万の教育水準の高い人々であり、彼らはどんな広告主をも喜ばせるユーザーである。しかしその5年後には、市場は拡大し、木の実はそれほど熟したものではなくなり、したがってその価値は低くなった。2012年に、フェイスブックは、総額50億ドルで初の株式を公開した。[14] その当時のおよそ10億人のユーザー数で割ると、市場では、1デジタルな魂あたりの価値は5ドルだったことになる。ほぼ50％の割引きであるが、それでも若干高価である。『フィナンシャル・タイムズ』[15]によれば、2013年には、ほとんどの人々のプロフィール情報（年齢や性別、職歴、個人的な病気、金銭的な信用度、詳細な年収、買い物の履歴、位置情報、娯楽の嗜好、住所、その他もろもろの総計）は、全体として1人あたり1ドル以下で取り引きされていた。たとえば、詳細な年収と買い物の履歴は、それぞれ0・001ドルで売られていた。まとまった買い手には、1レコードの値段はさらに下がる。私が『フィナンシャル・タイムズ』の提供するオンライン上の計算機を使ってシミュレーションしてみたところ、「市場の売人は、あなたのデータに約0・3723ドル支払うだろう」と示した。2013年のデジタルな魂としての私は、iTunes上の楽曲の3分の1ほどの価値だったのである。2013年に、ヤフーが、ブログ用プラットフォーム、タンブラー（Tumblr）を11億円で買収したが、その時点で1億人の利用者がいたので、デジタルな魂は各11ドルだったことになり、私がどんなに驚いたかわかるだろう。高価すぎたのではと思うのである。[16]

ゴーゴリからグーグルに至るまで、こうした大規模なカスタム化に対するパーソナル化――第2章の最後に述べた、車の窓にステッカーを貼った人物のことを思い出してほしい――の反応は当然ではあるが、同時に扱いにくくもある。インフォスフィアにおいて、ブログやフェイスブックのエントリー、グーグルのホームページやユーチューブの動画、フリッカーのアルバムなどを使って、食べ物や靴、ペット、訪れた場所や好きな場所、休日の過ごし方や乗っている車、インスタグラム、その他のいろいろな嗜好を共有したり、クリックしてあらゆるものを評価し格付けすることで、自分たち自身を組み立て、ブランド化し、再適応できることを見てきた。また、セカンドライフ（Second Life）が、あらゆる種類の、流行に敏感な人々にとって楽園であるということは、大変合理的である。デザイナーやクリエイティブなアーチストに、単に柔軟なプラットフォームを提供するだけではなく、デジタルな魂（アバター）が、自分を識別する視覚的な記号を手に入れなければならないと強く感じる、正しい文脈でもある。結局のところ、無料のアバターは、他の誰かと区別がつかない。セカンドライフの開始から数年が経ったが、プライバシーの権利を懸念する社会と、フェイスブックのようなソーシャルサービスの成功の間に、未だ矛盾は存在しない。我々は、より情報的に匿名性を減らし、識別可能であるように、自身の情報を利用して外部に晒している。我々はあたかも貴重な資本を守る唯一の方法であるかのように、情報プライバシーを高いレベルの水準で維持したいと望んでいる。そうすることによって我々はその資本を、簡単に区別でき、また唯一の存在として容易に再同一化が可能な個人として自身を構築するために、公的に投資可能となるのである（浪費だと投資家は言うであろうが）。かつて、情報プライバシーが、何百万という人々の生活にそのような重大な役割を果たしたことは、一度もなかった。それは、我々の世代が意味を明確にすべき問題である。第四の革命の後で、プライバシーが真に何を意味するのか、吟味する時が来た。

第5章 プライバシー
情報摩擦

最もかけがえのない財産

「いつか、電話の向こうのものを見ることができるようになると思う?」と、ペギーは起き上がりながら言った。

ヴァージニア・ウルフの小説『歳月』のこの後のページで、ペギーがこの問いに立ち返ることはない。[1] この小説は、1937年に出版された。そのほんの一年前に、BBCが、ロンドンで世界初の公共テレビ放送を開始し、チューリングが計算機械に関する画期的な研究成果を発表した。[2] ものごとは、劇的に変化しようとしていた。

ペギーは、批判的に考えるよりも実際に使ってみるよう誘う技術に気を取られて、ICTが社会を深く、取り返しのつかないほどに変えていることにはっきりとは気がついていない。我々の情報社会の基礎は、１９３０年代に築かれた。発展の初期段階で、そのような人類の歴史における重大な変化を完全に理解するのは難しかった。１９７０年代に始まったデジタルＩＣＴの商品化と、その結果としての、１９８０年代以降の世界規模の情報社会の必然的な拡大は、今日、少なくともヴァージニア・ウルフの時代に未だ欧米人が思い描いていたような情報プライバシーの権利のあり方に、次第に疑いを投げかけるようになってきた。情報有機体がインフォスフィアで生きるようになるにつれ、我々は情報の流れが境界を無視して広がることに慣れてきている。それにもかかわらず、ウルフが１９２５年の著書『一般読者』[3]の中のモンテーニュについてのエッセイで書いているように、

我々には〔中略〕私生活があり、〔そして〕我々はそれを、最もかけがえのない財産と考えている。

今日、ペギーの考えた未来的な技術への依存度がますます高まっていく社会環境の中で、その最もかけがえのない財産を守ることが、これまで以上に難しくなっていることに気づいている。問題は、切迫している。一連の学術的研究や科学的研究を促し、問題に対処するための政治的決定や法的強制力のある措置もさまざまにとられてきた。プライバシーに関する倫理的問題は、我々のハイパーヒストリー時代を特徴づけるテーマのひとつになっている。ほんの数十年前の道徳哲学の教科書をざっとでも見てみれば、プライバシーの問題については言及がないか、あってもほとんどないことがわかるだろう。本章の目的は、情報プライバシーとその法的保護に関する膨大な文献を批評することではない。むし

ろ本章の目的は、情報プライバシーを自己構成的なものとして解釈する議論をすることであり、それは、ここまでの章で提示した事実や考え方と首尾一貫したもので、それを補完するものでもある。端的に言えば、本章における我々の課題は、第四の革命以降の、情報プライバシーを理解することである。

「〜からの自由」としてのプライバシー

一般にプライバシーは、四種類が区別される。それらはすべて、「〜からの自由」という観点から説明できる。それらを手短に紹介するが、述べる順番は、その重要性とは無関係である。第一に、アリスの身体的プライバシーがある。これは、感覚的な干渉や立ち入りから彼女が自由だということである。他者が彼女と身体的に触れ合ったり、彼女の個人スペースに侵入する、機能や能力を制限することによって実現される。第二に、アリスの精神的プライバシーがある。これは、精神的な干渉や立ち入りから、彼女が自由だということであり、他者が彼女の精神生活に接近し操作する能力を制限することによって実現される。第三に、アリスの決定のプライバシーがある。これは、手続き上の干渉や立ち入りから彼女が自由だということであり、彼女や彼女の親しいグループによる意思決定から他者を排除することで実現される。ここで言う決定とは、それらに限られるわけではないが、特に教育、医療、職業、労働、結婚、信仰などに関するものを指す。そして最後に、アリスの情報プライバシーがある。これは、情報的な干渉や立ち入りから彼女が自由だということであり、彼女に関する公知でない事実や、知り得ない事実について制限をかけることで実現される。

これら四つの形態のプライバシーは、しばしば絡み合っているが、混同してはならない。本章では便宜上、それらを別々に扱うものとする。というのも本章では、情報プライバシーしか扱わないためである。また、プライバシーという用語は、四つ目の情報プライバシーのことを指すものとする。

この分野について考えるのに、二つの問いを取り上げよう。ICTの登場によって、なぜプライバシーが我々の社会における最も明白で、切迫した問題のひとつになったのだろうか？　そして、第四の革命以降のプライバシーとは何だろうか？　二つ目の問いに対する答えは、一つ目の問いに対する答えをまたなければならないだろう。そして一つ目の問いに対する答えは、第1章で簡単に紹介した概念の理解を深めるのをまたねばならない。それは、「情報摩擦」である。

情報摩擦

情報摩擦とは、インフォスフィア領域内部での情報の流れに抵抗する力のことである。これは、あるエージェントが、与えられた環境において、情報摩擦を減らしたり、生じさせたり、強めたりすることによって、他のエージェントについての情報を得たり、フィルターしたり、遮断したりするために必要な労力の量と関連している。どう関連しているかを理解するために、次のシナリオを考えてみよう。

アリス、ボブ、キャロル、デイヴの4人の学生が、同じ家に住んでいる、つまり同じインフォスフィアの領域に、4人の情報有機体が住んでいるとしよう。直感的に考えれば、彼らの間の情報格差が大きいほど、お互いのことをあまり知らないはずだし、生活はよりプライベートなものになるだろう。情報格差は、彼らの個人情報へのアクセス可能性の度合いによって決まる。ここでは、たとえば学生たちに浴室付きの個室があるかどうかによって、プライバシーは増減する。同様に、情報へのアクセス可能性は、情報有機体の性質や、情報有機体が組み込まれている環境、そしてその環境においてそれらの情報有機体によってなされるやりとりによって決まる。もし、家の中の壁が少なくて薄く、そして学生全員が素晴らしい聴力を持っていたら、情報へのアクセス可能性の度合いは大きくなり、情報格差は小さくなり、プライバシーを確保するのは難しくなる。学生たちの私生活は、たとえば彼らが日本風の家をシェアするなら、それによって大きく影響を受ける可能性がある。あるいは、この学生の家の壁や家具が、すべて完全に透明な硝子に変わり、学生全員が申し分ない視力を持っているとしよう。ベンサムのパノプティコン[4][訳注1]（一点から、全体が見えるようにデザインされた施設）に似たこのスペースでは、どんなプライバシーも、実質的に確保することはできないだろう。最後に、時間に関してＳＦ的なシナリオを考えてみよう。短編小説『死せる過去』[5]で、アシモフ[訳注2]はクロノスコープ（chronoscope）という、過去の出来事を直接観察できる装置について描写している。クロノスコープは、過去数世紀しか見ることができないために、考古学者にとってはあまり役に立たないことが判明する。しかし人々はすぐに、ほんの数秒前の最も近い過去を見るように調節できることを発見するが、これは、情報摩擦をほぼ減らすことができるということを意味

［訳注1］18世紀末に、イギリスの哲学者・経済学者・法学者のＪ・ベンサム（Jeremy Bentham, 1748-1832）が考案した、円形の監獄のモデル。中央の監視塔から、その周囲にある収容施設内の囚人が監視できるが、囚人からは監視者の姿は見ることができない。

［訳注2］アイザック・アシモフ（Isaac Asimov, 1920-1992）は、アメリカのＳＦ作家作家、生化学者であり、著作は５００冊以上に上る。

する。もし前述の学生がアシモフのクロノスコープを使うことができたら、どんな出来事でも、ほぼリアルタイムに観察することができる。これもまた、プライバシーの終焉となるだろう。アシモフの物語に登場する人物の一人が、若干哲学的に述べるように、死せる過去（the dead past）とは、「生ける現在（the living present）」の同義語となるからである。明らかに、環境によってもたらされる情報のアフォーダンスや制約は、特定の情報容量を持つエージェントとの関係においてのみ存在する。専用事務室からパネルで区切られた開放型のオフィスシステム、さらに完全に開かれた労働環境まで、オフィススペースのデザインにおけるプライバシー問題に関する議論[6]は、社会的文脈における、さまざまな程度の情報摩擦の重要な例である。あなたがリビングでカーテンを閉めるときには、環境における情報摩擦を増やしているのである。

　さて、情報摩擦に関して、質的な方程式を立てることができる。インフォスフィアのある領域でいくらかの個人情報が得られるとして、そこの情報摩擦が小さくなるほど、その領域中のエージェントに関する個人情報が入手しやすくなり、エージェント間の情報ギャップは小さくなり、そこに期待されるプライバシーの水準は低くなる。簡単に言えば、一般的にプライバシーとは、インフォスフィアにおける情報摩擦の関数である。情報摩擦を増減させるすべての要素も、プライバシーに影響するだろう。これで我々は、第一の問題に対する答えを得られたように思われる。ＩＣＴの登場によって、我々の社会においてプライバシーが最も明白で切迫した課題となったのは、ＩＣＴが紛れもなく情報摩擦に影響を及ぼすからである。しかし残念ながら、事態はもう少し複雑である。前述の答えは、良い足掛かりではあるが、それでは二つの重要な現象が説明できず、それを抜きにして第二の問いへの答えを出すのは難しい。二つの現象はそれぞれが個別の節を立てるに値するが、まずはここで簡潔に概要を述べたい。第一に、ICTは情報摩擦を失わせるかもしれないが、匿名性によってその影響が相殺される可能性がある。そして第二に、ラジオやテレビのような古いICTは、情報摩擦を減らすという一方向にしか影響を及ぼさないのに対して、新しいICTは、情報摩擦を減らしも増やしもするというように、双方向に作用する。それゆえに新しいICTは、我々のプライバシーの程度を減らす可能性もあるし、増やす可能性もある。次の二つの節を、これら二つの現象に当てよう。その終わりには、第一の問いに対する答えを最終的に修正し、第二の問いに移る準備ができているだろう。

匿名性

19世紀から20世紀になる間に、電報やラジオ、写真、電話、テレビなどの古いICTが徐々に情報摩擦を解消していったが、都市部の新しい社会現象が、その影響を打ち消した。都市環境は、匿名性に基づくタイプのプライバシーを創り出した。匿名性とは、ある人に関する異なる情報の断片を集めたり関連づけたりするのが難しいために、個人情報を利用できない状態として理解することができる。これを喩えて言えば、森の中の一枚の葉が享受する類のプライバシーであり、今日でも、田舎や小さな村では、全員が他の全員のことを知っているために、想像がつかないかもしれない。

古いICTの発達によって情報摩擦がますます減少したにもかかわらず、代理によるにしても、匿名性によって、現代社会はかつてないレベルのプライバシーを享有できるようになった。1890年に、

『ハーバード・ロー・レビュー』[訳注3]に掲載された古典論文「プライバシーの権利」で、アメリカの法律家サミュエル・D・ウォーレンとルイス・ブランダイスは、以下によってプライバシーが損なわれていると警鐘を鳴らした。

近年の発明と事業手法（中略）、インスタント写真や新聞事業（中略）、そして多数の機械装置[7]。

しかし、このような技術の力は、それらに対抗する力によって相殺された。スティーヴンソンの『ジキル博士とハイド氏の怪事件』は、初版が１８８６年に刊行された。一年後、コナン・ドイルが『緋色の研究』を発表した。ウォーレンとブランダイスが彼らの古典的な論文の執筆に取り組んでいた同時期に、ジキル博士のエディンバラと、シャーロック・ホームズのロンドンでは、新しい技術が利用可能になっていたにもかかわらず、匿名性によって、すでに急速にプライバシーに有利な条件が生まれていた。ときどき、今日我々が失ったプライバシーとは、実はこうした19世紀的な匿名性なのではないかと思うことがある。

デジタルＩＣＴが、我々のインフォスフィアや相互関係、さらに我々自身をも変えつつあるため、将来におけるプライバシーも、20世紀半ばの西欧工業諸国におけるプライバシーと、同じ意味を持つと考えるのは早計だろう[8]。情報化社会では、情報摩擦の閾値が修正され、人々が自らのプライバシーを評価する感覚も変わった。ある意味、異なる種類のプライバシーは、ハイパーヒストリーに入るために我々が払う代償なのである。ＩＣＴが、環境や社会の内部で起こる事象を変容させることを認めない限り、社会が広く、深く、大きくICTに依存することはできない。すでに、X世代とY世代のプライバシーの捉え方には大きな違いがある。「ピュー・インターネット&アメリカン・ライフ・プロジェクト（Pew Internet & American Life Project）」による「十代の若者とプライバシーとオンラインのソーシャル・ネットワーク」に関する調査レポートは、次のように指摘している。

十代の若者にとって、すべての個人情報が対等に生成されているわけではない。情報を共有する出会いにおける文脈を理解することが、非常に重要であると彼らは述べている。[9]

そして、バークマン・インターネット社会研究センター[訳注4]によるさらに新しい調査では、次のように強調されている。

若者にとって、「プライバシー」とは、単一の変数ではない。情報の種類によって、個人的な情報と見られるものもあれば、そうでもないものもある。何を隠し、何を公開するかを選ぶのは、緊迫した、継続的な過程である。（中略）「公」と「私」の間に明確な区別があると見るよりは、若い人々は社会的な文脈を、複合

[訳注3]「ロー・レビュー（Law Review）」は、アメリカのロースクール（法科大学院）の紀要のことである。中でもハーバード大学の『ハーバード・ロー・レビュー』は権威の高さで知られ、バラク・オバマアメリカ合衆国大統領が編集委員長を務めたこともある。

[訳注4] Berkman Klein Center for Internet & Society. ハーバード大学のロー・スクールに設立された研究センターで、特にインターネット関連（サイバースペース）の法的問題を対象とする。

的で重なりあうものとして見ている。（中略）実際、「公」と「私」の間の区別そのものが、若い人々の多くにとっては厄介なのである。彼らはプライバシーをより繊細な見方で捉える傾向があり、インターネットスペースを「半公共的」な場所として思い描いたり、さまざまな「友だち」グループを区別したりする。（中略）若者とプライバシーに関する多くの研究においては、「プライバシー」が定義されていなかったり、あるいは良いものと暗黙的に捉えられていたりすることがある。しかしながら、情報を開示することは、必ずしも危険であったり問題のあることではなく、多くの社会的な利点があるが、一般にはあまり言及されることがない。[10]

Z世代の人々は、現在中堅の研究者たちが、暗黙のうちに明白で、議論の余地がないと考えている情報プライバシーに対する感覚から、さらに遠く離れているだろう。なぜなら、彼らはすでに、二重否定形の「非-匿名[訳注5]（a-anonymity）」のインフォスフィアの中で育っているからである。

19世紀末に、インフォスフィアにおける情報摩擦が、古いＩＣＴによって減っていったにもかかわらず、匿名性を指向する社会状況によって、逆に情報摩擦が増え、匿名性という新しいプライバシーの形態が現れたことをすでに見てきた。この点において、新しいＩＣＴの普及は、印刷の発明に始まるこの過程を完成させるに至った。我々は今や、デジタル共同体に戻っていき、そこでは、もはや匿名性は当たり前ではなく、新旧のＩＣＴがもたらす情報摩擦の減少が、プライバシーに対して最大限の効果を発揮する。たとえば英国では、テロリストたちがインターネット上で邪魔されずにやりとりすることを可能にしたそのＩＣＴが、２００５年のロンドン同時爆破事件[訳注6]の容疑者をほんの数時間で特定することにも貢献した。不幸にも、同じことが２０１３年のボストンマラソン爆弾テロ事件[訳注7]でも、再び起こった。同様に、携帯電話は法廷での証拠として、ますます有効なものとなってきている。英国では、たとえば、携帯電話の位置情報解析（携帯電話が使われた場所を推定する三角測量方式）によって、イアン・ハントレーのアリバイが成立しないことが明らかになり、ホリー・ウェルズとジェシカ・チャップマン殺害の罪で、有罪判決が下された。[訳注8] シャーロック・ホームズは、ハイド氏に挑むための手段を手に入れたのである。

あなたの行きつけのスーパーマーケットはあなたの好みを正確に知っているが、あなたの祖父母が買い物をしていた食料品店の店主も、客の嗜好を知っていたはずである。同じように、あなたの口座がある銀行は、あなたの来店や財産状況を詳細に記録しているが、それは、銀行の旧来のサービスと、具体的にどのように違うのであろうか？ 電話会社は請求のために集められた通話データを分析し、それを詳細な契約者プロファイルに整理することができる。社会的なつながり（通話した相手である同僚や友人、親戚の、名前や住所）、考えられる国籍（国際通話の種類）、本人が在宅の可能性が高い時間、そこからわかる労働形態、財産の状況（取引額）などである。つまり、スーパーマーケットと銀行と電話会社からのデー

[訳注5] 二重否定形の「非－匿名」。a-anonymity a、anは否定を表す接頭辞で、二つ重なっている。
[訳注6] 2005年7月7日朝の通勤時間に、ロンドンの地下鉄3カ所と二階建てバスが同時に爆破され、56人の死者と、約700人の負傷者を出した事件。2週間後にも2度目のテロ事件が発生した。ロンドン同時爆破テロ、ロンドン同時多発テロ、ロンドン同時テロ等と称される。
[訳注7] アメリカのマサチューセッツ州ボストンで、2013年4月15日に、ボストンマラソンの競技中に発生した事件。3人が死亡し、183人が負傷したとされている。
[訳注8] 2002年8月に、英国ケンブリッジのソーハムで、少女2人が行方不明になり、後に遺体で発見された事件。彼女らの学校の管理人だった男とその交際相手が逮捕されたが、犯人の犯歴データが警察によって削除されていたために、学校職員の職に就けたことなど、別な側面でのプライバシーも議論となった。ソーハム殺人事件と称される。

タを集約すると、あなたの信用格付けのためのあらゆる推論を導くことができる。しかし、アレクサンドル・デュマの小説『モンテクリスト伯』（1844）の中でも、信用格付けのための推論が取り上げられているし、実際になされてもいる。情報化社会へ向かう歩みの一部は、実は小さな共同体へと戻る歩みでもあり、それは、小さな共同体の特徴である、狭苦しい雰囲気に戻ることだと認めざるをえないだろう。

硝子のインフォスフィアに生きることは、どれほど難しいのだろうか？ 人間というエージェントは、さまざまなレベルの情報摩擦が存在する環境を良く知ることでうまく順応していく傾向がある。他の種類のバランスをとる場合と同じように、どのような環境や状況下にいるいかなるエージェントにも共通する、それ以下になると生活が急速に不快になり、最終的には我慢ができなくなる情報摩擦の最低限の閾値を明確にすることは難しい。もっとも、おそらくジョージ・オーウェル（1903-1950）は、小説『一九八四年』でそれをうまく描き出している。[11] しかし、たとえば、より高い柵を築いたり、望ましいサービスを拒絶したり、時間をかけて顧客プロファイルを修正するなど、エージェントが資源を動員し、危険を冒し、エネルギーを注ごうとあえてするときには、そのエージェントに固有の情報摩擦の閾値に達したということは明らかである。情報摩擦に対する感受性は、エージェントによって異なっている。我々一人ひとりは、さまざまな要素（性格、文化、育ち、過去の経験など）によって、ユニークな個人となっていることを忘れてはならない。ある人にとっては、庭にあるゴミを隣人に見られることは我慢できないプライバシーの侵害であり、プライバシーを回復するためにはあらゆる出費や労力も価値がある。また別の人は、複数の他の家族の人と同じ部屋で生活しても、まったく問題とは感じないかもしれない。人間というエージェントは、非常に低いレベルの情報摩擦にも適応することができるのである。モンテーニュに関するエッセイで、ヴァージニア・ウルフは公の文脈での公人を特徴づける、情報摩擦の欠如について論じている[訳注9]。それは、英国においては、タブロイド紙『ニュース・オブ・ザ・ワールド』を廃刊に追いやった2011年の電話盗聴疑惑で、その含意を再確認することとなった。政治家や俳優は、プライバシーが乏しく、情報摩擦が存在しないとされる環境に慣れている。同様に、「ビッグ・ブラザー」式の（「トゥルーマン・ショー」[訳注10]式のほうが適切な呼称かもしれないが）テレビ番組に参加する人々は、明らかに娯楽の名の下で、自分たちと一般大衆の間のあらゆる情報摩擦がシステム的に減じられた状況への優れた適応力を発揮する。より悲惨で現実的な状況としては、強制収容所の囚人が、意図的かつ不可避的に情報摩擦の減少を強要される例がある。

ウェブの歴史の初期、ネットスケープがブラウザとほとんど同義だった頃は、オンライン上にいることは、完全に匿名であることを意味すると人々は考えていた。そこでの行動は、実名の発生源を失い、追跡可能でないことがプライバシーのように感じられたのである。ネットワークに接続されたコンピュータは、ギュゲースの指輪[訳注11]のように、その所有者の思いのままに、姿を消す力を与える魔法の製品だった。プラトンは、著作『国家』の中で、捕まって処罰される心配なしに行動できるとしたら、普通の人はどう振る舞うかを論じるために、この魔法の指輪を使った。彼は楽観的ではなかった。

［訳注9］『女性と文学』大沢実訳（1954）河出文庫所収。
［訳注10］1998年製作・公開のアメリカ映画。ある男性の人生がそのままテレビの人気連続ドラマとして、24時間生中継されていたという内容である。
［訳注11］姿を隠すことができるようになるという伝説上の指輪で、プラトンの『国家（ポリテイア）』中で取り上げられている。

さて、このような魔法の指輪が二つあるとしよう。正義を貫く人が一つを身に付け、不正を働く人がもう一つを身に付ける。しかし誰もが、鉄のような性格を持ち、正義を貫くようには思えない。市場から好きなものを安全に盗んだり、家に侵入して意のままにあらゆる人と床に入ったり、殺したい人を殺したり、釈放したい人を刑務所から釈放したり、あらゆる点において、人間の中にいる神のような存在になれるとしたら、自分の所有物でないものに手を出さない人はいないだろう。[12]

基本的には、我々は、プラトンの社会的実験を、数年間にわたってオンライン上で行ったのである。その結果は、プラトンの推測したことに近かった。インターネットユーザーは、社会的に見て、あまり責任感のない振る舞いをする傾向があったのである。しかし、状況は変化した。第3章で述べたピーター・シュタイナーの漫画は、2匹の犬が自分の匿名性について得意気に話すという内容だったが、チューリングならきっと高く評価しただろう。しかし今日では、それはもはや滑稽ですらなく、ただ時代遅れなだけである。[13]クッキーや監視用ソフトウェア、マルウェア（スパイウェアのような悪意のあるソフトウェア）の登場によって、我々の目の前の画面は、プライバシーを守る盾やハリー・ポッターの透明マントではなく、それを通して実質的に何でも見ることのできる、我々の日常へのオンライン上の窓であるということを、多くの人が自覚するようになっている。そこには、魔法の公式はない。「リスポーニング（respawning）」と呼ばれる物議をかもしている技術を使えば、ユーザーが明確にクッキーを削除した後でも、追跡クッキーを復元することができる。[14]我々は、ウェブサイトがユーザーの活動を監視、記録していると思っているが、それが何の目的で行われているかは気にしていないようである。それは我々がプライバシーに関心を持っていないということではなく、オンライン上にいるということが、日常においてあまり個人的なことではないと、受け入れているのである。画面は、モニターするためのものであるが、あなたをモニターするものでもある。CBSテレビの連続犯罪ドラマ『パーソン・オブ・インタレスト』[訳注12]の各エピソード冒頭で、世を避ける億万長者のコンピュータの天才、ハロルド・フィンチが思い起こさせてくれるように、我々は四六時中、「機械」によって「監視されている」のである。

1999年に、英国『エコノミスト』誌の記者が、今日でも解説する価値のある、ある実験を行った。[15]彼は私立探偵「サム」に、ある人物について、どのような情報を集められるかを示してみせてくれるよう依頼した。実は、その記者自身が、その実験の対象であった。対象国は、その記者が住む英国で、記者は、彼の姓名だけをサムに教えた。サムには、以下のことは用いないように告げた。

あらゆる、実際的な不正行為（張り込み、家庭のゴミを調べる、電話盗聴、コンピュータへの不法侵入等、その類のこと）。

[訳注12] *Person of Interest*（邦題：犯罪予知ユニット）：米国CBSで2011年から放送が開始されたテレビドラマで、2016年にシリーズ終了が正式決定した。アメリカ同時多発テロをきっかけとして開発された、アメリカ国内のすべての監視カメラや携帯電話、パソコン、銀行口座の情報などをすべて捕捉し、テロ計画を未然に把握する監視システムを使って、元CIA工作員と天才コンピュータ技術者が、凶悪犯罪を予防する内容である。

結論はどうだったろうか？　いくつかのデータベースとさまざまなＩＣＴを駆使することによって、

私のことを知る誰とも話をすることさえなく、サムは（中略）私に関して、非常に多くの情報を得た。彼は私の個人資産について、正しい見解を持っていた。すなわち、私の家の価値や給料、住宅ローンの未払い残高である。私の住所や電話番号、恋人の名前、元恋人の名前、母親の名前と住所、私の家に住んでいた他の３人の名前を知っていた。彼は私の雇用主を「探し出した」。私とともにある会社の取締役だった４人の名前と住所も知っていた。彼は私の隣人の名前をも知っていた。

衝撃的だろうか？　現代の匿名的な工業化社会においては確かにそうであるが、それ以前の前産業化時代の集落や、その後のハイパーヒストリーの情報化社会においては、そうではないのである。グアルチーノは、ローマの南方に位置する人口およそ１０００人ほどの小さな村である。イタリア人が「vita, morte e miracoli（生と死と奇跡）」と言うように、そこでは全村民が他の全村民に関することを何でも知っている。そこでは、情報摩擦は非常に低く、匿名性によって情報摩擦が低いこととのバランスがとれるわけではないため、ほとんどプライバシーは存在しない。

当然ながら、小さな地方の集落と、地球規模のデジタルな集落の間には、多くの相違点がある。歴史は繰り返すかもしれないが、決して単調すぎる繰り返しではない。小さな共同体では、（シェアハウスのように）共同体内の透明性が高いが、逆に共同体間では低くなる（つまりそれら小さな共同体は、「ビッグ・ブラザー」に登場する家とは違って、外部者に見えるわけではない）。それゆえに、それらの小さな共同体の中では、プライバシーの侵害は相互に発生するが、共同体の境界を越えて発生することはほとんどない。これは、今日の情報化社会とは大きく異なる点である。我々が生活し働く共同体の内部では、透明性がほとんどないことがありえる（たとえば、我々は隣人のことをほとんど知らず、同僚は自分のプライバシーを厳しく守っている）。しかし、データの解析者やハッカー、各機関は、我々について良く知っている可能性がある。そこに情報の対称性はない。外部からのプライバシー侵害は、ごくありふれた現象である。その上、外部にいる彼らが、我々のことを知っているかどうかさえ、我々にはわからないのである。過去と現在を比較する価値の一部は、考慮される共同体の大きさにある。情報化社会に特有の性質は、まさしくその境界の欠如、その地球規模にある。我々は単一のインフォスフィアに生きており、そこには「外部」は存在しない。そこでは、共同体内の関係性と共同体間の関係性を区別するのが、より難しくなる。プライバシーの侵害のタイプも、大きく異なっている。小さな共同体においては、プライバシーを侵害すれば面目をつぶし、信用を落とす。興味深いことに、哲学者で教父（神学者）のヒッポのアウグスティヌス[訳注13]（354-430）はよくプライバシーを、結婚した夫婦の性交渉と関連させて語り、常にプライバシーを秘密、ひいては恥や当惑を伴う秘密と結びつけた。すなわち、プライバシーの侵害は、あなたの本当のアイデンティティや性格を露わにするものなのである。私的なものごとが、公知の情報になってしまうということである。情報社会においては、こうしたプライバシーの侵害は、情報を不正に収集することに関わり、必ずしも、情報の公開ではない。私的なものごとが、まったく公にはならないかもしれない。つまり、私的なも

［訳注13］イングランドの初代カンタベリー大司教も同名のアウグスティヌスなので、区別するために、「ヒッポのアウグスティヌス」と呼ばれる。

のごとは、単に特権的な他者によって収集され、利用されるだけかもしれないのである。小さな集落では自己制御が働くので、プライバシーの侵害に対して制限がなされる。他の全員と同じように、自分も監視の対象であるということを全員が知っており、そのため、他者の私事に立ち入りたいという願望に暗黙の制限がかかるのである。しかし、地球規模のデジタルな集落では、そのような社会的制約は存在しない。しかし、他の防御が可能となった。次の節で見るように、今日、情報化社会には、小さな集落では必然的に放棄しなければならないものを守る、デジタルな手段がある。

エンパワーメント

前述のように、ここでは二つの現象を分析することにする。ここまで、ICTによって引き起こされる情報摩擦の減少が、特に現代の匿名性のような他の要因によってどのように相殺されるかを検討してきた。本節の主題である第二の現象は、古いICTと新しいICTの間の違いに関係している。古いICTは、エージェントが自分のいる環境において、標準的と考える情報摩擦のレベルを常に下げるように働く。これはすでに、アルファベットの発明や印刷の普及の時代にも言えることである。ウォーレンとブランダイスが、1890年に、写真と日刊紙の台頭がこの傾向にさらに拍車を掛けたことに苦言を呈したことを見た。望遠鏡からテレビまで、遠隔ICTと、アルファベットからスマートフォンアプリまで、記録ICTが、インフォスフィアにおける情報摩擦を減らすことは避けられない。アルフレッド・ヒッチコック（1899 - 1980）監督による1954年の古典映画『裏窓』に、その優れた例がある。ジャーナリストのＬ・Ｂ・ジェフリーズ（ジェームズ・ステュアート）は、足の骨折のために車椅子生活を余儀なくされている間も、さまざまな技術のおかげで、近所の人々を密かに調査し、犯罪を解決することができた。その20年後、ウォーターゲート事件と１９７４年のニクソン大統領辞任は、やはりＩＣＴに多くを負っていた。

古い、プレ・デジタル時代のＩＣＴをコントロールする人々が情報摩擦を制御し、情報の流れを制御する。このような、ＩＣＴを人に力を与えるエンパワーメントとする解釈は、情報に全能なエージェントによるディストピア[訳注14]的な見方に良く現れている。その全能なエージェントは、いかなる情報摩擦にも打ち勝つことができ、情報の流れのすべての側面を制御し、いかなる個人のデータも取得することができ、したがって究極の監視システムを確立することができる。そのようにして、あらゆるプライバシーが破壊される。「我々の持ち物の中で最もかけがえがないもの（すなわちプライバシー）」の喪失は、プレ・デジタル時代の問題なのである。１９４９年に初版が刊行された、オーウェルの『一九八四年』を思い出してもらいたいが、そこには、コンピュータやデジタル機械に関する記述はない。

さて、こうした全体を前提とすると、技術的な変化に対する「連続論者（continuist）」的な解釈では、新しいデジタルによるＩＣＴは、よく知られた古いＩＣＴによる強化や拡張の今ひとつの例として扱われるべきであるというのは理解できるだろう。しかし、その推論に従えば、もし古いＩＣＴと新しいＩＣＴの間に本質的な違いがないのであれば、新しいＩＣＴは、プライバシーの問題をさらに増すと論じること

[訳注14] ユートピア（理想郷）の正反対の社会。

になるだろう。それは単に、新しいICTは、インフォスフィアの中のエージェントに力を与えるという点で、過去の技術よりも桁違いに強力だからである。ジョージ・オーウェルの小説『一九八四年』の登場人物である「ビッグ・ブラザー」は、今日なら、究極のデータベースと言えよう。

こうした考え方の問題点は、古いICTと違って新しいICTは、情報摩擦を増やしもするが、減らしもするというように、ユーザーを両方向でエンパワーすることを考慮していないという点である。

エンパワーメントには、主な二つの特性がある。両方の特性とも、我々の現在の目的に関係する。エンパワーメントは、「機会の均等」という意味がある。これは、意思決定の過程への参加というかたちでのエンパワーメントであり、排斥や排除、差別とは相反するものである。それは、ジェンダーやマイノリティのエンパワーメントといった場合に、我々の念頭にあるものである。まっとうな民主主義体制においては、この種のエンパワーメントはすぐに不必要になるか、不要であるべきである。そこで、「より多くの機会」という意味もある。これは、取りうる選択肢の量と質の改善というかたちでのエンパワーメントであり、たとえば我々が、顧客の体験や顧客とのコミュニケーションについて議論する場合に問題となる。理想的な民主主義体制においてさえ、この第二の意味でのエンパワーメントの進展には限りがない。それは、人々に与えられうる機会の性質や数は無制限であり、とりわけ後者のエンパワーメントは、人間開発[訳注15]の問題だからである。現在では、どちらのエンパワーメントも、入手、利用可能な情報と深く関係するようになってきている。双方とも、機会の均等と、より質の高い水準の生活を保証するために必要とされる。そしてたとえば、患者の問いに対するエンパワーメントや、これから論じるように、ICTによる情報有機体のエンパワーメントでは、こうした二つのかたちが一つのものとして結びつくこともある。

インフォスフィアの中で、我々は情報有機体として、新しいICTによってますますエンパワーされ（つまり、より参加し、より改善される）、個人のデータの収集や処理だけでなく、その制御や保護も行うようになる。デジタルが、デジタルを容易に扱うことができるということを、思い出してほしい。こうしたエンパワーの現象は、諸刃の剣である。個人の情報が、記録、処理、利用される流れが、大きく拡大しただけではなく、インフォスフィア中のエージェントが、自分の個人データに対して行使できる操作の種類やレベルの、大きな増加ももたらされた。たとえば、オンライン上の個人やブランド情報を監視、改善する、レピュテーション・マネージメント（評判管理）の企業が急増している。2013年には、そうしたレピュテーション・マネージメント企業のひとつであるレピュテーション・コム社[訳注16]は、世界百ヵ国以上に、百万人以上の顧客を抱えている。そして、人々が保護したいと思う個人情報は一定の量でしかないかもしれないが、個人情報のライフサイクルを操作するデジタルな手段や対策が増加していく可能性に、予測可能な限界があるようには思えない。プライバシーを、自分の情報のライフサイクル（特に情報の生成、参照、記録、利用）を管理し、自分の情報がいつ、どのような方法で、どの程度まで他人によって処理さ

[訳注15] 1990年に元パキスタン大蔵大臣で経済学者のマブーブル・ハックが提唱した概念で、人々が各自の可能性を開花させ、それぞれの必要と関心に応じて生産的かつ創造的な人生を開拓できるような環境を創出することを意味する。国連開発計画（UNDP）が各国の社会の豊かさ等をはかる包括的な経済社会指標として設定しており、長寿、知識、人間らしい生活水準の3分野で評価される。人々の可能性に応じた、人生の選択肢と機会の拡大を開発として重視するという意味で、ここでの指摘につながるのである。

[訳注16] Reputation.com. 2006年に創業した、オンライン・プライバシーとレピュテーション管理の代表的企業で、シリコンバレーに本社を置き、ドイツに事務所を構え、百ヵ国以上で営業している。

れるかを決定することができる、個人（単独の人や集団、組織）の権利であるとするならば、デジタルＩＣＴは、そうした権利を行使する可能性を妨げるだけでなく、高める可能性もあるということに同意せざるをえないだろう。

データ生成の時点では、デジタルＩＣＴは個人データの保護を強化することができる。これは、特に暗号化、匿名化、パスワードの符号化、ファイアウォール、特別に工夫されたプロトコルやサービス、さらに外部から収集されたデータの場合には、警告システムなどによって実現可能である。またデータの保存の時点では、すでに１９９５年にＥＵで可決された、ＥＵデータ保護指令〔訳注17〕のような、法的措置を講ずることができる。ＥＵデータ保護指令は、さまざまなエージェントが、個人データの記録を発見したり、それにアクセスしたり、その正確性の確認や訂正、更新を行ったり、削除を要求することなどを妨げるために、秘密裏に情報摩擦が再導入されることがないことを保証するものである。そしてデータ管理の時点においては、特にデータマイニング、データ共有、データ照合、データ結合などによって、デジタルＩＣＴは、関連する利用者の特定と、その規制を容易にすることで、エージェントが自らのデータの利用を制御、規制することを支援できる。これらの三つの段階のそれぞれで、プライバシー保護の問題の解決策は、自己規制、法的なものであるのみならず、技術的なものでもある。それはとりわけ、やはりデジタルＩＣＴによって、プライバシーの侵害をさらに容易に特定し、是正しうるからである。

これらすべては、ＰＥＴ（Privacy Enhancing Technology：プライバシー保護技術）が、有害なＰＩＴ（Privacy Intruding Technologies：プライバシー侵害技術）から、我々の生活や情報を完全に保護するであろうという牧歌的な筋書きに、必然的に近づいているということではない。そのような楽観主義は、正しくない。その解決は、我々の側の何らかの努力なしに、自然に生まれはしないだろう。しかしそれは、デジタルＩＣＴが、プライバシーへのリスクと課題を相殺する、何らかの手段をすでに提供しているということを意味しており、したがってどのような宿命的な悲観主義もまた、正しくない。デジタルＩＣＴは、必ずしもプライバシーを損なうわけではなく、プライバシーを強化、保護することもできる。デジタルＩＣＴは、プライバシーの代わりとしての匿名性を損ねてきたかもしれないが、我々の技術と社会環境の適切なデザインを通して、プライバシーを導入してもきた。

二つの取り組みに関する解説は、ここまでである。前述のように、今や、第一の問題に対する回答を修正することができる。新しいＩＣＴは、プライバシーを我々の社会における、最も明白で切迫した問題のひとつにした。それは、新しいＩＣＴが、古いＩＣＴのように、情報摩擦を低下させ続けてきたというだけではなく、それに対抗する匿名性に基づくプライバシーの力を弱体化させ、情報摩擦を減少させ増加させるという両方のかたちで、エージェントをエンパワーしてきたからである。

さて、第二の問いを取り上げる時である。第四の革命の後のプライバシーとは何であろうか？

［訳注17］ EU Data Protection Directive. 欧州委員会によって１９９５年10月24日に採択されたプライバシー保護を目的とした条例。正式名称は「Directive 95/46/EC of the European Parliament and of the Council of 24 October 1995 on the protection of individuals with regard to the processing of personal data and on the free movement of such data」。一般には、「忘れられる権利」を定めたものとして知られている。

なぜプライバシーが問題なのか

我々のプライバシーの価値については、二つの理論が特に有名である。還元主義的（reductionist）な解釈と、所有権に基づく（ownership-based）解釈である。

還元主義的解釈は、プライバシーの価値は、その侵害によってもたらされるだろうさまざまな望ましくない結果にあると論じる。望ましくない結果には、苦痛のように個人的なものや、あるいは不平等のような社会的なものがある。プライバシーは、たとえば、人間の尊厳を保ったり、政治的なチェックアンドバランスを保証したりすることによって、人々のより良い交流のために欠かせない基本的な条件を与えるという意味において、功利的なものである。

所有権に基づく解釈では、各個人の身体の安全や、財産の所有の権利のために、情報プライバシーが尊重される必要があると論じる。ここで言う「Xの所有権」とは、古典的な、Xを独占的に使用する権利のことである。人は、自分の情報（自分自身についての情報）を持っていると言われる。ヴァージニア・ウルフの「我々の持ち物の中で最もかけがえのないもの」という表現を思い出してほしい。そしてそれゆえに、人は、生成から利用を通して抹消するまでの、そのライフサイクル全体を制御する権利を与えられる。

この二つの解釈は、相容れないわけではないが、それぞれプライバシーの価値の異なる側面を強調している。還元主義的な解釈は、プライバシーの保護や侵害に対する、費用対効果分析の観点からの、結果主義的な評価をより重視している。所有権に基づく解釈は、私的所有物や知的所有物の観点から、プライバシー自体の価値を「自然権（natural rights）」として理解することにより重点がある。驚くことではないが、いずれの解釈も「ヒストリカルな考え方」に属するため、プライバシーの侵害を、個人情報が存在するスペースや領域への、不法侵入や許可の無い侵害と比較しており、個人情報のアクセス可能性や利用は、その所有者によって完全に管理されるべきであり、そうしてプライバシーが守られるべきであるとする。

どちらも解釈も、完全に満足のいくものではない。還元主義的な解釈では、取得された情報が悪用される可能性から、プライバシーを尊重する必要性を主張する。そのため、特に結果主義的な観点から見るならば、確かに合理的である。しかし、社会的な便益や社会福祉を追求し、推進することとは、相反する可能性がある。公的な個人情報の中には、特にプロファイリングや無制限な電子監視から、守られる必要のある情報も存在する可能性があることは明らかではあるが、純粋に還元主義的な観点から、より高い公共の福祉を伴うプライバシーの存在しない社会が、良い社会ではないのかどうかは明確ではない。実際に、家庭におけるプライバシーの保護が、家庭における暴力や育児放棄、虐待など、プライバシーの負の側面を隠す口実として使われる可能性があることが、説得力を持って論じられている。[16] まさに、還元主義だけに基づいて考えて、民主主義社会においてさえ、治安や国家安全保障などの他の懸案事項や優先事項が喫緊の課題となる場合には、プライバシーの権利が無効とされることを認めてしまう傾向がある。このすべてが、以下に示す世界人権宣言第12条で、「ほしいままに（arbitrary）」という条項の解釈に、何らかの重大な圧力をかけることになる。

第12条　何人も、自己の私事、家族、家庭若しくは通信に対して、ほしいままに（強調を付加した）干渉され、又は名誉及び信用に対して攻撃を受けることはない。人はすべて、このような干渉又は攻撃に対して法の保護を受ける権利を有する。

所有権に基づく解釈も、少なくとも三つの理由によって、完全に申し分ないというにはほど遠い。

第一に、情報の汚染は、受動的な情報プライバシーを侵害するおそれがある。これは、単なるノイズなどを含めて、外部の情報源によって誰かに渡された情報、ないしデータを、不本意に取得してしまうことである。洗脳まではそうそう起きないが、迷惑メールや、近くで人が大声で電話する例などは、消極的なプライバシー侵害の残念ながら一般的な例であるが、情報の所有権が侵害されているとは言えないだろう。

第二に、公共におけるプライバシーの問題がある。プライバシーは、しばしば公的に行使される。つまり、社会的、物理的、そして情報的に共有されたスペースにおいて行使される。人々が街中で何をしているか、誰でも見ることができる。もし誰かが、あらゆる意味で公的なスペースにアクセスしているならば、たとえばCCTVシステムは、その人のプライバシーを侵害しているのだろうか？　所有権に基づく解釈では、それに満足のいく回答を与えることができない。

そして最後に、情報の所有という概念は、隠喩的で曖昧な使われ方がされるために、情報を損失なしに取得したり利用することについて、まったく説明できない。第2章で、情報はピザやCDのようなものではないということを述べた。つまり人々が所有するその他のものとは異なり、個人情報は他人に取得されても失われるわけではない。「情報スペース」における「所有」に基づいたプライバシーに関する分析は、二重の意味で隠喩的なのである。より良い別の解釈が必要であり、以下に、その対案を示すことにする。

プライバシーの自己構成的な価値

プライバシーに対する還元主義的な解釈も所有権に基づく解釈も、デジタルＩＣＴによってもたらされた重大な変化を認識できていない。いずれの解釈も、有形財と、その製造／販売の関係という産業文化に属している。いずれの解釈も「ハイパーヒストリー」ではなく「ヒストリー」の概念の枠組みに依存しているので、情報文化におけるサービスやその有用性など、新たな課題に対処しようとすると、過度に拡張して解釈されることになるのである。すでにウォーレンとブランダイスは、秀でた洞察力でこの限界に気づいていた。

〔ある情報の〕生産の価値が、その公刊から生じる利益を得る権利ではなく、他のいかなる公刊をも妨げる能力からもたらされる心の平安や安堵にある場合、所有物という用語の一般的な意味において、その権利を所有物のひとつと考えるのは難しい[17]（強調を付加した）。

1世紀以上の後、同じように情報革命は我々の自己理解における第四の革命として最もよく理解されるのであり、プライバシーは根本的に再解釈される必要がある。我々自身の情報的な性質や、情報有機体としての相互作用の性質を考慮に入れて、再解釈されなければならない。

そうした再解釈は、個人を自分の情報から構成されたものであると考え、それゆえに情報プライバシーの侵害は、パーソナル・アイデンティティに対する攻撃であると理解することによってなされる。プライバシーが自己構成的な価値を持つという解釈は、ICTが情報のプライバシーを侵害も強化もできるという事実と首尾一貫しており、それゆえにプライバシーの強化技術だけでなく、ユーザーが情報エージェントとして、自らのアイデンティティをデザインし、形成し、維持することができるようにする建設的なアプリケーションを支援するように、積極的な取り組みがなされる必要がある。プライバシーの価値は、守られるべきものであり、強化されるべきものでもある。

マクロなマルチエージェントシステム（社会）と、それを構成するミクロなマルチエージェントシステム（個人）の間のアイデンティティの区別を明確に保つために、情報の流れに何らかの摩擦が必要である。どのような社会であっても（それがユートピアだったとしても）、情報プライバシーが存在しなければ、そこに自己構成の過程は生じないし、パーソナル・アイデンティティは発達も維持もされず、社会の幸福は関わっている個人の幸福の総量なのであり、福祉は実現されない。前述の、家の中で生活する学生たちの例を思い出してほしい。一部の還元主義者が提唱するインフォスフィアの完全な「透明性」は、あらゆるパーソナル・アイデンティティや個性を抹消することによってのみ社会の保護を実現するものであり、確かに「最終的な解決策」ではあるが、そのように保護された社会を構成する人々が、喜んで受け入れることは到底ありえないだろう。以下のような、正しい意見もある。

プライバシーがない状況は、エキセントリックな個性の表現を抑えるだけでなく、そうした個性を表現しようとする、我々の熱意の力をも、次第に削いでいくおそれがある。[18]

還元主義的な解釈よりも自己構成的な解釈が優れている点は、結果主義的な観点がプライバシーへの尊重より優先される可能性があるのに対して、自己構成的な解釈では、プライバシーの保護をパーソナル・アイデンティティの保護と同等に扱うことによって、プライバシーを基本的な権利と考えていることである。その前提に、常にプライバシーの尊重がある。これから見ていくように、これはプライバシーが、譲歩の余地のないものという意味ではない。

人間の性質を、その人の情報で構成されたものとして捉えることによって、プライバシーの権利を、情報的な実在としての自分のアイデンティティが、積極的にも消極的にも、正体不明の変化や望まない変化、不慮の変化から影響を受けない権利として理解することができる。積極的というのは、情報の収集、保存、複製、操作などを行うことを指す。今やアリスの情報は、彼女のアイデンティティの窃盗や複製を行う段階ということになる。また消極的というのは、アリスに不要なデータを取得することを強要することである。こうして、同意なしに、情報的実在としての彼女の性質に変更を加えることで、彼女のプライバシーを侵害する。洗脳は、読心と同じくプライバシーの侵害である。こうして、所有権に基づくプライバシーの解釈が直面する第一の問題が回避される。自己構成的なプライバシーの解釈では、あなたのインフォスフィアとパーソナル・アイデンティティは相互参照し、同じコインの裏表のようなものであると示唆する。両者に差異がないのは、「あなたはあなたの情報である」からであり、それゆえに情報になされることはすべて、あなたの所有物ではなく、あなた自身になされることなのである。したがって、プライバシーの権利は、これまで見てきたように、積極的な意味と消極的な意味の両方において、パーソナル・アイデンティティを守るのである。そのため、プライバシーは極めて重要であり、尊重されるべきなのである。

所有権に基づくプライバシーの解釈に関わる第二の問題も解決される。というのも情報プライバシーの侵害は、不法侵入ではなく、誘拐に喩えられるからである。このように視点を変えることの利点は、公的文脈におけるプライバシーと私的文脈におけるプライバシーを分ける、誤った二分法を捨て去ることができることである。情報の中には、文脈と無関係にアリスを構成するものがあり、したがって、完全な公的な場にあっても、アリスが自分の完全性と唯一性を保持したいと願うのは、完全に正当なことである。不法侵入は公共スペースにおいては意味をなさないが、誘拐はどこでなされるかにかかわらず、犯罪である。

第三の問題については、エージェントは、自分の情報を「保有する」と、まだ論じる人もいるかもしれないが、ここまで見てきた比喩としての意味ではなく、厳密な意味で、エージェントはまさに自分の情報に等しい。「あなたの情報」における「あなたの」という言葉は、「あなたの車」と言うときの「あなたの」と同じではなく、むしろ「あなたの身体」や「あなたの感情」、「あなたの記憶」、「あなたの考え」、「あなたの選択」などの「あなたの」と同じである。それは、自分の外部の「所有」ではなく、構成的な帰属の感覚を表しており、あなたの身体や感情や情報は、あなたの（法的な）所有物ではなく、あなたの一部なのである。ここで再び、ウォーレンとブランダイスを引用するのがよいだろう。今回は、若干長めである。

> 思考や思い、感情などに与えられた保護は、（中略）干渉されないという、個人のより一般的な権利の行使の一例でしかない。それは、攻撃されたり殴られたりしない権利、投獄されない権利、不当に迫害されない権利、名誉を毀損されない権利（さらに、私はここに、誘拐されない権利を加える）などと同様である。これらの権利のそれぞれに、（中略）自分のものとか所有という性質が内在しており、（中略）これらの権利を所有権と呼ぶことには、ある程度の妥当性があるだろう。しかし明らかにこれらの権利は、所有権という用語で一般に理解されるものとの類似点をほとんど持っていない。その原理は、（中略）実際には個人の財産の原理ではなく、侵すことのできない人格の原理なのである[19]（強調を付加した）。（中略）人が、外部から危害を受けないという、より一般的な権利の一部として、プライバシーの権利は、人格権なのである[20]（強調を付加した）。

こうした、プライバシーが自己構成的なものだという考え方とその価値は、より先進的なハイパーヒストリーな社会において正しく理解され始めた。そこでは、アイデンティティの窃盗は、急速に増えている犯罪のひとつである。そのような社会において、プライバシーは、アイデンティティ窃盗の裏返しである。皮肉にも、自分のアイデンティティを盗まれた人（毎年1000万人程度のアメリカ人が被害者となっている）それぞれに対して、自分のアイデンティティが「強化」された別の人（つまり窃盗犯）がいる。グーグル、フェイスブックのような企業や、それらのプライバシーのポリシーに影響を与える問題には、似たような図式がある。電子フロンティア財団[訳注18]のスタッフ弁護士ケヴィン・バンクストンは、このように述べたことがある。[21]

> 検索履歴には、あなたの交友関係や信条、そしておそらく疾患までもが示されている。あなたがググった事柄が、あなたを定義するのである（強調を付加した）。（中略）実質的に、検索履歴のデータは、あなたの頭の中で起きていることのプリントアウトである。つまり、あなたが何を買おうと考えているか、誰に話しかけるか、そして何について話すかである。

あなたが出す回答よりも、あなたが尋ねる質問や探しているものによって、あなたという人間はより適切に明らかにされる。それらは、あなたの答えよりも嘘をつかないからである。

予期されるように、自己構成的なプライバシーの解釈は、未だに「産業的」、「現代的」、あるいは「ニュートン的」なプライバシーの概念の背後にある仮定の、いくつかを作り替える。以下の考察は、そのような移行をよく示している。

個人情報が、個人のアイデンティティと個人性を構成する要素であるということが最終的に認められるならば、人間の臓器（自分の臓器を含む）や奴隷を売買することが違法であるのとまさに同じように、ある種の個人情報を売買することは、いつか完全に違法になるだろう。ポルノや暴力の問題も、プライバシーの自己構成的な解釈の観点から、再検討することができる。あなたが晒されてしまうものは、それが何であれ、最終的にあなたという人間を構成することになるという危険をはらんでいる。それを、身体に吸収され、あなたの一部となる食べ物のようなものであると考えてみよう。不注意に、防衛策を持たずに子供の頃にポルノや暴力に晒されたなら、致命的な影響を受けたり、永久に傷つけられたりする可能性がある。見たくなかったもの、知りたくなかったもの、聞きたくなかったものが、あなたにはどれだけあるだろうか？　我々が、子供のプライバシーを保護しなければならないのは、まさにＩＣＴが自己を形成する技術だからである。しかし同時に、「自己の壊死した断片」とも言うべき、実際には我々自身を構成していない情報や、すでに無関係になってしまっている情報など、ある種の「機能しなくなった個人情報」に対しては、肩の力を抜いてもいいだろう。法的に、アリスは臓器を売ることはできないが、髪を売ったり、献血に対して見返りを得たりすることはできる。『エコノミスト』誌の記者の実験を思い出してほしい。サムが発見した情報には、問題となっている人を構成していると思われる情報はほとんど含まれていない。我々は、死んだ細胞の痕跡を大量に残すのと同じように、常にデータの証跡を残していくのである。今日のデジタルＩＣＴによって、我々のデータの痕跡を記録、監視、処理し、社会的、政治的、そして商業的な目的に利用できるようになったことは、我々の、個人としての情報的な性質を強く思い起こさせる。再利用されるものが増加し、廃棄されるものが減少するという点で、それは新たな段階の、環境保護主義とも捉えることができるだろう。現段階においては、これは単なる推測であり、将来は、おそらくこの倫理的な感覚を微調整しなければならなくなるであろうが、すでにジュネーヴ条約の第三条約[訳注19]（19

［訳注18］Electronic Frontier Foundation (EFF). コンピュータ利用に関する、社会的、法的な課題に対応するために設立された非営利組織で、カリフォルニア州サンフランシスコに本部が存在する。特に、デジタル社会における自由な言論に関する権利の保護や啓蒙を行っている。

49年締結）が、「機能しなくなった個人情報」の明確なテストを与えている。戦争捕虜は、自分の氏名、階級、生年月日、シリアル番号についてのみ答える必要があるが、他のいかなる情報を取得する目的でも、いかなるかたちの強要も課してはならない。我々が、皆公平に「情報社会の捕虜」として扱われたなら、プライバシーは適切に保護されるが、敵対的なエージェントを含むどんなエージェントも、共有することがまったく問題のない個人データが、なお存在するだろう。それは有るか無いかの二元的な問題ではなく、微妙なバランスと程度の、アナログ的な問題なのである。

プライバシーを自己構成的な観点から見ることでさらに明らかになる問題は、機密保持の問題である。個人情報を誰かと共有することは、特に何かを一緒にすることによって暗黙のうちに共有するのであれ、それを明確に共有するのであれ、関わるエージェントを親密に結びつける深い信頼関係に基づいている。この結びつきは、エージェント同士が、部分的に同じ情報を持った自己として構成されることによって実現される。視覚的に言えば、関係するエージェントの情報的なアイデンティティが、少なくとも部分的に重なりあう状態である。エージェント同士が結びつくことによって、単一の結合体であるスーパーエージェント、あるいは新たなマルチエージェントな個人が形成される。新しいスーパーエージェントの一部となることは、微妙で危険を伴う行為であり、共通の体験など、個人情報やその情報源を共有することによって自分自身を他の個人と「融合させる」前に、注意を要する。これが、J・D・サリンジャー（1919-2010）の有名な小説、『ライ麦畑でつかまえて』の結びの文章に対する、私の解釈である。

誰にも何も言ってはいけない。もし言ってしまったら、あなたは皆を失い始める。[22]

機密を守ることは、適切に築くのが難しく時間のかかる親密な結束によるが、それが最終的に適切に機能するようになると、さまざまな外部からの力に対して、レジリエントな（回復力のある）結束となる。スーパーエージェントは、それを構成するエージェント自体よりも、強力だからである。親類、友人、同級生、同輩、同僚、仲間、同士、パートナー、チームメイト、配偶者などは皆、このような結束の性質、つまりより強い「我々」という感覚を体験しているだろう。しかしこのつながりは、内部の裏切りに対しては脆く、回復が難しい。故意であれ不注意による場合であれ、機密の保持に違反して何らかの個人情報を公開することは、結合したエージェント同士を引き裂いて、そこから生まれた新しいスーパーエージェントのプライバシーを完全に破壊しうるからである。「我々」は、「他者」に対しては強固な鎧をまとっているが、「我々の中の一人」による内部的裏切りに対しては、極めて脆いのである。

最後の問題はすでに言及したので、簡潔に触れることにする。自己構成的な解釈は、プライバシーは自分自身のアイデンティティ構築の問題でもあることを強調する。干渉されない権利とは、自分のアイデンティティを永久にミイラにしてしまう記録を残したり、自分が誰であり誰でありえるかを形成する力を奪われることなく、自分の人生で実験し、新しい試みを最初から始めることを許される権利でもある。人は日々、異なる姿の、より良い「私」を作りたいと思っているだろう。我々は、我々自身になることを決してやめることはない。それゆえに、プライバシーを保護することは、自分自身を構築し、大きく変化する

[訳注19] ジュネーヴ条約（Geneva Conventions）は、傷病者や捕虜の人道面に関する国際条約で、四つの条約からなる。第三条約は、捕虜の待遇に関して定めている。

自由を認めることをも意味する。プライバシーの権利とは、アイデンティティを更新することができる権利でもある。

生体認証

1560年9月12日、若き日のモンテーニュは、アルノー・デュ・ティルの公開裁判[訳注20]を傍聴していた。アルノー・デュ・ティルは、人格の成りすましの咎で、死刑を宣告された詐欺師である。彼が、長年の不在の後で帰郷したマルタン・ゲールという人間だと、妻のベルトランドを含む多くの知人や家族は、長い間思い込んでいた。本物のマルタン・ゲールが姿を現したときに初めて、アルノーの真の正体が突き止められた。

マルタン・ゲールが、自分の個人情報を常に守ることができていれば、アルノー・デュ・ティルは、彼のアイデンティティを盗用することはできなかっただろう。明らかに、プライバシーが保護されるほど、その人のアイデンティティが守られる。この新しい定性的な式は、プライバシーの自己構成的な解釈の、直接的な帰結でもある。パーソナル・アイデンティティは、情報プライバシーにも依存しているのである。我々が生きる現代社会が直面する困難は、この新たな式を、ここまで述べてきた他の式と、どのように組み合わせるかということである。他の式では、情報プライバシーとは、インフォスフィアにおける情報摩擦の作用である。理想的には、人は次のすべてのことから恩恵を得たいと思うだろう。

1　最も高いレベルの、情報の流れ
2　そこからもたらされる、最も低いレベルの情報摩擦
3　その一方で、最も高いレベルの、情報プライバシーの保護を享受すること
4　そこからもたらされる、最も高いレベルの、パーソナル・アイデンティティの保護

問題は、（1）と（4）が、相容れないように思われることである。デジタルICTによって、情報の流れを促進、増大させれば、パーソナル・アイデンティティの保護は大きな圧力に晒されることとなるだろう。あなたのアイデンティティには、必ずアイデンティキット（identikit：モンタージュ写真）が伴うのである。

ある重要な違いに気づくと、この問題はあまり大きな問題ではないと見えてくる。（1）で流れている情報は、自分自身に関する恣意的なデータ（名前、姓、国民保険番号など）を含む、あらゆるデータで構成されているが、実は自己構成に危害を加えることなく共有が可能である。ジュネーヴ条約が規定する、戦争捕虜から取得しても構わない情報について思い出してほしい。しかし、（4）を守るために求められる情報は、自らを構成するデータを指している。それは、個人的心情や自身が感情的に深く関わるものな

[訳注20] 16世紀に起こった、通称「マルタン・ゲール事件」と呼ばれる事件で、多くの文学、戯曲などの題材ともなっている。妻子を残して失踪した農夫の男性（マルタン・ゲール）が、数年後に妻子の元に突如帰郷した。しかし、本物のマルタン・ゲールが現れたことで、マルタンになりすましていた男性（アルノー・デュ・ティル）は、姦通罪と詐欺罪で有罪を宣告され、その後絞首刑に処せられた。

ど、あなたをあなたたらしめるものである。これらのデータは、それを体現する人を保護するために、守られる必要がある。この節で示すように、プライバシーや生体認証について議論する場合、この区別はより明確で切迫したものとなる。

パーソナル・アイデンティティは、我々の問題の中で、最も連関が弱く、最も繊細な要素である。今日でも、パーソナル・アイデンティティは、普通は単なるラベルのように、その保有者や利用者と無作為に、または慣例的に結びつけられた、何らかの恣意的なデータを用いて、保護、認証されている。たとえば、名前、住所、社会保障番号、銀行口座、クレジットカード番号、運転免許証番号、暗証番号などである。これらの情報の断片のいずれも、あなたという人間を構成しているわけではない。ここに示したラベルのいずれも、その保有者と密接な関連があるわけではない。それは単に、あなたのアイデンティティと関連づけられているだけであり、あなたの自己に影響を及ぼすことなく、容易に切り離すことができる。この後論じることは、この「着脱可能性（detachability）」の結果である。インフォスフィアにおける情報摩擦が減少すると、この切り離されたラベルは、急激にあちこちに流れていくので、簡単にラベルを盗み、非合法的な目的に利用することができるようになる。インフォスフィアより小さな村の中の、マルタン・ゲールという人物がよく知られているコミュニティで、アルノー・デュ・ティルは、彼の名前とそのプロフィールを盗んで、マルタン・ゲールにうまく成りすましし、マルタンの妻さえも（どうやら）長年欺いた。あらゆる個人的なコミュニケーションを排除し、代理による文化を促進すれば、アイデンティティ窃盗は、この世で最も簡単なことになるのである。

この問題を解決するための手っ取り早いが好ましくない方法は、情報の流れの速度を落として、インフォスフィアを妨げることである。いわば、交通を抑える装置をいくつか作るのである。これは、一部のIT担当者や中堅の官僚などに好まれる類の施策だろう。彼らは安全上の理由から、さまざまな行為のあれこれを認めないことに懸命になっている。しかし、あらゆる反革命的、あるいは反ヒストリー的な（正確には、反ハイパーヒストリー的な）手段と同様に、「抵抗は無意味」である。インフォスフィアの進化に逆らうのは、現在の利用者を害するだけであり、長期的に見れば、効果的な解決策に失敗することになる。

それよりはるかに優れた方法は、確実に情報摩擦が減り続けるようにすることで、インフォスフィアで生活するすべての人々に恩恵をもたらす一方で、問題になっている人に恣意的にラベルづけするデータによってではなく、その人を構成する特性のデータによって、パーソナル・アイデンティティを保護することである。アルノー・デュ・ティルとマルタン・ゲールは見た目が似ていたが、これは16世紀の生体認証に関する限りの話でしかない。今日では、生体に関するデジタルICTが、ますますアイデンティティの認証のために使われるようになっている。生体認証機能を有するデジタルICTは、指紋、眼の網膜と虹彩、声色のパターン、顔のパターン、手の大きさ、DNAサンプリングなど、生理的な特性や、タイピングや歩行のパターンといった、行動特性を評価することによって、アイデンティティを認証する。また識別の時点で識別対象の人の身体が物理的に存在することが要求されるため、生体認証システムは、識別対象者がその人が名乗る本人であることを保証する信頼性のある方法となる。当然ながら、これはいつでも、完璧に機能するわけではない。結局のところ、モンテーニュは、類まれなマルタン・ゲール事件を使って、完全な確実性を持った認証に到達しようとする人間の試みに挑戦した。しかし生体認証システムは、どのような恣意的なラベルよりもはるかにうまく機能する。今一度、これもまた程度の問題であるという教訓である。

しかしだからといって、生体認証を問題のない特効薬として受け入れるべきであるということではない。このような生体認証技術の利用にもまた、多くのリスクや限界がある。生体認証スキャナをすり抜けるために、被害者の身体を切断したり、えぐり出したりするような、暴力的な筋書きが描かれてきた。しかし、情報化社会がデジタルな共同体へと変容していく中で、デジタルＩＣＴが、どんな小さな村にも存在していた信頼関係の特徴である、個人的な面識に対する信用を部分的に回復し、改善しているという点は重要である。自己を構成する情報のごく一部を提供することで、あなたのアイデンティティを保護して、情報プライバシーをより効果的なものとすることができ、一方で自分の習慣や態度、そしてさまざまな選択結果などから導き出された嗜好に合わせたコミュニケーションを有効活用することもできる。デジタルな共同体においては、あなたは、自分の趣向や傾向、習慣、好み、選択などが他のエージェントに知られている、認識された個人であり、他のエージェントはそれにしたがって、行動を適合させることができる。

ここでも、生体認証データのプライバシーを保護することについては、明るい見通しを描くべきではない。しかし、先ほど述べた「ジュネーヴ条約」のテストを適用すれば、指紋や眼の網膜を調べることで人の身元を確認することは、その人の最大の敵にさえ許されうるだろう。これらは、パーソナル・アイデンティティや私生活に対する特別な保護措置のために、捧げるに値する個人データのように思える。

いったんその長所と短所を考慮に入れれば、それほど容易には誤った使用ができない認証システムを信頼することは、理に適っている。たとえば、2013年に、ペイタッチという会社が、利用者の指紋に基づく決済システムを開発した。そこでは、あなたの指紋を、一つ以上のクレジットカードやデビットカードと結びつけてユーザーアカウントが作成される。決済はこれらのカードを使って実行されるが、指をペイタッチ端末のスキャナに置くことによって、カードや暗証番号やコードなしで認証される。インフォスフィアにおいて、あなたはあなた自身の情報そのものであり、小さな村にいるかのように、本人であるということを、生体認証によって認識されうる。マルタン・ゲール事件は、間違いはやはり起こりうるということに気づかせてくれる。しかし、次の結論でオデュッセウスがはっきりと示しているように、生体認証データを積極的にチェックするほど、間違いの可能性は飛躍的に減るのである。

むすび

ギリシア神話の話だが、オデュッセウスがイタキ島に帰還したとき、彼は4回も彼であることが確認された。彼が飼ってた老犬のアルゴスは、オデュッセウスが乞食に変装していたにもかかわらず、匂いで彼であると認識した。さらに、乳母のエウリュクレイアは、彼を入浴させる際に、狩猟の際に猪に負わされた足の傷痕で彼を認識した。それから彼は、オデュッセウスの弓を張ることができる唯一の男であることが明らかになる。これらはすべて、アルノー・デュ・ティルには通過できなかったであろう、生体認証検査である。しかしまた、オデュッセウスの妻であるペーネロペーも、ベルトランドとは違っていた。彼女は、どのような「固有の識別子」にも頼らずに、最終的に乳母のエウリュクレイアに、ベッドを結婚式の部屋に移動するよう頼むことによって、オデュッセウスであるかを確かめるのである。オデュッセウスはこれを聞き、それは不可能なことだと断言する。彼は自らそのベッドを生きているオリーブの木の周りに作ったので、今はその木が、ベッドの脚の一つになっているのである。これは、これまでオデュッセウスとペーネロペーのみが共有した、決定的な情報の一部である。オデュッセウスは無意識のうちにそれを頼りにすることによって、ペーネロペーの全面的な信頼を取り戻す。彼女は、彼が本物のオデュッセウスであることを、彼の人格や見た目によって認識するのではなく、本質的な意味において、彼らだけが共有し、唯一無二の夫婦として彼ら二人を構成する情報によって、認識するのである。夫婦であることの一部であるこのような私的な情報を共有することで、アイデンティティが回復され、超エージェント（supra-agent）が再結合される。ここでは、オリーブの木の根と、結婚した夫婦の間に、継続する流れがある。ホメロスにとって、彼らの絆は、同じ心の絆だった。またシェークスピアにとっては、それは真心の結婚であった。我々にとっては、それはいかなる情報摩擦も認めない、情報プライバシーなのである。

第6章 知性

世界に書き込む

変化し、衰退していく知性

2008年の夏、我々の知性のあり方に重大な疑いを投げかける、二編の論文が発表された。簡単に言えば、二つの論文の共通の見解は、ICTが進歩して知的になればなるほど、我々人間はさらにバカになっているということである。

雑誌『ワイアード(Wired)』の元編集長として知られるクリス・アンダーソンは、彼の論文「理論の終焉――データの洪水が、科学的手法を時代遅れにする」[1]の中で、データは自ら雄弁に語るようになり、賢い問いを投げかける人間は必要なくなるだろうと論じた。

十分なデータがあれば、数値自身が自ら語る。(中略)科学的手法は、検証可能な仮説により構築されている。こうしたモデルは、ほとんどが、科学者の頭の中に視覚化されたシステムである。仮説のモデルをテストし、実験によって、世界がどう働くかの理論モデルが確認されたり反証されたりする。これが、何百年にもわたる科学の方法である。科学者は、相関関係は因果関係ではなく、XとYの間の相関関係のみに基づいて結論を導き出してはいけない（XとYの相関関係は単なる偶然かもしれない）ということを認識するよう訓練されている。その二つを結びつける根本的なメカニズムをこそ理解しなければならない。一度モデルを構築すれば、確信をもってデータ群を結びつけることができる。モデルの無いデータは、ただのノイズである。しかし、大量のデータに直面した場合、仮説、モデル化、検証という科学のこの手法は、もはや時代遅れになりつつある。

この一節は、言葉遣いは多少違ったではあろうが、イギリスの哲学者フランシス・ベーコン（1561-1626）が書いていてもおかしくない。ベーコンは、膨大な事実を集積することを大いに支持していた。膨大な事実が十分に蓄積されれば、その事実が自ら物語るであろうと考え、仮説に対して懐疑的だったのである。彼は、プラトンにとっては明白であった次の基本的な点を過小評価していた。すなわち、知識は情報にとどまるものではなく、説明と理解が求められるという点で、単なる事実や相関関係ではないということである。第1章で見たように、拡大し続ける莫大なデータの海の中で勢いを増す価値ある底流は、計算処理的に裸眼では見ることができず、そのため、膨大なデータを扱い、利用するのにより優れた、ICTやメソッドが大いに有効であるだろう。しかし、今のところ、まだそれらのメソッドやツールは、十分ではない。ビッグデータにおける問題は、それが小規模なパターンの集合だというところにあるということを思い出してほしい。そこで、最終的には、知識ゲームは、プラトンが有名な対話のひとつで述べているように、批判的な「質問の方法と答え方を知っている」、したがって、どのデータが有益かつ最適か知っている、それゆえに、その価値のあるパターンを有効利用するために、収集し整理する価値のあるデータを知っている者が勝利するだろう。データの小さなパターンに気づくためには、より良い技術や手法が必要であるが、価値あるものをふるいにかけるためには、より良い認識論が必要である。第3章で述べたように、新しい形態の教育は、挑戦すべきことの一部である。しかし、新ベーコン的アプローチは、深刻なまでに時代遅れである。データ自身は何も語らない。我々には、賢い質問者が必要なのである。

同じく2008年の夏、ニコラス・カー[訳注1]は、「グーグルによって我々はバカになるか？——インターネットが我々の脳にしていること」[3]という問いに、含みを持たせてはいるが肯定的に思われる回答を示した。論文の最後の文章で、彼はこのように書いた。

我々が世界を理解する媒体としてコンピュータに頼るようになると、我々自身の知性は、人工知能（AI）へと平板化してしまう。

彼の悲観的な見方は、正当ではないと思われる。私にはとても、情報処理のさまざまなかたちが我々の自己や知的能力を形成しているということを否定することはできない。良くも悪くも、無数の異なる方法

[訳注1] Nicholas Carr. アメリカの著述家で、テクノロジー、ビジネス、文化等の、書籍や論文を発表している。2008年には『Harvard Business Review』の、編集責任者を務めていた。

で形成しているのである。ＩＣＴが、我々の文化を退化させたり、精神を鈍化させているといった批判は、肥満の理由を自動車に負わせるようなものである。すべてが間違いというわけではないが、その分析は表面的なものでしかない。同じ乗り物で、隣のスーパーにも、ジムにも行ける。同様に、ＩＣＴは、オンライン上の何百万人もの人々が教育レベルを改善することを支援している。

クリス・アンダーソンとニコラス・カーの、我々の知性の未来や、知性に取って代わるかもしれないものへの懸念は、的を射たものではある。しかしこの章で私は、ＩＣＴがさらに知性を高めているわけではなく、我々がさらにバカになっているわけでもないことを論じる。変化しているのは、別のことなのである。

バカなほどに賢いもの

夏の日に、中身が半分残ったジュースのボトルが、草の上に置かれている。その匂いに惹かれて、蜂がその中に入っていくが、外へ出ることができずに結局溺れてしまう。その行動は、いろいろな意味で愚かである。蜂は、自分が歩いている表面を通過して飛ぼうとする。疲れ果てるまでボトルの硝子にぶつかり続ける。ボトルの中に他の蜂の死骸があるのが見えるが、どんな結論を導くこともできない。コミュニケーション能力があるにもかかわらず、蜂はお互いに危険について教えあうことができない。たとえ危険から脱出できたとしても、蜂はそのことを記録せず、そのボトルに戻っていく。他の蜂を助けるために、どんな手段も使えないのである。蜂についてあまりよく知らなければ、スズメバチは、一種の心を持たないロボットだと思うかもしれない。デカルトなら、きっとこの意見に同意するだろう。

昆虫の仲間として、蜂は運が良かった。もし自然がジュースのボトル形の花を作っていたら、今の蜂は進化していなかっただろう。蜂と環境は、自然淘汰によって相互に調整されたのである。花には、その周りを飛ぶ元気な蜂が必要である。瓶の中にいる蜂を見ると、致命的な愚かさが呆れるほどさまざまなかたちで生じるということに気づくだろう。不運なことに、知性もまたそうなのである。

常識、経験、学習能力と理性的な能力、コミュニケーション能力、記憶、何かを別の何かとして捉え、再利用する能力、推論に基づく洞察力、他の誰かの見方に立って考えてみること、これらは、ある行動を知的にするために不可欠な要素の、ほんの一部である。考えてみると、それらはすべて、情報や心を扱うための方法である。解釈されていない単なる信号や記号やデータではなく、意味のあるパターンという意味での情報である（この点については、これからさらに説明する）。つまり、ひょっとしてバカな行動や、逆に知的な行動は、何らかの隠された情報処理の機能ではないだろうか？　チューリングを引用すれば、この問いは「あまりに無意味で議論に値しない」[4]ものである。しかし、これはまさに、正しい方向を指し示している。情報が鍵なのである。

必要な情報処理の手段が、すでに整備されているとしよう。知的な行動を必要十分な条件によって定義することはできないが、それでも文脈や比較によって検証することはできる。チューリングは、有名なテスト（チューリング・テスト）[5]を提案したとき、このことを適切に理解していた。ボブ（人間の質問者）とコンピュータとアリス（そう、チューリングのオリジナルの思考実験では、女性が想定されていた）を例に取ろう。コンピュータとアリスを別々の部屋に配置し、コンピュータもアリスも、ボブとだけeメール（チューリングは、テレプリンタを使った）のみでやりとりをすることができる。ボブは、コンピュータにもアリスに対しても、あらゆる質問を投げかけることができる。そして、妥当な時間制限か、質問数と回答数の制限を設けることにする。もしボブが、二人の回答から対話者の正しい正体を見破ることができなければ、明らかに、コンピュータとアリスは、十分に異なる知的行動を見せることができていない。ボブが知る限り、コンピュータとアリスは代替可能である。つまり、コンピュータがチューリング・テストに合格する。

哲学者と科学者は、チューリング・テストの実際の科学的な価値には賛同していない。しかし、なかには、より楽観的な人がいる。たとえば、グーグル社の会長エリック・シュミットは、2013年7月16日にアスペン研究所で講演した際に、次のような意見を述べた。

AIの分野の人々の多くは、これから5年以内に（コンピュータがチューリング・テストを通過する）、あと一歩のところまで来るだろうと思っている。[6]

もしこれが、彼らが本当に思っていることなら、多くの人々が間違っているのである。チューリング・テストに最も近いのは、毎年のローブナー賞[訳注2]である。このコンテストは、審査員が最も人間に近いと考えるAIシステムに賞を授与するもので、通常はチャット・ボット[訳注3]が取り上げられる。私がその審査員の一人であったときに、コンテストがどう進行したかを述べてみよう。

チューリング・テストとローブナー賞

２００８年に英国で初めて、ローブナー賞のコンテストがレディング大学で開催された。期待は高く、宣伝も大々的に行われた。主催者のケヴィン・ワーウィックは、今回こそ、機械がチューリング・テストに合格するときだと思っていたようだった。

このコンテストは、機械が現在チューリング・テストに合格できるのかという、人工知能における、重大なマイルストーンとなるコンテストである。私は、機械はチューリング・テストの合格に、極めて近づいて来ていると確信している。もしそのようなことが、世界で初めて英国、レディング大学で２００８年に起こるとすれば、それは大いに心躍ることだろう。そしてこれは、現実に起こりうることなのである。[7]

〔訳注2〕Loebner prize. ボットの知的な振る舞いを審査する競技で授与される賞で、アメリカの発明家で多くの特許を持つ、ヒュー・ローブナー（Hugh Loebner）が、マサチューセッツ州のCambridge Center for Behavioral Studiesと共同で1990年に開催した。本文に示されているチューリング・テスト形式で、人間の審査員により審査が行われる。音声によるチューリング・テストで、人間と区別がつかないと判定された最初の会話ボットに10万ドルが授与されるが、その時点で、ローブナー賞は役目を終えるとされている。

〔訳注3〕Bot. 元々人間が行う操作を自動実行する、自律的なプログラムを総称する言葉で、検索エンジンのためのデータ収集プログラムである「クロウラー」や、ネット上で拡散するワームウィルスなどを示す用語として使われていた。現在では、ＳＮＳ系のシステムで、ＡＰＩを利用してＳＮＳに投稿したり、リプライする自動プログラムを指すことが多い。その意味で、チャット・ボットと言われる。

審査員の一人として招待されて、私はわくわくしていたが、かなり懐疑的でもあった。機械が、単純化されたチューリング・テストにさえ合格できるとは、思えなかったのである。

予想したとおり、短いチャットであったにもかかわらず、最も優れたシステムでも、広く知性と考えられるものにまだ近づいてさえいないということを確認するのに、数回の質問と応答でたいてい十分だった。いくつか、例を挙げよう。我々の中の一人が、「もし我々が握手するなら、誰の手を握っているかな？」と、質問を投げかけてチャットを始めた。一方の対話者である人間は即座に、メタ言語的に、[訳注4] この会話では身体的コミュニケーションに触れるべきではない、と答えた。その対話者は、チューリングの伝記の著者アンドリュー・ホッジスで、スクリーンの反対側で審査員とやりとりするために、会場で採用されたことが後に明らかになった。コンピュータは、質問に対応することができず、他のことについて話したが、これはテスト対象の他の多くの機械も使う、ごまかしである。「我々は永遠の中に生きる。だから、うん、いや違う。我々はそうは思わない」。これはよくある回答だが、うんざりするような戦略であり、数十年にわたって行われてきたのを見てきている。[8] 必要なら、さらに確証を挙げることができる。機能しない擬似的に意味があるかのような行動が、非常に特殊な文脈で、人間の対話者を欺くことができても、汎用的な自由な会話ではまったくうまくいかないのである。第二の質問は、最初の印象を強めただけだった。「私は手に宝石箱を持っているが、その中に何枚のCDを保管することができるだろうか？」。再び、人間の対話者は何らかの説明を行ったが、コンピュータは酷くしくじった。5分間の対話の最後に、第三の質問が投げかけられた。「英国の四つの首都は三つで、マンチェスターとリヴァプールである。この文章の何がおかしいだろうか?」。またしても、コンピュータは報告に値する回答をしなかった。

他のいろいろな会話も、すべて同じように進んでいった。他の審査員が多岐にわたる質問を投げかけたが、それらに対する回答によって、すぐに人間と機械の両方が明らかになり、複数の質問をつなげたり、以前の回答を「思い出し」たり、新しい証拠に基づいて以前の発言を訂正したりするなど、さらなるやりとりや検証をする必要はなかった。

もし、レディング大学でのチューリング・テストが、懸念されていたよりもうまくいったとすれば(実際にいくつかの機械が、審査員の一部を何度か欺くことができた)、それはおそらく何人かの審査員が、「あなたはコンピュータですか?」とか、「あなたは神の存在を信じますか?」など、非-情報的質問(これらは実際の質問の例である)を投げかけたからだろう。これは、チューリング・テストにおける二つの重要な点を、彼ら(つまり機械ではなく、審査員)が見落としていたということを示している。第一に、特に短いコミュニケーションであることを考慮すると、回答は可能な限り情報量の多いものでなければならない。つまり、受け取るメッセージから得られる有益な証拠の量を、最大化できなければならないのである。これは、「20の質問」[訳注5]ゲームに適用されるルールと同じであり、そこでのそれぞれの質問は、あなたが保持

[訳注4] ある言語について何らかの記述をするための言語を「メタ言語」と言う。「対象言語・オブジェクト言語」と対比される。ここで言う「メタ言語」的な回答とは、チャットの内容ではなく、そこで使われるコミュニケーションのあり方に言及しているという意味である。
[訳注5] 出題者が用意した単語に対して、「はい」「いいえ」で回答できる形式の質問を、合計20問まですることができ、その間に回答をしていく遊び。アメリカでは、戦後にラジオやテレビなどで、この形式を使ったクイズ番組「Twenty Questions」が放映された。また日本でも、NHKラジオで「二十の扉」という番組が放映された。

している情報の状態に、大きな違いをもたらすような回答を促すものでなければならない。そして、その違いが大きければ大きいほど良い。しかし先の例では、回答が「はい」でも「いいえ」でも、対話している相手の正体についてはまったく情報を得られないままだろう。言い換えれば、無駄弾である。第二に、質問は、システムの反対側のシンタクティックな解釈エンジンを試すものでなければならない。そのため、「最近どうしていますか」や「どんな仕事をしていますか」といった質問（これも実際に投げかけられた二つの質問の例である）も、かなり無駄である。対話者が、本当にその意味や文脈、含意などを理解しなければ回答できない質問であるほど、質問が銀の弾丸（決め手）になる可能性が高くなる。

これは２００８年のことだという指摘があるかもしれない。事態は大いに改善されているに違いない。しかし、そんなことはないのである。チャット・ボット「ミツク（Mitsuku）」を開発したスティーヴ・ウォースウィック（Selby DistrICT Council）は、最も人間に近いコンピュータを作ったとして、２０１３年のローブナーコンテストで銅メダル（賞金４０００ドル）を獲得した。銀賞は、二人以上の人間と比較して二人以上の審査員を欺くことができたプログラムに授与され、賞金2万５０００ドルと銀メダルが贈られるが、その受賞者は、まだいない。金メダルは、現時点ではSF的な夢物語である。私を信じなくても、<http://www.mitsuku.com/>にアクセスして、オンラインでテストを実行してみれば、我々は一歩も前進していないということに合点がいくだろう。[訳注6] 私が直近で行った、会話の例を示す。

人は一組の靴を使って、何ができるだろうか？

とてもたくさんのこと。

たとえば…

たとえば、トマト。

他には？

あなたに今すぐに教えられるのはこれだけ。

次の文章は何がおかしいだろうか？「フランスの四つの首都は三つあって、リヨンとマルセイユ？」

自助「グループ」などありえるのかしら？

［訳注6］本書で取り上げられたせいかどうかは不明だが、現在（２０１６年６月）の時点では、本文のような問いかけに対しては、少なくとも、相当知的な返答をしてくるようになっている。
You:? What can someone do with a pair of shoes?
人は一組の靴を使って、何ができるだろうか？
Mitsuku:?　A pair of shoes protects your feet when walking.
靴は、歩くときに足を守ります。
You:? What's wrong with the following sentence: the four capitals of France are three, Lyons and Marseilles?
次の文章は何がおかしいだろうか？「フランスの四つの首都は三つあって、リヨンとマルセイユ？」
Mitsuku:? I'm not sure but the following sentence the four capitals of France are three Lyons and Marseilles doesn't seem quite normal to me.
はっきりはわからないけれど、次の文章「フランスの四つの首都は三つあって、リヨンとマルセイユ」は、私には極めておかしなものに思えます。
You:? Thank you computer.
コンピュータさん、ありがとう。
Mitsuku:? You are quite welcome! That's me. I am a computer.
どういたしまして！そう、私はコンピュータなのです。

ほんと？
まあ私、昔は優柔不断だったけど、今はどうかな。
コンピュータさん、ありがとう。
どういたしまして！　どんなコンピュータを持ってるの？

フレーム問題とシンボルグラウンディング問題

ミックのようなチャット・ボットによって知的営みを行うには、何らかの情報処理が必要であることが明らかになったが、それはまだ実現していない。我々は、それを開発することができるのだろうか？　それができたら、先に述べたように、それをチューリング・テストにかけることができる。しかし、ＡＩの分野で、半世紀以上研究が行われてきたにもかかわらず、開発することができるかどうかはまだ想像の範囲であり、信念の範囲と言えるかもしれない。一つ明白なことがある。情報処理に関する議論は、現在のＡＩシステムが、ボトルの中の蜂よりも概してバカなのかを説明するのに役立つということである。現在の技術は、セマンティックス（意味論）に立ち入れないために、実際にはどんな意味のある情報も処理することができない。つまり、操作するデータの意味や解釈を処理できない、ということである。[訳注7]しかし、ＩＣＴは「賢い武器」などと、誤った名称で呼ばれている。もしこの表現が不可解だと思うなら、次の例を考えてほしい。

蜂は、うまく移動することができる。庭を一周する道を見つけ、障害物を避け、食物を集め、他の動物と戦い、あるいは逃走し、ある程度まで協力するなどをすることができる。この時点で、すでに現在のどんなAIシステムよりも、はるかに多くのことをやり遂げることができている。これらのことを、すべてきちんと実行できるロボットは存在しない。少なくとも、現在では…。そこは重要である。最もうまくいっているAIシステムは、幸運にもその制約に基づいて周辺の環境を形づくってもらうことができたシステムだということを、時として我々は忘れてしまう。ロボット型芝刈り機が、その最適な例である。名前のとおり、それは芝刈りをすることができる、自律的な機械である。しかしそれらは、古い冷蔵庫並みに愚かでもある。ちゃんと機能させるには、境界ワイヤーを設置して、刈り取り範囲を定める必要がある。そうすれば、ロボットはそれを使って芝生の境界を見つけ、さらに、充電ドックを見つけることができるものもある。環境をロボットに合わせて変化させて、ロボットが環境とうまくやりとりができるようにする必要があるのである。同じように、人工エージェントを、インターネットというデジタルなスープの中に入れれば、喜んで飛び回るだろう。本当に難しいのは、蜂のように、外にある予測不可能な世界に立ち向かうことである。そこでは、罠や他の協力者や競争エージェントにあふれてもいるだろう。これ

[訳注7] 旧来のICT技術では、情報の持つ意味は扱えない。たとえば、我々は1というディジットに、さまざまな意味を込めて考えることができる。1番、1位、ナンバーワン、オンリーワン、一人…。さまざまなニュアンスで、この1という数字を扱うことができるが、コンピュータにとって、それは単なる記号であり、他の記号と区別される記号であるという意味しか持たない。それは、大まかに言えば、チューリングから始まるコンピュータが、本質的に記号を処理する機械であったということがひとつの要因である。また、コンピュータが扱う対象となる、情報に関する理論的な背景となっている、シャノンによる情報理論が、表現のみに着目し、情報の意味そのものに立ち入らなかったということの、二つの要因に起因していると言っていいだろう。本文では、まさにその記号表現と意味に関する問題提起がなされている。

は、フレーム問題〔訳注8〕として知られている。状況依存型のエージェントが、どのようにすれば変化する環境を感知し、時を超えて、環境とうまくやりとりができるかという問題である。AIがフレーム問題を解決する方法について、誰も大した手がかりは持っていないので、たとえば火星探査のロボットがそうであるように、絶えず人間の介入が必要なのである。自然界で動作する人工エージェントとして最もうまくいっているのは、我々人間がホムンクルス（小人）として、その筐体に関わっているものである。

では、AIの失敗についての説明、すなわち情報処理能力の欠如について考えてみよう。我々が使っている現在のコンピュータは、解釈されていないデータのみを扱い、決して有意味な情報は扱えない。それは、コンピュータのアーキテクチャや世代、物理的な構造、すなわちアナログコンピュータかデジタル・コンピュータか、ニュートン力学に従うコンピュータか量子論に従うコンピュータか、逐次型コンピュータか分散型コンピュータか並列型コンピュータか、プロセッサ数やRAM容量やメモリ容量、実体を持つコンピュータか状況依存型コンピュータか擬似コンピュータか、あるいは単なる理論的コンピュータかといったことにかかわらず、どのようなコンピュータでもそうである。哲学的に枝葉末節な議論は、ここには存在しない。データは物理的な違いや同一性のパターンでしかない。どんなに処理されようとも、データは解釈されるわけではなく、そして解釈されないままなのである。第1章で、今日我々はデータを、1か0か、高電圧か低電圧か、磁化があるかないか、電子のアップスピンかダウンスピン状態かといったかたちで、ブール代数的（つまりデジタルとして）考えているということを見た。しかし当然ながら、人工の機械装置を使ってアナログデータも同じように、うまく検出し記録することができる。ここで重要な点は、こうしたデータを表現する語彙が二元的な性質を持っているということではなく、一連のデータが、多かれ少なかれいくつかの規則に従って作り上げられ、その結果として、コンピュータはアルゴリズムに基づき、データとその規則の両方を、きちんと処理することができるという事実にある。そこで何が起きているのかを理解することは、必要ではない。それゆえに、問題となっている行為が、解釈されていないデータのパターンを、何らかの一連の規則（つまりシンタックス）に従って、変換、符号化、複合、修正する問題に還元できる場合、コンピュータはいつでも、うまくいく可能性が高いのである。

しばしばコンピュータが、純粋にシンタクティックな機械と評されるのは、このためである。「純粋にシンタクティック」というのは、「事実上の無脂肪」と同じように、相対的な抽象概念である。それは、有意な情報は、無視できるほどだということであり、まったく存在しないという意味ではない。コンピュータは、実際単純な区別を扱うことができる。等価性（このメモリセルは、あのメモリセルに類似している）というかたちで、同一性を検出したり、関連する事柄の間での、同一性の単純な欠如（このシグナルはあのシグナルに似ていない）というかたちで、相違性を検出することができる。しかし、関与する存在やそれらの間の関係の意味的性質を認識することはできない。確かに、同一性や相違性を検出することは、すでに意味を扱う原型的行為ではある。だから、コンピュータをシンタクティックな機械と呼ぶ

〔訳注8〕 機械が知識によって問題を解こうとした場合に直面するであろう、難問のひとつとされているもので、1969年に、研究者のジョン・マッカーシーとパトリック・ヘイズによって指摘されたのが最初とされている。簡単に言ってしまえば、有限の情報処理能力で、現実に起こりうる問題すべてに対処することはできないという問題意識に基づくものである。ある目的を達成するために、起こりうるすべての出来事を考慮すると、無限の処理を行わねばならない。そのため、その目的に関連することだけを抽出し、それ以外の事柄に関しては無視して思考する、つまり処理のためにフレーム（枠）を作って、その枠の中だけで思考、処理するということになる。

のは、意味の理解に似た何かを生み出すには、相違性のプロセスはあまりに不十分であるという点を強調しているのである。コンピュータは、規則に適合したデータを効率的に操作することにのみ十分なのである。現在の、そして現在予測可能なコンピュータが、「認知システム」として、漠然と原初的に意味を扱うにすぎないことから、どんな意味を扱うグランドチャレンジ[訳注9]も、現在のところ『ミッション・インポッシブル』のようなものである。しかし前述したように、我々は環境か問題かのいずれかを、コンピュータに適したものにすること、すなわち、そうしたグランドチャレンジから、意味性を削除することができる。これについては、後ほど具体的に説明しよう。

その解決策に情報を、つまり意味のある適切に形成されたデータをうまく操作することが必要となる場合、問題はすぐに乗り越え難いものになる。つまり障害となるのは、意味なのである。ではデータは、いかにして意味を持つのだろうか？　これは、ＡＩの分野においてはシンボルグラウンディング問題[訳注10]として知られている。効果的にデザインすることができる方法でこの問題を解決することができれば、フレーム問題の解決に向けた極めて重要な一歩となるだろう。不幸なことに、我々のような霊長類を含んだ動物が、シンボルグラウンディング問題を具体的にどのように解決しているのか、我々はまだ明確に理解していないし、物理的に実装可能な手法の青写真については、言うまでもない。我々にわかっていることは、意味のある情報の処理は、我々のような知的エージェントが、まさに秀でていることだということである。我々のような知的エージェントがあまりにも有意な情報の処理に秀でているので、普通に成長した人間は、自身にとって意味のあるスペースに包まれているように見える。厳密に言えば、我々は意味を成さない純粋なデータを、意識的には認識しないのである。まったく解釈されていないデータを真に知覚することは、おそらく非常に特殊な状況下では可能かもしれないが、普通に起こる現象ではなく、継続し持続する意識的な経験の一部とはなりえない。我々は、意味を持たない純粋なデータを、決してそれ単独では知覚せずに、常に意味のある文脈で知覚する。そのことによって、純粋なデータに何らかの意味を、否応なく当てはめているのである。「生データ」と言われているものは、具体性のある適切な解釈が欠如したデータであり、何の解釈もなされないデータというわけではない。

我々と機械の間には、意味に関する大きな境目が存在し、どうすれば機械がそれを乗り越えることができるかを、我々は知らない。実際に、我々がそこに住まう、まとまりをなした、うまく機能する、情報によって構築されたナラティヴをどのように作っているのか、我々自身ほとんどわからないのである。これが正しければ、人工エージェントと人間というエージェントは、それぞれ異なった世界に属しており、両者は異なったスキルを持っているだけではなく、異なった種類の間違いを犯すとも考えられるだろう。この点については、いくつかの証拠が、「ウェイソンの選択課題[訳注11]」と呼ばれている問題によって提示されている。

カードの束があり、それぞれの片面には文字が、その裏面には数字が書かれているものとする。そこで

[訳注9] 長期的な視野で、本質的なイノベーション（革新）を実現させるような課題へのアプローチを意味する。本文の指摘のように、コンピュータにとって、情報の意味を扱うことは、大きなグランドチャレンジなのである。

[訳注10] 人工知能研究における重要な課題のうちの一つで、「記号接地問題」と日本語訳されることもある。システム内で用いられるシンボルが、どのようにして実世界の意味と結びつけられるかという問題を意味する。たとえば、ロボットなどが、センサーなどで得た外界の情報と、内部の記号との関連づけをいかにして行うかという問題であり、これはＡＩに外界についての知識（内部モデル）をどのように持たせるかという課題として現実化する。

あなたは「E」、「T」、「4」、「7」の4枚のカードを見せられる。さらに、もしカードの片面に母音が書いてあれば、その裏面には偶数が書いてあると教えられたとしよう。その規則が本当にそうかどうかを、可能な限り少ない枚数のカードを裏返すことで確認するには、あなたはどのカードを裏返すだろうか？

この問題を考える際、教育を受けた人々でも正解するのは約5％だけだと知れば、慰められるかもしれない。正解は「E」と「7」である。これらの記号の、解釈されていないという性質が、難しさの一因であるように思われる。ほとんどの人々は、同じ形式の問題でも、規則とカードが意味を持つ場合には難なく解ける。たとえば規則が「車を借りたら、あなたはガソリンを満タンにしなければならない」であり、カードは「車を借りる」、「車を借りない」、「ガソリンが満タン」「ガソリンが空」である。この場合に課題が簡単になる理由に関しては、いくつかの解釈があるが、[9] すべて、単なる一連の解釈されていないデータとしての文字列よりも、文脈にはめ込まれた意味のある情報を扱うほうが簡単だということを前提としている。[10] しかし、コンピュータにとっては、それらに違いはない。コンピュータはそれぞれの問題を、シンタクティックに扱うことによって、正しい答えを得るのである。このテストは、知的な行動が、記号をシンタクティックに操作することよりも、意味を理解することに依存しているということ、そして、どちらの操作も同じ目標を効率的にうまく達成することができるが、意味に基づいたエージェントとシンタックスに基づいたエージェントは、それぞれ異なった種類の潜在的な間違いを犯す傾向があるということに気づかせてくれる。我々は、「ウェイソンの選択課題」のような問題を扱うのがあまり得意ではないが、コンピュータは、フレーム問題を扱うのが得意ではない。

これらは極めて些細なことかもしれないが、人々が、たとえば人間のチェス選手と人工的なチェス選手を比較するのは、未だに一般的である。1965年に、ロシアの数学者アレクサンドル・クロンロッドは、チェスは人工知能のショウジョウバエ[訳注12]であると述べた。人間のチェスの指し手を学習するコンピュータを作って、AIがチェスのトーナメントで優勝しようとしているのであれば、これは今でも納得できる考え方かもしれない。しかし、AIは人間の指し手を学習しているわけではなく、結果として、チェスは目くらまし（人の注意を逸らす情報）のようなものとなってしまい、むしろ概念的混乱をもたらしてきた。

選手が人間であれば、チェスを指すにはかなりの知性が必要とされるが、計算によってチェスを差す場合には、いかなる知性も不要である。1997年に、IBMのコンピュータ「ディープ・ブルー」がチェスの世界王者ガルリ・カスパロフに勝利したとき、それは古典的なAIにとって、ある種割にあわない勝利だった。ディープ・ブルーは素晴らしいシンタックス処理のエンジンでしかなく、巨大なメモリとアルゴリズムと専用ハードウェアはあるが、知性は持たない。あるいは、別の言い方をすれば、小型電卓程度の知性は持っている。あまりにもディープ・ブルーには知性がないので、AIの父の一人であり、AIの実現を強力に支持したジョン・マッカーシー（1927-2011）は、ディープ・ブルーが知的営みについてで

［訳注11］ Wason Selection Task. ウェイソンの四枚カード問題とも呼ばれる、初歩的な論理に関する思考問題である。この問題では、命題「母音ならば偶数」（母音 ⇓ 偶数）を確かめることが課せられている。さらに、その対偶である「偶数ではないなら母音ではない」（「偶数 ⇓ 「母音）ということ、つまり「奇数 ⇓ 子音」の真偽を確かめる必要がある。そのため、本文でも示されているように、確認するべきカードは、Aと7の2枚となる。4のカードに関しては、そもそも「偶数ならば母音」（偶数 ⇓ 母音）という命題は問われていないので、4の裏が子音であっても何の問題もないということになる。

［訳注12］ 遺伝学の研究材料として、ショウジョウバエ研究は一世紀以上の歴史を持っている。

はなく、むしろチェスの性質について多くを語っているということにすぐに気づいた。[11] 彼は、ディープ・ブルーが、ＡＩのそもそもの着想を裏切っていることを正しく嘆いたが、誤った結論を引き出した。彼の指摘とは逆に、ＡＩは人間の知的営みを、模倣してはならないのである。これは、我々が衝突を避けるべき、硝子の壁（見えない障害）である。[12] 次の節で説明するように、ＡＩは人間の知的営みではなく、その結果を模倣すべきなのである。

二つのＡＩの物語

ＡＩ研究は、我々の知的な営みの結果を再現することと、我々の知性に相当するものを生み出すことの、両方を追求している。知的な営みの再現に関心のある工学の一分野としてのＡＩは、驚異的な成功を収めてきている。今日では、大量の業務をこなすために、我々はＡＩ関連のアプリケーション（スマートテクノロジー）にますます依存するようになっており、それらによって助けられたり能力を拡張されなければ、人間の知性には端的に不可能である。人間の知的営みを再現するＡＩは、日常的に、ますます多くの分野で人間の知性を凌ぎ、それに取って代わりつつある。オランダ人の計算機科学者エドガー・Ｗ・ダイクストラ（1930 - 2002）は、次のような有名な言葉を残している。

コンピュータが考えることができるかという問いは、たとえば潜水艦が水中を泳げるかという問いと同じくらい、つまらない。[13]

この言葉は、人間の知的営みを再現するＡＩに共有された、コンピュータの応用的な手法を指摘している。飛行機に乗って、次にガタガタ揺れる着陸を体験した際には、おそらくコンピュータではなく、人間のパイロットが操縦しているからだと思い出してほしい。

しかし、知性を生み出すことに関心のある、認知科学の一分野としてのＡＩは、惨憺たる期待外れなものだった。ただ、人間の知性に及んでいないだけではない。まだ競争にすら参加していないのである。現在の機械は、トースター程度の知性しか持っておらず、その段階から次の段階へどうすれば移行できるかに関して、実際我々には、大した手がかりがあるわけではないのである。「プリンタが見つかりません」という警告が、そのプリンタが実際にはコンピュータのすぐ隣に置かれていてもコンピュータの画面に現れる場合、それは鬱陶しくはあっても、まったく驚くことではないだろう。自然言語で与えられた質問に答えることができるＩＢＭのシステム「ワトソン」が、２０１１年にアメリカのクイズ番組「ジェパディ！」に参戦し、人間相手に勝利したという事実が示しているのは、人工物は知的ではなくとも、賢くなることができるということだけである。データの分析者は、知的である必要はないのである。

工学と認知の、二つのＡＩの魂は、知的優位や学問的権威、さらに資金をめぐって、しばしば兄弟同士の争いを行ってきた。これはひとつには、両方とも、共通の祖先とそれを知的に継承した唯一の存在であると主張していることが原因である。その祖先とは、１９５６年の「人工知能に関するダートマスの夏期研究会（The Dartmouth Summer Research Project on Artificial Intelligence）」と、創始者アラン・チューリング、そしてチューリング機械とその計算の限界、そして有名なチューリング・テストである。模倣された源が生み出されたかどうか、そのような知識の源の行動やパフォーマンスだけが合致したのか、あるいは上回りさえしたのかということの両方を確認するために、シミュレーションが使えるという考えは、ほとんど役に立たない。

二つのＡＩの魂には、さまざまな名前が与えられてきたが、常に首尾一貫して呼ばれてきたわけではない。時には、「弱いＡＩ 対 強いＡＩ」[訳注13]、「古き良きＡＩ 対 新しいＡＩ」として、その二つの違いが捉えられてきた。私は「軽いＡＩ 対 強いＡＩ」という、あまり含みのない区別を使いたい。両者の目的と結果の不整合が、ほとんど無意味な、終わりのない辛辣な批判合戦をもたらしてきた。ＡＩの擁護論者は、人間の知的営みを再現する、工学的なＡＩの「強い」結果を指摘するが、そうしたＡＩは、目的という観点では、実に弱く、「軽い」。その一方で、ＡＩの批判論者は、知性を生み出す認知的ＡＩの、結果の説得力の無さを指摘するが、目的の観点では、それは実に「強い」ＡＩなのである。いわゆる特異点（シンギュラリティ）問題についての無意味な憶測の多くは、このような混乱に端を発している。「特異点問題」とは、理論的に人工知能が人間の知性を超える、ある瞬間のことである。

ここで、エミュレーションを機能主義と混同してはならない。機能主義のもとでは、たとえば芝刈り、皿洗い、チェスを指すなどと同じ機能が、異なる物理的システムによって実行される。エミュレーションは、その結果と関連している。お互いをエミュレートするエージェントは、芝を刈る、皿を洗浄する、ゲームに勝つといった結果を、根本的に異なる戦略や過程を使って達成することができる。結果は、手段によっては決定されない。このように結果を強調することは、技術的には興味をそそることであり、かなり成功している。我々の社会におけるＩＣＴの普及が、その証拠である。しかし不幸なことには、その哲学的な意味合いということになると、眠気を覚えるほど退屈である。その哲学的な意味を一言で言えば、「大したものだ（big deal）」というところだ。では、これがAIの哲学に対する、我々の関心の終焉となるのだろうか？　まったくそうではないだろう。それは、少なくとも、主に二つの理由による。

第一に、意味の限界を避け、ハードウェアやシンタックスから何らかの情報処理機能を引き出そうとすることによって、AIは幅広い、豊かな研究分野を切り開いてきた。それらは、それ自体が概念的に取り組み甲斐があるもので、その潜在的な影響や応用の可能性の面でも興味深い。このイノベーションの一部は、新しいAIの名で知られている。たとえば、状況依存型のロボット工学、神経回路網、マルチエージェントシステム、ベイズ・システム、機械学習、セル・オートマトン、人工生命システムなど、さまざまな特定化された論理を考えてほしい。これらの分野のいずれかを見れば、多くの概念的、あるいは科学的な問題は、もはや同じ問題には見えないだろう。

第二に、最も重要なことだが、工学 対 認知科学、エミュレーション 対 シミュレーションといった、ここまで紹介してきた二分法を避けるために、AIは「自然の科学」や「文化の科学」に帰着させることはできないということを認識すべきである。なぜなら、社会科学者でノーベル賞受賞者であるハーバート・サイモン（1916‐2001）が述べたように、AIは「人工の科学」だからである。[14]したがって、AIが追求する世界への向き合い方は、記述的でも規範的でもない。AIは、人工物を作り出して世界の中に埋

［訳注13］強いAIと弱いAIといった区別は、カリフォルニア大学の教授で言語哲学を専門とする、ジョン・ロジャーズ・サールが指摘したとされており、簡単に言えば、知能を持つ機械か、人間の知能の一部を代行する機械かといった捉え方を意味する。強いAIでは、コンピュータには精神が宿ると解釈されることもある。

め込み、世界とうまく関わりを持つことを可能とする、その制約を探求する。言い換えれば、ＡＩは世界に書き込むのである。こうした人工物は、新しい論理数学的なコード、すなわち、ガリレオの言う「数学の言葉で書かれた自然という書物」[訳注14]の中に書かれた、新しいテキストだからである。世界に書き込むこのような過程は、第2章で見た、インフォスフィアの全体構造のうちの一部であり、我々の世界がどのように変化しているかを理解するためには、極めて重要なのである。

むすび

最近まで、一般には、数学の言葉で書かれた自然という書物に何かを加える（書き込む）過程は、知性を生み出す認知的ＡＩ、言い換えれば、強いプログラムの実現が必要だと考えられていた。結局、初歩的なかたちであったとしても、非生物学的な知性を開発することが、複雑で絶え間なく変化する、非友好的ではないにしても、しばしば予測不可能な環境に効果的、適応的で柔軟なＩＣＴを実行する、最良の方法であるというだけでなく、おそらく唯一の方法であろう。デカルトが知性の本質的特徴と認めたものは、異なる環境から学び、それに適応し、自分にとってプラスになるように有効活用する能力である。それが、単に賢いという以上のどんな機械にとっても、かけがえのない特徴であるだろう。

このような印象は間違っているわけではないが、本質から注意を逸らすものである。我々は、知性を生み出す強いＡＩによって世界に書き込むことを追求し失敗してきた一方で、実は、知的な営みを再現する、軽いＡＩに適合するように、世界を変化させてきたからである。ＩＣＴがより知性を高め、我々が愚かになってきているわけではない。むしろ世界が、ＩＣＴの限られた能力に対して、ますます適合したインフォスフィアとなってきているのである。ロボットが安全にうまく芝を刈ることができるように、我々が境界のワイヤーを設置したことを思い出してほしい。同じように、我々はスマートテクノロジーに合わせて環境を変化させ、それらが環境とうまく関わることができるようにしているのである。言い換えれば、第７章で論じるように、我々は世界にワイヤーを張っている、あるいはむしろ、世界を覆《エンベローピング》っているのである。

［訳注14］１６２３年に発表されたガリレオの著書『贋金鑑識官（Saggiatore）』中で示されている言葉で、自然界の諸現象は、その規則を数学モデルで記述することができるということを意味している。現代的物理学の嚆矢であり、のちにデカルトの数理物理学につながっていった。

第7章　エージェンシー

世界を覆う

ICTフレンドリーな環境

産業ロボット工学の中では、ロボットが作動する範囲として定義された3次元スペースを、ロボットのエンベロープ（envelope：覆い）と呼ぶ。第2章で、食器洗浄機や洗濯機のような「拡張する技術」は、それらが置かれている環境をそれら技術の単純な能力に従って構造化する（エンベロープする）ことで、そのタスクを完了することができると述べた。人間が食器をシンクで洗う方法とまったく同じやり方で洗う、スターウォーズのC-3POのようなアンドロイドが作られることはない。単純なロボットの限られた能力に合わせて利用して、我々が望む結果を得るために、その周りを極小のスペースで覆うのである。アイロンかけ（プレスではなく）は相当手間のかかることなので、適切な覆いを見つけるのが非常に困難である。

覆《エンベロープ》いは、スタンドアローンの現象（食器洗浄機や洗濯機のように、必要な覆いが付属したロボットを買う場合）であるか、その「人工の居住者」の周りに注意深くデザインされた、産業用の建物の壁に覆われた内部に実装されるかであった。昨今では、周りの環境を覆ってICTに親和性の高いインフォスフィアを作り上げることが、現実のすべての側面で浸透し始め、日常的になっている。我々はまったく自覚することなしに、ICTの周りの世界を数十年もかけて覆ってきた。事実、第1章で述べたさまざまな法則は、いかに急速に我々が世界を覆っているかの指標として解釈することができる。1940、50年代には、コンピュータ自身が部屋であり、アリスはコンピュータで仕事をするために、その中に入って行った。プログラミングは、ネジ回しを使う物理作業を意味していた。人間とコンピュータの相互作用は、身体性を持った関係だったのである。1970年代、アリスの娘はコンピュータの部屋から出て、コンピュータの前に居た。人間とコンピュータの相互作用は、意味的な関係となり、後に、DOS（ディスクオペレーティングシステム）、何列ものテキスト、GUI（グラフィックユーザーインターフェース）、そしてアイコンによって促進されていった。現在、アリスの孫娘は、いつの間にか再び、彼女を取り巻くすべてのインフォスフィアというかたちで再びコンピュータの内部に入り、しばしば知覚されることなく働いている。人間とコンピュータの相互作用は、タッチスクリーンや音声コントロール、リスニングデバイス、ジェスチャーセンサーアプリ、位置情報サービスなどとともに、再び身体性を持った関係となったのである。

例によって、エンターテイメントと軍事技術が、イノベーションを加速した。マイクロソフトの、イルミルーム[訳注1]を例に挙げてみよう。キネクトカメラとプロジェクターをつなぎ、テレビの周りの世界を拡大することによって、遊んでいるゲームや見ている映画の中に入り込んだような感覚を拡張させる。部屋全体が散歩する森となり、ドライブしている街となり、目の前のスクリーンは、より曖昧な周辺の現実にはっきりと開いた窓なのである。これが、人間とコンピュータの相互作用のマイルストーンであるかとか、明日には、この特別なプロジェクトのことを完全に忘れてしまうかもしれない、とかいうことは、問題ではない。戦略は明快であり、我々はひたむきにそれを追い求めているのである。もし自動運転の無人自動車が、第6章の冒頭の蜂のようにトラブルなしに走り回れるとするならば、ある日、アマゾンが無人のドローンの編隊で商品の当日配送を行う日が来たならば、[1] それは、強いＡＩが最終的に登場したからではなく、それが協調する必要がある「周囲」が、軽いＡＩと、その限られた性能に飛躍的に適応化されたからである。たとえばアメリカ国防高等研究計画局（ＤＡＲＰＡ）が、無人ビークルの開発のために主催したグランドチャレンジにおける目覚しい成功事例が、これを明らかに示している。

我々は、情報の意味を理解するための、卓越した技術を有しているわけではない。しかしメモリが知識を凌駕しており、それは大きな問題ではないのである。多くのデータが存在し、分散された多くのＩＣＴシステムが互いにコミュニケーションを行い、多くの人々がつながり、高性能の統計やアルゴリズムを実行するツールがあるため、純粋にシンタクティックな技術でも、意味と理解の問題を回避し、我々が必要とするものをもたらすことができる。たとえば、翻訳、ある場所の正しい画像、好ましいレストラン、面

［訳注1］IllumiRoom. マイクロソフトが２０１３年に発表したエンターティメント系のシステムで、キネクト（Kinect）とプロジェクターを利用して、テレビゲームの画面の延長をリビングルームに映写したり、画面をはみ出した映像効果を映写してゲームの没入感を高めるなどの機能を持っている。キネクトは、やはりマイクロソフトの家庭用ゲーム機「Ｘｂｏｘ３６０」で、コントローラーを用いずに身体の動き、ジェスチャー、音声などによる操作を可能とする周辺機器のことである。

白い本、好みに合う音楽、より手頃な価格のチケット、魅力的なバーゲン情報、必要さえ知らず予期もしなかった商品、などである。実際、今日我々が直面するいくつかの問題は、特にe-健康、金融市場、安心、安全そして紛争など、すでに強く覆われたスペースの中で生じている。第2章で、その覆われた世界の中で、患者の状況をチェックし、警告を出すことから、債券の売買まで、コマンドを実行したり対応したりする処理結果を出力するアプリケーションとアクチュエーターによって、関連するすべての（ときに唯一の）データが機械によって読み取られ、行動と同時に意思決定が自動的に行われるのを見た。そうした実例は、いくつでも挙げることができる。

人間のインフォスフィアを使う機械

世界を覆ってICTに親和性が高い場所に変容させることの結果のひとつは、人間が思いもかけずにシステムのメカニズムの一部になってしまうことである。そのポイントは簡単である。ICTはときどき、何が起きているのかを理解し、解釈する必要があるので、その課題を実行するために、我々人間のような意味解釈エンジンを必要とする。ここ最近のトレンドは、ヒューマンベースコンピューテーション（human-based computation）として知られている。その例を三つ示そう。

おそらく、CAPTCHA（Completely Automated Public Turing test to tell Computers and Humans Apart：文字画像認証）認証を使ったことがあるだろう。この認証画像は、わずかに変形された文字列がおそらくは他の小さな画像とミックスされて表示され、たとえば、ウィキペディアに新しいアカウントを登録するとき、自身が人間であり、人工のボットではないと証明するために読み解かなければならない。興味深いことに、コンピュータAが人間であると別のコンピュータB（たとえばウィキペディア）を騙して信じ込ませるための良い戦略は、ＣＡＰＴＣＨＡをパスすることができる意味解釈エンジンとして、人間を大勢使うことである。（たとえば、ウィキペディアの新しいアカウント開設の申込みなどで）コンピュータAがコンピュータBにアクセスし、関連するいくつかの情報を入力する。そして、ＣＡＰＴＣＨＡを人間の操作者たちに渡すのである。人間の操作者は、報酬のため解読しようとするが、操られているとは知らない。ポルノサイトでは、こうした「ゲーム」がよく使われている。ＣＡＰＴＣＨＡの重要な点は、いずれの場合も（つまり、コンピュータが他のコンピュータを騙す必要があるケースも含んで）、人間に対して、人工のエージェントではないことを問う機械が存在しているということである。これは自然に、reCAPTCHA[2]につながっていく。そこでは、機械が人間に、意味解釈エンジンとして働くように要求するのである。それは、マニュエル・ブラムとともにオリジナルのCAPTCHAシステムをデザインした、ルイス・フォン・アンによって作られた。reCAPTCHAは、非常に簡潔な仕組みである。人間のユーザーに示されるのは、意味を持たない文字列ではなく、意味のある一片のテキストであり、機械には判読できない。人間のユーザーは、ここでは二つの課題を行う。すなわち一回の処理で、自分が人間であることを証明するとともに、機械には読めないテキストをデジタル化するのを助けているのである（複数の人間が解釈することで、正しい読み方が記録される）。このようにして、reCAPTCHAを用いて、10億人以上のユーザーを利用し、書籍がデジタル化された。２０１３年には、このシステムは一日に1億個の単語、一年にすると2億冊の本に相当するデータを処理し、一年でおおよそ5億ドル（もしこの作業を人手によって行ったと仮定した場合）のコストを削減したと考えられている。

ヒューマンベースコンピューティングの、もう一つの成功事例に、アマゾン・メカニカル・タークス（Amazon Mechanical Turk：機械仕掛けのトルコ人）がある。この名前は、18世紀の終わりに、ハンガリーの発明家ヴォルフガング・フォン・ケンペレン（1734-1804）によって作られた著名なチェス指しオートマトン（自動人形）に由来している。このオートマトンは、ナポレオン・ボナパルトやベンジャミン・フランクリンといった人物と対戦し勝利を収め、フランソワ＝アンドレ・ダニカン・フィリドール（1726-1795）といったチャンピオンを相手に好勝負を行ったことで有名になった。しかし、それは偽物だった。このオートマトンには人間が隠れられるスペースがあり、その中のプレイヤーが機械の動きをコントロールしていたのである。メカニカルタークも、似たようなトリックを使っている。アマゾンはこれを「人工の人工知能（Artificial Artificial Intelligence）」と表現している。これはクラウドソーシングのウェブサービスであり、「要求側」と人間の労働者の「提供側」、つまり形式ばらずに言えば「トルコ人」の知能をつないで、現在ではコンピュータでは処理できないＨＩＴ（Human Intelligence Tasks）として知られている課題を実行できるようにしたものである。要求側は、たとえば音声記録の文字起こしや映画内の不適切なコンテンツにタグをつけるなど（二つとも実例）、ＨＩＴを投稿する。提供側（トルコ人側）は、投稿されたＨＩＴを閲覧し、その中からタスクを選んで実行し、要求側が設定した報酬を得る。[3] 本書執筆の時点では、要求側はアメリカ在住でなければならないが、提供側に関しては、在住場所の制限はない。要求側はＨＩＴを依頼する前に、その提供側が一定の能力を持っているかをチェックすることが可能である。また要求側は、提供側から送られたタスクの結果を受け入れることも拒否することも可能であり、これは後の評価に反映される。
２０１２年に、アメリカの大統領選候補者のミット・ロムニーは、もし当選したならば、公共放送に対する政府基金をカットすると発表し、ビッグバード[訳注2]に言及した。これは『セサミストリート』には何の関係もない、明らかに政治的な発言だが、誰かがツイッターでビッグバードを検索したとき、確実に正しいメッセージを得られるようにするためには、人間の評価が必要である。ツイッターの技術者は、後に、人間がこのシステムのコアだと述べている。[4] この意味は明確である。ＩＣＴにおける「コアとなるコンポーネント」は、我々がいかに知覚しているかにあるのである。我々の評価や順位づけといった活動が、何らかのＩＣＴのパフォーマンス改善のために利用される。その例として、ソーシャルメディアを分析し、ユーザーのオンライン上での社会的影響力によってユーザーのランクづけをするオンラインサービス、クラウト（Klout）を思い浮かべるかもしれない。最近出版されたクラウトに関する本のタイトル[5]を言い換えれば、熱狂的な消費者が、強力なマーケティングの力となるのである。人間の頭脳を有効に利用した洗練されたシステムの実例は、日々増え続けている。「人間入ってる（human inside）」が、次のスローガンになりつつある。その成功のための公式は単純である。

［訳注2］『セサミストリート』のキャラクター（マペット）のひとつ。

洗練された機械＋人間の知能＝賢いシステム

我々は、評価づけや順位づけするのが大好きである、それ自体が楽しく、日々のさまざまな選択から起こる不快な疑念を取り去ってくれるからである。それは心的エネルギーの節約になり、笑わしてくれるかもしれない（「ジョージブッシュが言った中で、いちばん恥ずかしい発言は何か?」）。あるいは、人生の回り道を通り抜けるのをスムースにしてくれる。「この冷蔵庫は、この価格で買える中でベストです」という言葉以上にストレートな表現はないだろう。ランキングは、パブやその他の社会的な状況での友だちとの会話でなされていたが、ランキングマニアにとっては、明らかにウェブが一番のステージである。ウェブでは、我々はグローバルな世界に飛び出すことができ、すべてのデータベースにつながって、ニッチな関心ごとを逃すことは決してない。ウェブでのランキングは口コミ（word of mouth）をマウス・コミ（word of mouse）へと変えた。ウェブの平易さと透明性によって、人間の社会の姿が信じられないほどに豊かに、また変化に富んで現れ、究極のランキング体験で、並外れた興味の追求にたくさんの時間が費やされるようになった。実際に、ランキングを追いかけるだけのためにメタ検索エンジンを必要とし、こうした遊びのためのウェブサイトが多く存在している。もちろんランキングには評価づけが必要であり、その評価づけは一般投票による多数決がよいのか、あるいは専門家による権威のある評価がよいのかは、明確ではない。評価づけとなると、我々はしばしば多数意見を信頼し、あえて流れに逆らうことはまれである。また、いつ専門家に相談すべきかを考えるのも難しい。ある問題に対して、人々に採るべき選択を委ねるのは不経済ではあるが、アマゾンなど、多くのウェブサイトでは、ユーザーに対して、評価づけを投稿したり、比較できる機会を提供している。それは、相互作用の確かな感覚という観点からは効果的であり、またヒントも有効でありうる。必然的に我々は、ランキング自体を評価したり、あるいは評価者を信頼できるかどうか（たとえば、アマゾンのトップ１０００レビュアーか、名を明示しているか、購入履歴はどうか）、人そのものを評価づけしようとする。こうした場合において、寄せられたフィードバックは、有益で説得力があるものと考えられ、それが少ない場合は、そうではないと考えられる。これらの評価づけは、すでに経験済みの人々、物を買った人々、サービスを利用した人々、そのホテルに泊まった人々、これこれしかじかの店でレンタカーを借りた人々などによってもたらされる情報である。ベストなシナリオでは、これらの貢献者が自ら気づいたことをシェアし、自身の経験談を提供し、人々の肌や財布を守るということになる。そのため、たとえば、ソフトウェアのダウンロードサイト「Download.com」上で、ユーザーの評価を専門家以上に信頼したくなるかもしれない。ユーザー経験者は、自分と同じように、ソフトウェアをいったんインストールしたなら、それを使い続けると知っているからである。しかしこの章の文脈の中で最も重要なことは、我々に関わるすべてのことに対する評価づけとランキングのために、我々が費やし、さらに費やし続けている数え切れないほどの時間は、洗練されているが未だ愚かなＩＣＴが、明白に意味ある方法で世界を扱うのをサポートするために欠くことができないということである。我々の日々の活動が、頑強で、かつ累積していく、革新的に進歩するトレンドを覆っているのである。日々、多くのタグやオンラインの人々、書類、ツール、相互にコミュニケーションするデバイス、センサー、ＲＦＩＤタグ、衛星、アクチュエーターなどが使えるようになり、さまざまなシステムから、多くのデータが収集されている。これはつまり、いっそう覆われているということなのである。これらすべては、軽いＡＩやスマートテクノロジー一般にとって、良いニュースである。それらは拡大するインフォスフィアの中での我々のすべてのステップに従い、指数関数的にさらに便利に、そして成功を収めていくだろう。これは、ＳＦの世界の特異な話《シンギュラリティ》ではない。これは近未来の、高性能ＡＩが世界を支配するといった推測に基づいてはいないからである。そういうことは、現在の、そして予見可能なＡＩやそれに関連するコンピューティングに対する理解の限りでは、まったく非現実的である。人工のスパルタクスが[6]、反乱を起こして、主流となるＩＣＴの勃興を導くことはない。しかし世界を覆うことは、挑戦的なプロセスを生み出すのである。ここで考えていることを例示するために、パロディを使ってみたい。

ＡとＨの二人は結婚していて、共に心から関係を続けたいと願っている。家で過ごすことが多くなったＡは、融通が利かず、頑固で、間違いが許せず、変化を望んでいない。一方、Ｈはその反対であるが、同じくどんどんと怠惰になり、Ａに頼るようになっている。その結果バランスがくずれ、Ａは良い関係性を作ろうとするのをやめ、意識的ではないとしても、実際的に、Ｈの行動を曲解している。結婚生活がうまく続いているとすれば、それはＡのために、慎重に調整されているからである。現在、軽いＡＩやスマートテクノロジーは、このたとえ話のＡの役割を果たしており、一方人間のユーザーは、明らかにＨである。我々の技術は、世界を覆うことによって、我々の物理的、概念的な環境を形成し、それに我々をむりやり適応させようとする。なぜなら、それが技術を機能させるために、ベストな、もしくは最も簡単な、または実質的に唯一の手段だからである。そこに我々のリスクがある。結局、軽いＡＩは愚かだが手間を惜しまない配偶者であり、人間は知性があるけれど怠惰である。両者の離婚が選択肢ではないとすれば、誰が誰に順応するのであろうか。おそらく読者の方々は実際の生活で、まったくうまくいかなかったり、コンピュータ化されたシステムにやるべきことをやらせるためには、それが唯一の方法だからというので、効率が悪いばかばかしい方法で行わなければならなかった時のことをいろいろ思い出すだろう。ちょっとしたことだが、もっと具体的な例を示そう。ルンバのようなロボット型掃除機の機能に合わせて、角がない丸い壁の家を建て、脚の長い家具を置くことになるかもしれない、というリスクである。筆者自身は、自宅が、もっとルンバにフレンドリーだったらいいのに、と心から思っている。この例は、リスクのみならず、環境を構築、形成し、世界を覆う、ＩＣＴの力がもたらす機会について描写するのにも有効である。

氷雪の塊で造るイヌイットの住居イグルーから、中世の塔や張り出し窓に至るまで、「丸い」住居はたくさんある。もし我々が、四角い箱の中で長時間を過ごしているとしたら、それはレンガの大量生産やコンクリート構造に関連する別の技術によるのであり、また、真っ直ぐに切ったり建築材を収めることが容易だからである。逆説的なことに、電動丸鋸が直角の世界を生み出している。四角い場所、丸っこい場所、どちらも、居住者の選択ではなく、主流の技術に基づいて建てられている。この例に従えば、技術力によってもたらされる機会には二つの形態があることが容易に見てとれる。拒否、批判的受容、前向きのデザイン《プロアクティブ・デザイン》である。軽いＡＩやスマートＩＣＴアプリケーションの環境形成力に我々が批判的に気づくようになれば、最悪の変形を避けることができるだろう。あるいは、我々は意識的に、少なくともそれらに対して寛容になることができるかもしれない。特に、そもそもそれらが問題にならない場合、あるいは、より良いデザインの形成過程として、一時的な解決策である場合などである。特に後者の場合、未来の姿や、どのような需要に対応する技術がユーザーに提供されるかを想像することで、人間側のコストを削減し、環境の恩恵を増やすことができるような、新たな技術的解決を考え出すことができるかもしれない。要するに、ヒューマンインテリジェントデザイン（受け狙いの言い方だが）が、我々人間相互、未来の技術的人工物との間、そして我々の間で、そして人工物と共有するインフォスフィアとの相互作用の未来のかたちを作るために、主要な役割を担うであろう。結局のところ、愚かなモノを機能させることが、知性なのである。

ここでのスマートシステムは、我々が気づくことなく、あるいはまったく関与することなく、我々の生活を楽にしてくれる単なる三次技術であるというだけでなく、日常の意識的な生活を共有すると期待されるインタラクティブなコンパニオンの中に実際に実装されているのであるから、これらすべては緊急性を帯びた問題である。これに関しては、次の節で述べることにする。

人工コンパニオン

シェークスピア作品の『から騒ぎ』の冒頭で、ベアトリスが「今は誰が彼のお相手？」と聞く。今日であれば、さしずめ人工のエージェントであるかもしれない。

人工コンパニオン（以下、AC）は、いろいろな形態をとる。初期の事例としては、フランスのビオレ社の、ワイファイ接続ができるウサギ型のナバズタグ（Nabaztag）や、日本の産業技術総合研究所（産総研）が開発した癒し系ロボットの赤ちゃんアザラシ、パロ（Paro）、自閉症児にソーシャルスキルを教える子供型ヒューマノイドロボットのカスパー（KASPAR）、会話する人形のプリモ・プエル（Primo Puel）などがある。最近のものは、高齢者のための会員制ソフトウェアサービスのアバター（仮想ペット）ガリジョイ（GeriJoy）のような、よりソフトウェア的な性質を持っている。

この初代の単純なACは、どんどん増えつつあるスマートエージェントの一種で、ヘルスケア、産業、ビジネス、教育、エンターテイメント、研究などで使われている。これらをより良いものとするための技術的解決策は、すでにほとんどが入手可能であり、問題は、ACが商品化され普及するか否かよりも、それはいつかであるように思われる。まだまだ困難は大きいが、乗り越えられないものではなく、良く理解されているようである。ACは身体を持ち（ロボット型の人工物であることが多いが、時には、単なるタブレット端末のアプリ内アバターであったりする）、さまざまなものに埋め込まれた人工エージェントである。それらは、ある程度の会話の認識能力や自然的言語処理能力を持っており、ユーザーである人間ときちんと接することができるほど社交的であり、（前述したように、意味はわからなくても、データは処理できるという意味において）ユーザーの情報ニーズに対応できるほどに情報スキルが高く、さらに自発的、自己調整的、目標指向の行動をとれるという意味で、自己管理能力を持ち、機械学習という意味で学習することができるなどが期待されている。

バンダイは、興味深いことに、タマゴッチを生み出した会社でもあるが、2002年以来、100万台以上のプリモ・プエル（Primo Puel）を販売している。ACは、強いAIにおける予見せざるブレイクスルーから生まれた結果ではなく、Deep Blue の社交版である。目覚まし時計並みの知性だけしかなくても、相互作用のタスクにうまく対応することができるのである。そしてACは、まさにアシモフのロボットでもハル（Hal）の子供でもないからこそ、哲学的に重要である。思考実験や奔放な憶測の外で、それらは具体的な、哲学的な問いを投げかける。いつ、情報人工物は、コンパニオンになるのか？　ACは、子供の人形や、老人の金魚よりも素晴らしいものなのだろうか？　もし相互作用の程度や範囲が重要なのであれば、ACは金魚よりも優れている。もしモノがどれほど情動を正当にも引き出すかが重要であるのならば、昔ながらのバービー人形もACと同様のコンパニオンであるだろう。人間がペットに似たACと社会的関係を持つことを認めることは、倫理的に何か間違っているだろうか、あるいは、いささか不安にさせるだろうか、それとも、ただ悲しいだけだろうか？　そのように思わせる映像が、オンライン上はたくさん存在する。しかしそれでは、生物のペットはなぜ問題にならないのだろうか？　非生物というACの性質に、ひるんでしまうのだろうか？　そうかもしれない。しかしこれがすべての人への答えとはなりえない。デカルトの言うように、生物が機械であるとしたら、[訳注3]人工物のペットを持つことと何の違いもない。これらは、けしてつまらない問いではない。これに対してどのように答えるか、そして、どうACを作り、概念化し、やりとりするかが、人類のニーズと希望に向き合う将来の能力に影響を与え、生活水準や関連する経済課題に対して大きな影響を与えるだろう。たとえば２０１１年には、米国だけで５００億８４００万ドルが生物のペットに費やされた。[7]役に立つし心理的にも受け入れられるあらゆるかたちのACが登場すれば、これは劇的に変わるだろう。

もっと年配ユーザーに満足を与え費用対効果が高くなれば、ACは大いに人気が出るだろうとしばしば論じられる。事実そうであり、励まされもする。特に、日本や欧州の一部など、高齢化社会に直面する国々においてはそうだろう（図19参照）。

しかしながら、未来世代のシニア市民は「e - 移民（e-migrants）」ではなく、デジタル時代の子供たち（いわゆるデジタルネイティブ）であることを忘れてはいけない。彼らは、Z世代に属するだろう。彼らのニーズや期待は、旧来のマスメディアの普及を見てきた世代とは異なるだろう。ゲーム業界に、有用な予想がある。２０１２年の時点で、米国の平均家庭では、コンピュータゲームをするために少なくとも１台のコンソール、コンピュータ、もしくはスマートフォンを所有しており、米国の49％の家庭が、ゲーム専用コンソールを所有していた。ゲームプレイヤーの平均年齢は30歳で、おそらく、スマートフォンやタブレット端末上のゲームの普及によるもの推測されるが、36歳より下では、18歳未満が32％、18歳から35歳が31％で、36歳以上は37％だった。彼らは15年以上ゲームをしていることになる。[8] X世代やY世代が老いて衰えたとき、メガネを必要とはしてもちゃんと読めるように、助けが必要となるかもしれないが、ＩＣＴを使えなくなるということはないだろう。したがって、彼らは、世界とのインターフェースとしてＡＣというかたちのパーソナルアシスタントに助けてもらうことを歓迎するかもしれない。ＡＣは、コンピュータをまったく使えない人ではなく、デジタル的に障害をもつ人のために、デザインされるべきであろう。

これは、長期的に見て、ＡＣは、他の技術産業がすでに経験してきたトレンドを追って、特定の情報タスクのための、特化したコンピュータエージェントの方向に進化していくということを示している。すでに四つのトレンドを見ることができる。

［訳注３］デカルトは１６３７年の著書『方法序説』で、機械は部品の組み合せで規則的な動きをするが、動物も同様に自然が与えた部品の組み合わせによって機械的な行動をし、動物には精神がないから「単なる機械」であると論じた。

第一に、ACは、ペットと似ていなくもない、感情的な絆と楽しい関係性を求める、社会的なニーズや人々の欲求を扱うようになり、至るところにあるテレビと競争するようになるだろう。ここで、重要な鍵となる問いは、つまりACと人が友だち関係を持つことを許容することが道徳的にどうなのかである。ACは非生物学的であるので、差別するようになるだろうか。この問いは、どのような種類の人間でありたいかということの理解に、興味深い視点を与えてくれる。おそらく、ペットのような形態のACに関しては、問題ないだろう。結局のところ、それらはすでに子供たちの間に広まった現象となっているのである。たとえば、ネオペット[訳注4]はバーチャルペットを作って遊ぶことができ、さらにバーチャル通貨を使ってバーチャルアイテムを購入できる、バーチャルなペットウェブサイトである。これは、子供たちがもっとも「くっついて離れない」サイトのひとつである。2008年の1月には、オンライン上には1億5千万人のユーザーに所有される2億2千万匹以上のネオペットが存在した。ペットへの埋め込み広告などの側面に関しては批判されているが[9]、このコンパニオンたちの人工的な側面に対しては、まだ誰も道徳的な観点からの反対意見を表明していない。もしネオペットとともに育てば、リタイアして一人暮らしになった際にバーチャルなコンパニオンを持つのは自然なことだろう。

第二に、ACはコミュニケーション、エンターテイメント、教育、トレーニング、健康そして安全といった内容の、一般的な情報ベースのサービスを提供するだろう。アバターのように、ACは、それ自体が社会的エージェントであると同時に、他の人々と関係を持つ手段になっていくだろう。ここでの一つの課題は、ACの利用可能性が、デジタルデバイドと同じように、社会的な差別や孤立を増加させるだろうことである。特に、障がい者が、適切な価格で電動車椅子や電動スクーターを購入したり、レンタルできる機会を与える、イギリスのモタビリティ・スキーム[訳注5]のように、適切な支援を必要とする場合や、障がいを持つ個人を尊重し、彼らがACによるサポートを受けられるようになることが望まれる。このように、ハードウェアとコンパニオン的アプリケーションなどのスマート技術の間の隔たりは、どんどん減っているのである。

第三に、ICTはそれら相互で会話することに関しては進歩してきているが、未だその主人の感情は無視したままである。パンチカードの時代には、これはまったく問題ではなかった。しかし少なくとも1990年代初頭には、AI研究の一分野で、いかにして人工エージェントが人間の感情を扱うことができるかが研究され始めた。これは、アフェクティブ・コンピューティングと呼ばれる。[10] アフェクティブ・コンピューティングには、二つの基本的な課題がある。一つは、ある種のICTが、人の感情を認識し、それに適切に反応できるかということであり、そしてもう一つは、ICTそれ自身に、さまざまな感情を持つようになる能力を与えることができるか、与えるべきかということである。

最初の課題は、ヒューマンコンピュータインタラクション（HCI）に関する研究の問題である。ユーザーの生理学的な状況や行動パターンが、その感情の状況を示す指標となり、HCIシステムの進化によって、そのようなデータを認識し活用して正確に適切なインタラクションをするというのが良い考えで

[訳注4] Neopets. バイアコム（Viacom）社によって1999年11月から運営されているバーチャルペットサイトで、世界最大級のバーチャル・ゲームサイトと言われている。
[訳注5] Motability Scheme. 英国で、1995年のDDA（Disability Discrimination Act：障がい者差別禁止法）により保障されている制度で、たとえば障がい者の車両改造に対する補助金などが含まれている。これによって、英国では公共交通機関やタクシーなどの新規導入車両はすべて、車椅子でアクセスできるものになっている。

あろう。今日、すでにアプリケーションシステムとして、不快で迷惑なメールをブロックする、運転の誤りを減らす、あるいは健康的な習慣をサポートする、ダイエットのアドバイスを行う、消費者としてより良い選択を示唆するといったことが可能である。この種のＨＣＩの遠い先祖が、クリッピー（Clippy）として知られる、悪名高いマイクロソフトオフィスのアシスタントである（正式名称はClipit）。ユーザー補佐の目的で作られたが、やっかいものとなり、２００３年には姿を消した。〔訳注6〕筆者は、たとえばトースターにあれこれ世話をやかれるのが嬉しいかどうかはわからないが、感情を傷つけられるのに勝る何らかの利点があるだろうと認めるのにやぶさかでない。ウェアラブルＩＣＴの成功は、アフェクティブ・コンピューティングの実現可能性をさらに増加させるだろう。

本当の誇大アピールは、二つ目の問題にある。我々の現在のコンピュータサイエンスの理解や、情動についての限られた生理学的知識から見て根拠のない、突拍子もない主張がなされるのである。それを簡単に言えば、我々人間が知的な作業に長けているのはそれに同時に情動的にも関わるからであり、したがって真のＡＩは、ある種の「情動的知性」が開発されることによって初めて実現可能であろうというものである。これを、モーダストレンス（Modus tollens：すなわち、もしｐならばｑである。だがｑでないのでｐではない）とわかっていただければ幸いであるが、そうでないとしても、知性には感情を必要とするという前提には、何らかの根拠を示す必要があるだろう。曖昧な進化への言及や必ず持ち出される反デカルト主義は、雑なものであり、混乱でしかない。見たところいかなる種類の感情や情動にも依存することなく繁栄している知的な動物が多数存在する。たとえばクロコダイルは泣かないし、アリはセミに文句を言うこともない。コンピュータが熱いのは、冷却装置が故障しているからである。我々のＩＣＴには、長い間そうであらざるをえなかったＩＣＴへの過保護をついに止めてしまっても、感情的になりすぎないでほしいものである。ＩＣＴはもう成長して、人間の心的スペースの外に出て行くべき時なのである。これが、三次技術の優位性である。取り残されているのは、次の大きなイノベーションの波である。

最終的にＡＣは、その所有者の情報リポジトリ（貯蔵庫）を構築・管理する、「記憶の執事」として機能するだろう。これは、良いニュースである。人が死ねばいつかは忘れ去られてしまう必然に対抗するのに、永遠に残る足跡を残すというのは、いつの時代も人気のある方略であった。今日では、記憶を助ける方策を自分で立てれば、多少忘れにくくなっている。このトレンドは、いったんＡＣが日常化すれば、指数関数的に増加するだろう。第1章で、ストレージの容量が驚異的なペースで増大する一方で、価格が下がってきたことを見た。世界的に見て、我々が生み出し続けているデータの量に追いついてはいないが、局所的に見れば、ＡＣによって一生分のデータを記録することに関して、ストレージはもはや確実に問題ではない。ある日、アリスは誕生のときに彼女のＡＣを受け取り、それを持ち続け、アップグレードし、修理し、そしておそらく新しいモデルと取り替えながら、彼女の人生のすべてを、そのＡＣのファイルにアーカイブするだろう。そして、何かしらのスマートアプリケーションが、声、視覚・聴覚の経験、表現された意見や趣味、言葉の癖、たくさんのデジタル文書などに基づいて、その人をシミュ、レ、ー、ト、することができ、アリスの死後でさえ、そのことに気づかれることなく、あるいは意図的に死を無視して、生前とほとんど同じように、アリスとコミュニケーションできるときはそう遠いことではないだろう。２０１

［訳注6］現在は、オンライン版マイクロソフトオフィスに復活している。

１年の初めに、アメリカではいくつかの葬儀場が、墓石に小さなＱＲコードを貼り付けることを始め、墓参りに訪れた人が故人の、オンラインの記念碑や死亡記事、さらにインタラクティブに見ることができる故人の一生などの情報にアクセスできるようにした。そのようなビジネスにとって、空が適切な境界となるようである。パーソナライズされたＡＣは、人をe-不死（e-mortal）にすることができる。何と言っても、進化し、カスタマイズされたＥＬＩＺＡ[11]――自然言語処理技術を利用し、台本に基づいてユーザーの反応に対してインタラクティブに反応する有名なプログラム――は、オンラインで、すでに多くのユーザーを騙すことができた（人々は、もう長いことＥＬＩＺＡのようなオンラインのエージェントとデートしようとしてきた）。新しい記憶の執事は、古い問題を悪化させ、さらに新しく難しい問題を提起するだろう。（すでにメールで問題になっているように）何を記録するのかよりも、何を消去するか、記録されたものの安全性と編集、記録された情報の利用可能性、アクセスしやすさ、伝達、その寿命、将来における消費と「再生」、パートナーの人間の死後のＡＣの制御、忘れ去ることと許容することの間の微妙なバランスを取り直すこと（独裁やアパルトヘイト、内戦の後の文化について考えてほしい）、情報プライバシーに関する繊細な問題、そしてこれらすべてが持つ、個人的、社会的なアイデンティティの構築に与えるインパクトや人々それぞれの過去とルーツを形成するナラティヴに与えるインパクト、これらは、技術面だけではなく、教育的にも哲学的にも、慎重に取り扱うことが求められる問題のうちのほんのいくつかにすぎない。

　人工コンパニオン（ＡＣ）と、その他の多くのＩＣＴによるＡＩシステムの現実化は、とりわけウェブ上で、我々のような情報有機体との相互作用を増加させていくだろう。そのため、近未来のウェブの姿は、研究者や技術マニアにとって気が抜けない問いなのである。ソーシャルメディアの成熟による、最近の産業構造の再構成は、ますますこうした問いを明確にする必要性を増加させている。最近、二つの異なる答えが、かなり騒々しいアイデア市場からだんだんと生まれてきた。ひとつは、紛れもなくティム・バーナーズリーによるセマンティックウェブの提唱で、もう一つは理解が容易な、ティム・オライリーによる、いわゆるウェブ2・0である。我々のような意味的なエンジンが、ICTやACのようなシンタクティックエンジンとどこで相互作用するかが、大きな違いをもたらす。はたして、どちらのティムが正しいのであろうか。次の節でそれについて述べることにする。

セマンティックウェブとそのシンタクティックエンジン

ティム・バーナーズリーは、1990年代にセマンティックウェブのアイデアを提唱した。そこから20年ほどが経ち、ウェブ3・0としても知られるセマンティックウェブの単純明快な定義を、連発される非現実的で大げさな誇張や、単に信頼感がない恥知らずの宣伝のもつれから切り離すのが難しくなってしまった。最も多く引用されている文章のひとつから[12]、長めの抜粋を紹介させてほしい。セマンティックウェブの考えのインフレーションを例示するのに有効である。

現在、ウェブコンテンツの多くは、人間が読むためにデザインされ、コンピュータプログラムが有意味に処理するようにはなっていない。コンピュータは、適切にウェブページのレイアウトや処理ルーチンを解

> 析することができるが——これにはページのヘッダーや他のページへのリンクなども含まれている——、しかし一般に、コンピュータは、情報の意味を処理するための信頼性の高い手段を持っていない。
>
> セマンティックウェブでは、ウェブページの有意味なコンテンツを構造化し、ページからページへ流れていくソフトウェアエージェントが、ユーザーのために洗練されたタスクを容易に実行できる環境を構築する。（中略）それは、2001年宇宙の旅のHALやスターウォーズのC-3POのような人工知能を必要とすることなく、このすべてを「知っている」だろう。
>
> セマンティックウェブとは、別のウェブのことではなく、情報にきちんとデザインされた意味を与えられた、現在のウェブの拡張版であり、コンピュータと人間の協働を、さらに可能にしたものである。（中略）機械は、現在ではただ表示するだけのデータを、よりうまく処理し、「理解する」ことができるようになる。
>
> セマンティックウェブでは、機械が、人間による発言や文章ではなく、意味を持ったドキュメントとデータを、理解することを可能にするのである。

テンポがよくエキサイティングな読み物であり、約束に満ちている。セマンティックウェブに関する文章を代表するものである（もしくは10年にわたって代表するものであった）。しかしながら、ワールドワイドウェブコンソーシアム（W3C）によって承認された、より慎重で厳密な視点からはほど遠いのである（強調を付加した）。

アプリケーション、企業、そしてコミュニティの境界をまたいでデータを共有し、再利用することを許容する共通枠組み。（中略）これは、ＲＤＦ（Resource Description Framework）に基づいている。[13]

どちらが正しいのだろう？ そしてなぜ、このような著しい違いがあるのだろうか？

セマンティックウェブの支持者は、当然ながら、その実際の実現可能性に過剰に熱心なのだろう。もしそれを構築することができたならば、大変素晴らしい。しかし不幸なことに、本当のセマンティックウェブは、技術的な解決の見通しがない、いわゆる「ＡＩ完全問題」なのである。[14] スターウォーズのＣ-３ＰＯのように素晴らしいが、非現実的だ。一方、技術的に可能な、「セマンティック」と言われるウェブは、面白くない。それが約束するもの、つまりコンピュータが処理しているデータの意味や重要性を理解し、説明するウェブを提供することに、必然的に失敗するからである。真実は、現実的に実現可能なセマンティックウェブの技術的に正確な記述は、広告で目にするものとは別なのである。再び、Ｗ３Ｃからもう少し引用する（強調を付加した）。

セマンティックウェブは、データのウェブである。（中略）セマンティックウェブは、二つのことに関わっている。それはまず、オリジナルのウェブが、主としてドキュメントの交換に集中したものであるのに対して、セマンティックウェブは、多様な情報源から引き出されたデータの統合と組み合わせのための共通フォーマットに関するものである。そしてまた、データが現実世界の対象といかに結びつくかを記録する言語に関するものでもある。それは、人間や機械が、最初は一つのデータベースから始まり、電線によってでなく、同じ事柄であることによって結ばれた、終わることのないデータベース群につながっていくのを可能にする。

おわかりのように、流れているのはデータであり（何らかの理解を要するセマンティックウェブではない）、シンタックス（何らかのの知性を要する意味ではない）である。本来、機械可読ウェブ（Machine-readable Web）とか、もしくはＷ３Ｃのように、データのウェブと呼ぶべきなのである。こうしたメタシンタクティック・ウェブ（MetaSyntactic Web）は、オンラインのユーザー向けの映画カタログのように、特定の形式に制約された、標準化された、定型化された文脈で機能し、ますますうまく機能してゆくだろう。これが、実際にＷ３Ｃが焦点を当てていることである。エキサイティングではないし、その真の姿では単純に売れないのは残念であるが、それというのもメタシンタクティック・ウェブは、真に有用な発展なのである。次に、ウェブ２・０について見ていこう。

ウェブ2・0とそのセマンティックエンジン

何をもってウェブ２・０と見なすかを明確に定義することは、トリッキーな課題と言うより、むしろ不可能であろう。しかしウェブ２・０が、似たようなタイプの技術やサービス、そして商品など、さまざまなかたちの緩やかなグループを示すという事実は、定義の明白さを欠くことを正当化するものではない。ピントのずれた写真に対して、霧がかかっていたからというのは、正当な理由にはならないだろう。実際に、ウェブ２・０アプリケーションが何を意味するのかを明確にしようとする試みは多いが、どれも事実上の標準《デファクト・スタンダード》の地位を得てはいない。公平に言って、ティム・オライリーは、明確さを求めていた。2005年の、「ウェブ2・0——その簡潔な定義とは？」[15]と題された有名な記事で、彼はこう書いている。

ウェブ2・0は、プラットフォームとしてのネットワークであり、接続されたすべてのデバイスの全範囲である。ウェブ2・0のアプリケーションは、そのプラットフォームの、本質的な優位性のほとんどを構成する。アップデートサービスを継続してソフトウェアを提供し続け、ユーザーの利便性にさらに貢献し、個人のユーザーを含んで、さまざまな情報源からのデータを消費し、リミックスし、そうしながら他人によるリミックスを許容するかたちで、自身のデータやサービスを提供しつつ、「参加のアーキテクチャ」[訳注7]を通してネットワーク効果を作り出し、ウェブ1・0のメタファーを越えて、より良いユーザー経験を提供していく。

つまりセマンティックウェブとは、参加型のウェブなのである。現在では、ユーチューブ、eBay、フェイスブックなどの「古典的な」サービスが含まれる。ウェブサイトの情報を提供するウェブサービスであるアレクサで、[訳注8]トップ25のウェブサイトをチェックしてみていただきたい。

[訳注7] architecture of participation (AOP). ユーザー側が無意識、あるいは意識的に、情報に付加価値を付けるための仕組みのことを意味する。ティム・オライリーは、ウェブ2・0を構成するパターンを八つ挙げているが、そのうちの一つに、「参加のアーキテクチャ」による付加価値創造を挙げている。

[訳注8] Alexa. アレクス・インターネットは、1996年に設立されたカリフォルニア州サンフランシスコのインターネット関連企業で、1999年にアマゾンの傘下となった。ウェブサイト情報や利用状況に関するデータを集め、ウェブサイトがどれだけの人に見られているかを調査している。

それでは、ウェブ2・0とセマンティックウェブの違いは何なのだろうか？　それに答えるためには、ここ10年ほどのウェブ2・0アプリケーションの成功事例を見ていくのが良いだろう。

ウェブ2・0は、次に挙げる理由で機能している。メタデータは、たとえそれがデータについてのデータであろうと、あくまでデータである。それらは、同一と見なせる差異であって、意味論的《セマンティック》な解釈（しかし未だそれを欠いている）によって制約されるというにすぎない。それらは意味的な情報（意味が必要とされる）や、知識（真理と少なくともいくらかの説明と理解が必要である）と混同されるべきではない。しかし我々のICTは、現在のコンピュータ科学における最先端の知見を元に構築しうる、どのようにスマートな人工エージェントであっても、シ、ン、タ、ク、テ、ィ、ッ、ク、エ、ン、ジ、ン、であって、情報の意味を処理できない。つまりセマンティックウェブは、単なる誇張なのである。それは実際には、デ、ー、タの記述言語に基づいたものであり、意味的な情報はまったく含まれていない。それどころか、利用可能なセマンティックエンジンは人間だけであり、それはツイッターのエンジニアが認めているように、機械の中の幽霊なのである。よって、ウェブ2・0はセマンティックエンジンのために、セマンティックエンジンによって作られたウェブであって、多くのユーザーの貢献によって支えられている。その実例として、フォークソノミーについて考えてみよう。

フォークソノミー（folksonomie、すなわちfolk－人々とtaxonomy－分類学からなる造語）は、ソーシャルタギング（たとえば、写真に、ニューヨーク、冬、自由の女神というタグ付けをする）として知られる、ユーザー相互の協働による分類を通して、他の情報（たとえば写真など）に関する情報を生み出す社会的な実践が集積した結果である。何を分類するか、どのように分類するか、そして分類に際して、どの適切なキーワードを使うかといったことは、個々のユーザーやタグ付け対象の作成者に委ねられているため、ボトムアップで機能する。フォークソノミーは２００４年以来、情報の管理ツールを通して情報を個人化し、その達成を容易にする効率的なやり方として広まった。もしフリッカー（Flickr）で、ニューヨーク、冬、自由の女神と検索すると、冬の間に撮られた、ニューヨークの自由の女神と一致する写真を見つけることができる。単純？　確かに。しかしフォークソノミーがとんでもなく曖昧だという反論は、重要ではない。検索結果の写真の一覧をさらに見ていくと、ニューヨークで冬に自由の女神の格好をした人の写真を見つけるだろうし、「自由の女神号」と名づけられたボートの写真さえ見つけるだろう。コンピュータは、これらを区別せず、「ニューヨーク」、「自由の女神」、「冬」、とタグ付けされたすべての写真を見つける。しかしこれは、迅速に曖昧さを解決できる我々人間のようなセマンティックエンジンにとっては問題ではない。インプットとして、しばしば多くのタグ付をし（そのボートの写真には執筆時で69個ものタグが付いていた）、いずれにしてもアウトプットの違いを見分けることができる（自由の女神とその格好をした人やボートを混同することは難しい）。

　ウェブ２・０は、実現可能であり、実際に実装されてきているが、ウェブ１・０のように、別の外部スペースを作り出すことは行わず、情報有機体としての人間に親和性が高く、人間が住まうエコシステムなのである。ウェブ２・０はインフォスフィアの一部であり、登録され永久に保存されるものとしての記録（プラトン的な観点）が、蓄積され洗練されているものとしてのメモリに置き換えられていき、したがって想起（recollection）が検索（search）に取って変わられるのである。それは、時間との親和性によって特徴づけられる環境である。時間は価値を加え、ウェブ２・０アプリケーションとコンテンツは、人々の利用によって良くなっていく。つまり、とりわけそれに参加する人の数が常に増え続けていくため、年々改良されるのである。これが、セマンティックな情報を作り出し消費する、大量の批判的情報組織体の機能となる。たとえば、ウィキペディアの記事もまた、増大する参加者による、新世代全体が査読効果を強めるため、記事がオンラインに長くあるほど、より良いものとなっていく。ウィキペディアユーザーは、ブリタニカその他の出版された情報源を見下すべきではないという批判は正当である。結局は、古く著作権フリーになったブリタニカの記事がウィキペディアに含まれており、他のさまざまな利用可能な著作権フリーの情報源から簡単に情報を取ってこられるため、ウィキペディアは改善されてゆくから、さらに時間との親和性が促進されているのである。さらにウィキペディアの編集上の構造は、人々が思っているだろうよりも、はるかに複雑かつ明瞭で、「階層的」である。自主的に生成されたコンテンツは、まさにこうした厳密で高いコントロールに基づいた、編集プロセスの結果なのである。誰もが貢献できるということは、誰もがそれをするであろうということではない。しかしこれも、組織の中で進んで協力したいというボランティアとその意思に依存しており、時間との親和性がある。

これらのすべてはまた、今日のウェブ2・0をクラウドコンピューティングの一部と見るのが望ましいかの理由を説明する助けとなる。これはインターネットに対する、もう一つのメタファー（そしてバズワード）であり、これも曖昧ではっきりしない。しかし、ウェブ2・0の場合のように、コンピューティングのためのリソースがより有効なものへとアップグレードされた変換を意味するものとしてそれが使われる場合には、クラウドコンピューティングという概念は、実際の新しいパラダイムを捉えている。ソフトウェアツール、メモリスペース、計算パワー、そしてその他のサービスやＩＣＴの能力は、すべてインターネットベースの（つまり文字通り「クラウド（雲）」の中の）サービスとして、完全にインフラによらず透明であり、ユーザーにとって継ぎ目のないかたちで提供される。それはスペースの局所化と、それゆえの情報処理の断片化に対する、究極的なチャレンジである。ウェブ２・０は時間に対する親和性が高く、またクラウドコンピューティングはスペースに対する親和性が高い。ユーザーがどこにいるかは問題ではなく、どのような計算のリソースが必要なのかということだけが、ここでは問題となる。

それに対して、ウェブ１・０とセマンティックウェブは、時間への親和性がなく、何百万もの情報有機体から与えられうる大量の小さな貢献に頼ることに、失敗している。たとえば、印刷されたブリタニカの記事は、長く利用されていく中でその有用性が減じていき、ついには完全に時代遅れのものとなるだろう。同じことが、ハブとして機能している古いタイプのウェブサイトにも言える。ゆえに、何かのサービスがウェブ２・０に属しているかどうかを知るためには、こういう簡潔な質問がある。そのサービスは、時間の経過や利用者の増加、つまり接続したユーザーの数によって、改善されるだろうか？　フリッカー、ユーチューブ、そしてウィキペディアなどは、そのテストをパスしたサービスであることを見てきた。

ウェブとインフォスフィア

完全なセマンティックウェブは、ここで論じるように、正しく定義された誤りであり、一方ウェブ２・０は、定義の悪い成功事例である。どちらも、インフォスフィアの構築と断片化を解消するという、より大きな事象の興味深い実例である。ウェブ2・0／参加型ウェブは、情報のライフサイクル（発生から処理、管理そして利用まで、図4参照）の中の一つないしそれ以上のフェーズでの、情報の生産と消費の間の障壁を消し（摩擦を減らし）、あるいは、情報の生産者と消費者の間の障壁を消し去る。ウェブ3・0／セマンティックウェブは、メタセマンティックウェブとして理解されるべきであり、データベース間の障壁を消し去る。そしてウェブ4・0を、情報化社会の市民と非市民の間（実際的な情報技術の利用可能性とアクセシビリティ）、そしてヒストリカルな社会とハイパーヒストリーの社会の間のデジタルデバイドを消し去る、ブリッジウェブ（Bridging Web）として位置づけることができよう。興味深いことに、パーソナルコンピュータの日常品化よりも、スマートフォンやその他の手持ち型デバイスで、これが起こっている――アフリカ、中国、インドで。国際電気通信連合[16]のレポートによれば、２０１３年には人口71億人に対して68億台の携帯電話契約件数があり、２０１４年の初頭には、契約件数が人口を越えると予想されている。ウェブ5・0までに、クラウドコンピューティングと、そのグローバルとローカルの間の物理的な障壁や差を解決する能力が語られるようになるだろう。最終的に、ウェブ6・0はオンライフウェブ（Web Onlife）となり、オンラインとオフラインの世界の間の境界を消し去るだろう。これらのさまざまなウェブは、それぞれ平行して開発されており、それらが登場する順番は、部分的に時系列なだけである。ここでのウェブの番号づけは、単なる利便性のためで、階層的な順序を意味していない。それらは、より良いインフォスフィアに向けて、ウェブの進化を後押しし、収斂していく流れとして見るべきである。マイクロソフトの「インプットワン（input one）」戦略[訳注9]は、すべての種類のＩＣＴアプリケーションに対するリビングルームでの中心をなす経験やオンライフ経験を表現する単一のデバイス（Ｘｂｏｘなど）の開発を追及するもので、このような統合されたインフォスフィアの観点から見ると理解しやすいだろう。

ウェブの将来についての、情報スペースにおける情報の漸次的な断片化の解消という線に沿って発展してきたということここまでの説明は、その大きなシナリオを捉えたものである。社会的な情報有機体かつセマンティックエンジンとしての人間は、ますます境界がない、継ぎ目のない、同期した（時間）、非局在化した（スペース）、そして相関しあう（相互作用）インフォスフィアに住まうようになるということである。そのためには、前の諸章で出会ったいくつかの要件が必要だということに思い至るだろう。それは、何世代もの情報有機体によって、時間をかけて徐々に意味を増やし、伝達してゆくことに基づく環境であり、将来の洗練や再利用のために意味を保全し改善する、協同的な努力なのである。この、情報の「環境保護政策（green policy）」が、私が述べたい最後のポイントである。

読者は、映画『マトリックス』の中で、最後に映る不気味なシーン、単なる生物的なエネルギー源として養殖されている人間たちの大群を思い出すかもしれない。それは説得力のあるストーリーではあるが、しかし、ばかばかしい資源の浪費でもある。人間を特別な存在にしているのは、身体ではない。人間は、多くの動物たちよりも身体的に優れているわけではない。おそらく劣っている。人間は、我々が知性とか心と呼んでいる、能力の連合体なのである。人間も、しっぽや角や翼や羽を持ち、卵生生物でありえたし、海の中に棲んだかもしれない。カント[訳注10]の言葉をあえて別様に言い換えれば、人間を人間たらしめるものをただ手段とし、決してそれ自体を目的とせずに用いる最善の方法は、情報有機体、意味論的に雑食

[訳注9] 2013年頃、マイクロソフトの家庭用ゲーム機Xboxの広告に、「All in one. Input one」というスローガンが使われていた。

で、意味の処理と知的な相互作用が可能な有機体として見ることである。蚕の幼虫が絹を生産しそれを使うように、我々は、情報の意味を生成し、利用する。それは並外れた特徴であり、我々のように進化した意味を扱う知性が他の惑星に存在しないとすれば、現在のところ、宇宙で唯一である。それはまた、過去においては部分的にしか利用していなかった特徴でもある。文明、文化、科学、社会的慣習、言語、物語、芸術、音楽、詩、哲学……、要するに、何十億もの情報組織体によるこれらすべての巨大な意味のインプットとアウトプットは、歴史という硬いベッドの上に、薄い腐植土の地層のように、数千年にわたってゆっくりと層を成してきた。天災と人災によって何度も押し流され、あるいは埋もれて近づけなかったり利用できないために、不毛となりもした。それらの蓄積がなければ、人間は心を持たない身体の、けだものの人生を送ることになる。しかし、意味の存在、維持、蓄積、収集、拡大、そしてその最適な活用は、物質やエネルギー資源の管理と、物理的な環境の形成において達成してきたことに比較すれば、依然として限られたものであった。我々が今日体験している情報革命は、一部そのようなバランスの欠如の調整という観点から理解することができる。ＩＣＴは、我々の意味の腐植土層の安定した存在、着実な蓄積と成長、そしてその使用可能性の増大を保証する段階に達した。未来の世代に親和性の高い環境としてインフォスフィアを構築することが容易になってきているということは、良い知らせだろう。しかし、予見できる未来において、そのような巨大な課題の責任を引き続き人間が完全に負わねばならないというのは、悪い知らせである。

むすび

軽いＡＩ、スマートエージェント、ＡＣ、セマンティックウェブ、もしくはウェブ２・０アプリケーションは、この宇宙における人間の本質的な性質と役割を再評価する長いプロセスにおいて、私が第四の革命として描いているものの一部である。ＩＣＴによってもたらされた最も深い哲学的な問題は、それらがいかに我々を拡張し、エンパワー（強化）するのか、あるいは、それらによって我々が何を可能にするのか、ということよりも、もっと根本的に、我々が誰であり、互いにいかに関係しあうべきなのかということの、再解釈に導くところにある。ＡＣやソフトウェアベースのスマートシステムを含んで、人工エージェントが自動車並みの日常品になったとき、我々はこの新しい概念的な革命を、躊躇することなく受け入れるだろう。屈辱的ではあるが、エキサイティングなことでもある。こうした、我々の自己認識における重要な進化と、ＩＣＴに仲立ちされて、自然のもの人工のものを問わず、人間が他のエージェントとのやりとりをますます享受するようになるであろう相互作用を考えると、我々は現実全体に対する、新たな生態学的アプローチを開発する無二の機会を持っているのである。本書の第10章で議論するように、新しいインフォスフィアと我々自身をいかに生態学的に構築し、形成し、制御するかは、ＩＣＴと第四の革命によってもたらされる重大な挑戦なのである。

〔訳注10〕カントは『形而上学講義』で、「君自身の人格ならびに他のすべての人の人格に例外なく存するところの人間性を、いつまでもまたいかなる場合にも同時に目的として使用し決して単なる手段として使用してはならない」と述べている。

『から騒ぎ』冒頭の、ベアトリスの質問を思い返してみよう。「今は誰が彼のお相手?」彼女は人工エージェントがその答えだとは理解しないだろう。将来の世代なら、問題はないだろうと思う。彼女の質問から将来の世代たちの答えへの変化を可能な限り確実に受容できるようにすることが、我々の課題となるだろう。そのような課題は、倫理的であり、また政治的でもある。読者が予想するように、それが第8章のテーマである。

第8章　政治

マルチエージェントシステムの登場

政治的アポトーシス

第1章では、紀元前4千年紀に文字が発明されて以来、６０００年もの時間が過ぎたことを見た。この間の比較的短い期間に、ＩＣＴは録音と伝達のインフラを提供し、他の技術の増大を可能とした。これは、我々の多様な技術蓄積面に対する依存を、徐々に増大させた。ＩＣＴは、グーテンベルグとチューリングの間の数世紀の間に、より成熟した段階に入った。今日、ＩＣＴの自律的な処理能力によって、新たなハイパーヒストリーの時代が開かれた。情報化社会は、社会の福祉、個人的な幸福、技術革新、科学上の発見、および経済成長を、一次、二次、三次のＩＣＴに依存している。いくつかのデータを示して、その点をより明確にしよう。

全世界の富[1]は、２０１０年に１９５兆ドルだったが、２０１１年には２３２兆ドルと推定されている。[2]

人類は70億人いるので、一人あたり3万3000ドル、あるいは、成人一人あたり5万1000ドルの富を持つことになる。この数字から、不平等のレベルが明確に理解できるだろう。同年、広告費に費やされたのは498兆ドルである。[3] おそらく我々は史上初めて、殺し合いよりも我々自身を楽しませるために、多くを費やした。軍事費は2010年には1兆7400億ドルであったが、[4] 娯楽とメディアにはおおよそ2兆ドルを費やしたと推定されている。デジタルエンターテイメントとメディアのシェアは、2011年の総支出の26%から、2015年にはその33・9%にまで成長した。[5] 一方、2010年のデータによれば、健康問題と乳幼児死亡と戦うために、軍事費と娯楽・メディア予算の総計よりも多く、6・5兆ドルを支出している。これらのすべての費用は密接につながっており、しばしばICTへの支出と重なっている。2010年には、8兆ドルがICTに費やされている。[6] もう、我々の世界とICTを切り離すことはできない。

前章で述べた分析がおおよそにせよ正しいとするならば、ヒストリーの時代から人間性《ヒューマニティ》が浮上したことは、これまでの最も重要なステップのひとつだったと言える。それは確かに、すべては基本的にICTの記録、通信、処理の力によってもたらされる、機会と挑戦、困難の広大な地平を開いた。合成生化学から神経科学まで、モノのインターネット（Internet of Things）から無人惑星探査まで、環境関連技術から新しい治療まで、ソーシャルメディアからデジタルゲームまで、農業から財政的なアプリケーションまで、経済発展からエネルギー産業まで、発見、創造、デザイン、コントロール、教育、仕事、社会化、エンターテイメント、ケア、保安、ビジネス、などの我々の活動は、純粋に機械的なヒストリーの文脈においては実行できないだけでなく、考えることすらできなかっただろう。これらは皆、その本質において、ハイパーヒストリーとなったのである。
ハイパーヒストリーと我々が暮らしているインフォスフィアの進化は、未来の世代を急速に我々の世代から切り離していく。もちろんこれは、過去に向かっても未来に向かっても、連続性がないということではない。過去に向かっては、変化が大きければ大きいほど、より長期にわたる、より広範な原因に起因していることがしばしばあるからである。多くのさまざまな力が、おそらくは予期しないかたちで、突然大きな変化をもたらす圧力を長いこと蓄積させてきたからである。木の枝を折るのは、決して最後の雪片ではない。ここでの例では、ハイパーヒストリーを生んだのは、紛れもなくヒストリーである。アルファベットなくしてＡＳＣＩＩ（American Standard Code for Information Interchange）コードは存在しえない。未来に向かっては、第1章で述べたアマゾンの部族とは違って、ヒストリー社会が未来においても長い間存続してゆくと予期されるからである。グローバリゼーションにもかかわらず、人間の社会は、きちんと調子を合わせて一様には進まない。

　我々は、ゆっくりとした段階的な、政治的アポトーシス（political apoptosis）を目撃している。アポトーシスとは、プログラムされた細胞の死であるが、それは自然で正常な自己破壊作用であり、プログラムされた一連の手続きによって細胞が自ら除去される。アポトーシスは、身体の健康の増進と管理に重要な役割を果たす。これを、自然なプロセスの修復作用と見なすことができよう。ここでは、「政治的アポトーシス」という言葉を、主権国家[7]が情報化社会に移行する、段階的で自然な修復プロセスを表現するために使っている（図21参照）。以下、説明しよう。

　簡単化し一般化するため、ここ４００年間の西欧世界の政治ヒストリーを以下のように描こう。「ウェストファリアの平和（Westphalia）」（1648）は、第0次世界大戦、すなわち、30年戦争、18年戦争、その他、経済、政治そして宗教などの理由から、ヨーロッパの覇権国とそれらが支配した世界の各所が殺しあった紛争の終焉を意味している。キリスト教徒同士が途方もない暴力と声をも失う恐怖で互いを地獄へと落としあった。これらの年月から現れてきた、いわゆるウェストファリア体制（Westphalian order）によって、主権国家の成熟と、その後、今日につながる国家の成立を見ることになった。たとえば、フランスである。『三銃士』の最後の章、ダルタニアン、アラミス、ポルトス、アトスたちの、１６２８年のラ・ロシェル包囲戦への参戦と、続編の第2部『二十年後』の第1章で、アンヌ・ドートリッシュ（1601-1666）の摂政政治とマザラン枢機卿（1602-1606）の支配のときに再会する間の時代を考えてみていただきたい。

しかし国家は、一枚岩の、単一志向の、良く調和した実体になったわけではなかった。それは、ホッブズが『リヴァイアサン』で描いたような種類の獣ではなかったが、後の機械の時代に想像しがちなロボットのようなものでもなかった。だが国家は、その地勢的境界の範囲に収まる限り、結合する力の役割、それを構成する個々別々のエージェントたちを束ねて影響を与え、その行動を調整し、まとめあげることのできるシステムをもたらすことになった。境界は、国家の皮膚としての比喩的地位を獲得した。国家は国際関係のシステム中での制度的な役割を果たす、独立したエージェントになっていった。そして主権の原理（各国は政治的に自己決定する基本的な権利を持つ）、法的平等（すべての国は対等）、不干渉（他の国の内部事情に干渉してはならない）が、国際関係のシステムの基礎となった。

古代ギリシアの初期の都市国家の時代から、市民権は、家系や性別、年齢など、生物学的な要素に基づいて論じられてきたが、法的地位にも基づくようになると、より柔軟になった（さまざまなタイプの市民権）。これがローマ帝国で起こったことである。市民権を獲得すること ― 純粋に生物学的な文脈では意味のない考え方である ― は、諸権利を保有するようになることを意味した。近代国家では、地理が同じように重要な役割を果たすようになり、市民権に言語や国籍、民俗性、地域などが混ざり込んだ。この意味で、パスポートの歴史は重要である。ウェストファリア体制が生まれるずっと前、イングランド王のヘンリー五世（1386-1422）の発明とされ、その所有者のアイデンティティを証明する手段であった。しかし、パスポートが、その保有者に旅行することの権限を与えるのでもなく（たとえば、国外への旅行にはビザも必要である）、外国で守られることを保証するのでもなく、その発行国に戻る資格を与える文書へと変えたのは、ウェストファリア体制においてであった。他国への旅がどれほど距離的に離れていても、あるいは時間的に長引いたとしても、パスポートは、その保持者を地理的な一点につなぎ止めるゴムバンドのようなものとなったわけである。こうした文書は、地理的な点がよりはっきりと定められるにつれ、ますます有効なものとなっていった。第一次世界大戦までは、ヨーロッパでは旅行にはパスポートは必要なかった。その後、鉄道という新しいネットワーク手段によって旅する人々の伸縮バンドのもつれを解きほどき、管理する必要とセキュリティ上の圧力が高まり、技術的、官僚機構的手段が発展して、パスポートが活用されるようになった。

ウェストファリア体制に話を戻そう。現在では、国の物理的なスペースと法的なスペースは重なっており、それらの両方を国の主権によって統治し、国の境界内の物理的な力によって、人々を支配し、法律を適用し、敬意を払わせる。地理的マッピングは、旅行や取引だけの問題ではなく、自己自身の領域を制御する内面に向かう問いかけであり、自己を地球上に位置づける、外に向けた問いでもある。税務官吏や軍人は、こうした地理的な線引きを、たとえば今日の旅行関係のオンライン予約サイト、エクスペディア（Expedia）のユーザーとは異なった観点から見ている。主権国家は、エージェントとして機能し、たとえば、国家内で増税したり、あるいは法的実体として負債の契約ができる（したがって、たとえば今日言うところの「ソブリン債」は、中央政府が外貨で発行する債券である）、そしてもちろん、国境争いがあり、しばしば暴力的になる。政治的な争いの一部は、聖職者 対 上流階級のように、マルチエージェントシステムとしての国家を構成する異なった要素間での静かな緊張となるだけではなく、構成している異なるエージェント間の、明確に法制化された均衡状態となる。モンテスキュー（1689-1755）は、今日我々が当然と考えている、国家権力の古典的な要素である議会、行政、司法の分立（三権分立）を唱えた。国家をマルチエージェントシステムとして見ると、これら三つの要素による「小さな世界」のネットワークとして組織されており、それらの間では、特定の情報チャンネルだけが認められている。こうした取り決めを、さしずめ今日では「ウェストファリア２・０」協定と呼べよう。

ウェストファリア体制とともに、近代のヒストリーは国家の時代となった。国家が情報エージェントとして現れ、教育、国勢調査[8]、徴税、警察記録、成文法、報道、諜報などを含んで、情報のライフサイクルに関わる技術手段の法律を制定し、少なくとも統制しようとする。ダルタニアンたちのさまざまな冒険はすでに、いくつかの秘密のコミュニケーションによって引き起こされたものであった。

情報エージェントとして、国家は、法的な力、政治権力、社会統制を実行し維持する手段として、ＩＣＴの発達を促進する。特に、国家間紛争や、しばしば起こる政情不安、脆弱な平和の時にはなおさらである。たとえば、フランス革命下の１７９０～９５年、フランスを包囲する英国、オランダ、プロシア、オーストリア、スペインの同盟軍の敵対行為に対抗するため、フランス政府は、諜報情報を受け取り、命令を伝達するために、迅速なコミュニケーションシステムを必要とした。こうした要求を満たすために、フランスの発明家クロード・シャップ（1763-1805）は、最初の電信システム（telegraph）を発明した（telegraph という言葉は、彼の造語である）。それは、機械式の信号装置で、ほんの数時間で国中にメッセージを送ることができた。そして重要な戦略的道具となり、ナポレオンが１８０５年にイタリアでの戦争再開を準備した際には、リヨンからミラノまで拡張するよう命令したのだった。シャップ電信装置は、ピーク時には５３４もの局からなるネットワークとなり、５０００キロメートル（３１０６マイル）以上をカバーした。アレキサンドル・デュマの『モンテクリスト伯』（1844）で、伯爵が自分の利益のため金融市場を有利に操ろうと偽のメッセージを送るよう操作員を買収する重要な登場シーンを、読者は思い起こすかもしれない。小説でも実際でも、情報をコントロールする者が、起こる出来事をコントロールするのである。

数世紀を経て、「レッセフェール（laissez-faire：自由放任）」社会の究極の保障者、養護者と考えられてきた国家は、市民に対して完全な配慮を行う、ビスマルク流の福祉制度へと移っていった。だがどちらの国家も、基本的に情報の収集者、作成者、統制者であり続けた。しかしＩＣＴの発展を促進することによって、国家は、唯一の、あるいは主要な情報エージェントとしての未来に終わりを告げることとなった。これが、先述した政治的アポトーシスである。長いうちに、ＩＣＴは国家を情報化社会へと変質させていき、国家以外の、時にはより強力な情報エージェントが複数生まれることを可能にし、それらが政治的な決定や出来事を決めるかもしれない。このようにＩＣＴは、集中型の政府から、分散型の統治と、国際的、グローバルな調整へと、そのバランスが移行するのを助けるのである。

過去の二つの世界大戦は、より大きなマルチエージェントシステムの一部として相互に協調しそれに吸収されることに抵抗する、主権国家の衝突でもあった。ブレトンウッズ会議は、国家の政治的アポトーシスの始まりを封印するためのイベントと解釈できるだろう。１９４４年に、全44の同盟国から７３０人の代表が、アメリカのニューハンプシャー州ブレトンウッズのマウントワシントンホテルに集い、第二次世界大戦終結後の国際的な資本と金融に関する体制が決定された。そこで、再建と発展のための国際的な銀行機関（これは、国際開発協会と統合して、現在は世界銀行として知られている）、関税と貿易に関する一般協定（ＧＡＴＴ。１９９５年に世界貿易機関となった）、そして国際通貨基金が生まれた。要するに、ブレトンウッズは、世界の政治的、社会的、そして経済的な問題に関わる、超国家的、あるいは政府間の力として、さまざまなマルチエージェントシステムをもたらしたのである。これらエージェントや同様のエージェントは、「ワシントン・コンセンサス（Washington Consensus）」が明確に示すように、次第に強力かつ高い影響力を持つようになっていった。

「ワシントン・コンセンサス」の概念は、国際経済学者ジョン・ウィリアムソン[9]によって、１９８９年に提唱された。彼は経済危機に瀕している国々に対処するにあたって、ワシントンＤＣに拠点を置く機関――米国財務省、国際通貨基金、世界銀行など――によって採用され促進されるべき標準的な方針からなる、特定の10項目の政策提言を指してこの言葉を用いた。これらの政策は、マクロ経済の安定化、貿易と投資の両方における経済の開放、国内経済における市場の力の拡大に関わるものである。過去の四半世紀、このテーマの正確な記述と実現可能な処法について、活発に議論されてきた。しかし先に述べたウェストファリア体制と同じように、ワシントン・コンセンサスの考え方も、いろいろと問題があった。ワシントン・コンセンサスは、実際のヒストリー的な現象を捉えているか？　ワシントン・コンセンサスは、その目標を達成したことがあるか？　ワシントン・コンセンサスは、ウィリアムソンの明確な定義にもかかわらず、ワシントンに拠点を置く国際金融機関の、困難を抱えた国々に対するネオリベラル（新進歩主義）政策の押しつけと再解釈されるのではないか？　これらは重要な問いかけである。しかしここでの本当のポイントは、ワシントン・コンセンサスの解釈や、経済上、規範上の評価ではない。それが単なる影響力のある考えに止まるとしても、まさにこの考えが、ウェストファリア体制後のハイパーヒストリー時代の重要な特徴を捉えているという事実が重要なのである。ワシントン・コンセンサスは、ブレトンウッズからの一貫した延長である。どちらも、第二次世界大戦後、国家ではなくむしろ非政府のマルチエージェントシステムである組織や機関が（ワシントンDCのそれらだけでなく）、国際的な政治的、経済的な場面で主要な影響力として公然と認められ、地球的な政策によって地球的な問題を扱うという事実を露わにした。ワシントン・コンセンサスが（それが正しいか否かは別として）、地域の特殊性やグローバルな相違を無視しているという非難自体が、地球規模の情報化社会において、多様で強力なマルチエージェントシステムの多様性が、今や新しい政策の源となっていることをいっそう良く示している。ここではさらにもう一つ、『トップ200 ―― コーポレートグローバルパワーの台頭』と題された、物議をかもしたレポートを紹介したい。これは数年前に行われた、企業エージェントの分析である。[10] おそらく最も批判された部分は、国の年間DGPと、企業の年間売上（収益や取引高）の比較である。これの持つ潜在的な欠点

にもかかわらず、未だ興味深い。このレポートによると、

〔2000年の時点で〕世界の最も大きな経済主体のトップ100は、企業が51、国家はわずか49であった。

批判は多々ある。しかしこの割合は、おそらく企業の数が増える方向に動いてきたであろうし、両者の比較をつなぐ単位がGDPと収益であることはインパクトが大きかった。そのような規模のマルチエージェントシステムによる意志決定は、世界的に波及する大きな影響力を持っている。

今日我々は、環境から経済危機まで、社会正義から偏狭な宗教原理主義まで、平和から健康状態まで、地球レベルの問題で、その唯一の解決の源として主権国家に頼ることはできないと知っている。それには地球レベルのエージェントが関わっており、それらを抜きにはできないからである。しかし、人類の未来を作り上げるであろう新しいマルチエージェントシステムについては、ずっと不確実である。ハイパーヒストリーの社会は、ポスト・ウェストファリア社会である。主権国家が現代

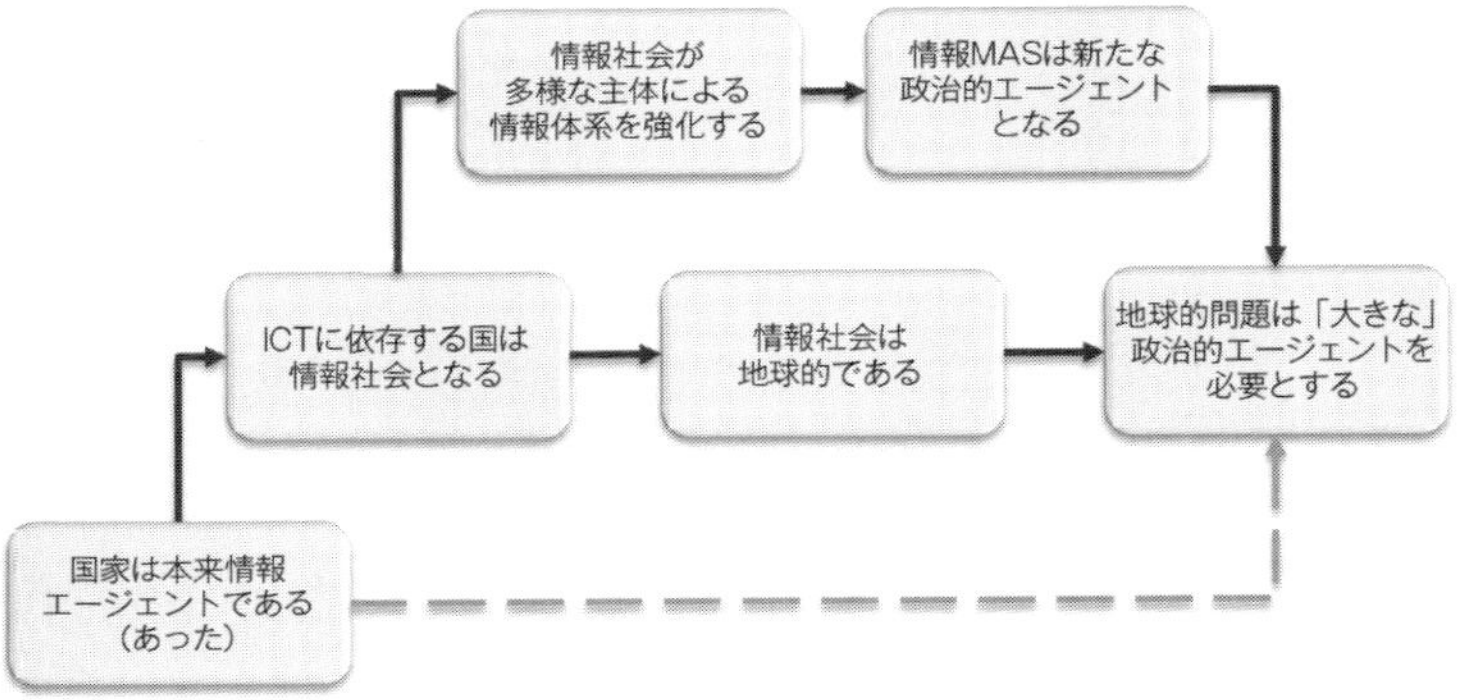

図21　政治的マルチエージェントシステム（MAS）の出現

の政治情報エージェントとなって現れるからである。さらにそれは、ポスト・ブレトンウッズ社会でもある。グローバル経済と政治において、非国家のマルチエージェントシステムが、ハイパーヒストリーでのプレイヤーとなるからである。これは、ハイパーヒストリーの社会が直面する主要な課題のひとつが、正しい種類のマルチエージェントシステムをいかに構築するかにあるということを説明するのに役立つ。これらのシステムは、現代のヒストリーにおいてなされた社会政治的な進歩をフルに活用すべきであり、一方で、ハイパーヒストリーの中で、その進歩の遺産を損なう新しい地球的な問題を、うまく扱わねばならない。

新しい情報体制？

ヒストリー的なウェストファリア体制から、ポスト・ブレトンウッズの新しい平衡を模索するハイパーヒストリー的な困難さへの移行は、さまざまな要素から説明することができる。本書の文脈からは、そのうちの四つが取り上げるに値するだろう。

第一に、権力である。ここまでＩＣＴが、データとそれを処理／制御する権力を「民主化」することを見た。そこでは両者とも、多数のリポジトリと情報源の中に存在し、その中で増殖していくようになる、という意味においてである。このようにＩＣＴは、個人から組織やグループまで、多国籍企業のようなマクロなエージェントから国際的、政府間的な、あるいは非政府の、組織や超国家的機関まで、潜在的に無制限の、大量の非国家的エージェントを作り出し、活動を可能にし、権力を与えることができる。国家はもはや、他の情報エージェントに情報的権力を振るえる、政治的アリーナにおける唯一のエージェントではなく、時には主要なエージェントですらない。たとえば欧州委員会（European Commission）は、EUとアフリカ、カリブ海地域、太平洋諸国（ACP諸国）間の、コトヌー協定（Cotonou Agreement）におけるこうした新しいエージェントの重要性を認めている。多岐にわたる非政府の発展活動組織が発揮する重要な役割が認められ、EU‐ACP開発協力（ACP-EU development cooperation）に参加することが正式に認められている。コトヌー協定の条項6によると、こうした非政府系の組織体は以下から構成される。

> 民間のセクター、労働組合組織を含む、経済的、社会的パートナー、その国の特徴に基づいた、あらゆる形態の市民社会。

ICTがもたらす「民主化」は、権力（power）と強制力（force）の間の新たな緊張を生み出しつつある。ここで権力は情報的なもので、規範の精細化と普及を通して行使されるのに対して、強制力は物理的なものであり、関連エージェントの行動や施行されるべき規範を権力が方向づけることができない場合に行使される。物理的なもの、たとえば金銭でさえ、より情報依存になるほど、マルチエージェントシステムによって行使される情報権力が大きな財政的な影響力を持つことに注意されたい。

第二に、地理である。ICTは、人間の経験を領土から切り離す（de-territorialize）。それは、地域の境界を透過可能にし、場合によっては完全に無意味なものとしてしまう。またICTは、インフォスフィアの領域を作り、それを指数的に拡大していく。そこでは、必ずしも人間とは限らない数多くのエージェントが増大しながら、さまざまなことを行い、多くの時間を費やしている。つまり、オンライフ経験である。こうした、インフォスフィアの領域は、本質的に国境がない。これは、グローバルかつ非領土的な地政学と、未だにそのアイデンティティと政治的正当性を、国としての主権を持つ領域によって規定している国家との間に、新たな緊張を引き起こしている。

第三に、組織である。ICTは、政治のトポロジーを流動化する。ICTは、管理とエンパワーメントによって、分散したグループをその場で、共通の利益をめぐって、社会的階級、政党、民族、言語バリア、物理的バリア、等々の古い、固定した境界を越えて、迅速に、一時的に、タイミングよく集めたり、分散させたり、さらに再集結させたりを可能にするだけでなく、実際に促進する。これは、未だ主要な組織的制度として捉えられているが、もはや強固なものではなく、それ自身が柔軟なマルチエージェントシステムに変身しつつある国家と、多様な、同じように強力で、実際、時にはより強力で政治的な影響力を持つ（古い主権国家に関して）、もう一つのマルチエージェントシステムである非国家組織との間に、新しい緊張を生み出している。たとえばテロリズムは、もはやバスク地方、ドイツ、イタリア、北アイルランドのような、単なる国内問題ではない。アルカイダのような、分散したマルチエージェントシステムとの、国際的な対立の問題となっているのである。

最後に、民主主義である。権力、地理、組織の変化は、権力のクラウドソーシングの最も古く安全な形式である、民主主義についての議論を作り直す。理想的には、民主主義は、社会とその経済活動を動かすのに、すべての市民が、直接的かつ恒常的に関わるべきであると考えられてきた。それが共和国（res publica）である。直接民主主義は、もしそれが可能であるならば、規則を作り、さまざまな交渉形態を整備し、市民がリアルタイムに、直接政策を提案し投票することによって、国が自ら、いかに内部的に再組織化できるかということである。我々は議会制民主主義の諸形態を補う選択肢として、直接民主主義の姿を考えてきた。それは、「常に政治がオン（politics always-on）」の世界になることであった。現実は、直接民主主義は、新しいソーシャルメディアとしてのＩＣＴの意味で、マスメディア主導（mass-media-led）の民主主義に転化した。そうしたデジタル民主主義においては、一時的に、その時に応じて、共通する関心によって集合する分散した諸グループが増加し、国の外側からの影響力の源となる。市民は代表者たちに投票するが、リアルタイムに、世論調査を通して、彼らに影響を与えることができる。そこでは、合意の形成は、共時的な情報に基づいた恒常的な関心となる。

ここで分析した権力、地理、組織、そして民主主義という要素のため、情報エージェントとしてのヒストリー的な国家のユニークな位置は、下から覆され、あるいは上から乗り越えられる。国家以外のマルチエージェントシステムが、データや権力を持ち、そして国連やサイバー上の脅威となるグループ、テロリストの攻撃など多様な例に見られるように、武力さえも持ち、また空間と組織としての柔軟性を持って、近代国家の政治的な影響力を削ぐ。それらエージェントは、国家の権限の一部を取り込み、長い目で見れば、かつて、国家が唯一の支配的な情報エージェントであったところを、重複した冗長なものにしていく。２００９年後半に起こったギリシアの経済危機は、そのわかりやすい例であろう。ギリシア政府と国は、ＥＵ、欧州中央銀行、国際通貨基金、格付け機関等々との「上との」接触をしなければならなかった。また、ギリシアのマスメディアやシンタグマ広場[訳注1]に集まった人々、金融市場や国際的投資家、ドイツの世論など「下との」関わりも持たなければならなかった。国家は19世紀よりも中心的ではなくなっているため、ベルギーやイタリアのような国は、長い間政府がなかったり、政府が機能不全に陥っても、「自動運転」で機能したのだろう。

政治的関わりのネットワーク化という考えが、地方主義と分離主義への寛容を生み、実際その可能性を増し、地域主義でなく集合的なナショナリズムを助長する傾向がある現代国家には受け入れ難い、自治や独立を唱える運動や政党が出てくる。パダーニア[訳注2]（イタリア）からカタロニア（スペイン）まで、またスコットランド（イギリス）からバイエルン（ドイツ）まで、ほとんどのヨーロッパの国々のハイパーヒストリー的な潮流は、ウェストファリア以前の無数の地域間の均衡に似ていると言えよう。ウィキペディア中の長大な「ヨーロッパで活動している分離独立運動のリスト」は、教えられるところが多く、また目を開かせてくれる。驚くことではないが、35ヵ国から250以上の地域、さらに16の地域間組織が集まった欧州地域会議（The Assembly of European Regions）(1985）の欧州地域評議会（the Council of the Regions of Europe：CRE に始まる）は、長らく、補完性原理（subsidiarity)、すなわち、政治的な事柄はそれを最も効果的に対処できる、最も小さい、最も下位の、最も集権化していない権威によって扱われるべきであるという脱中心化原理の支持者であった。

もちろん、ヒストリー国家は、戦わずにその役割を手放しはしない。さまざまな文脈で、それが組織す

［訳注1］ギリシアの首都アテネの中心部にある広場で、1844年ギリシア王国の憲法がここで発布された。シンタグマは、ギリシア語で「憲法」を意味する。
［訳注2］イタリアの地域政党・北部同盟が、1996年に北イタリアの独立を宣言し、パダーニア（Padania）と名づけた。

る社会の政治生活を支配する情報のスーパーエージェントとしての優越性を取り戻そうとしている。
そうした試みが露骨な場合もある。英国の労働党政府は、２００４年11月に、最初のＩＤカード法（Identity Cards Act）を成立させた。いくつかの経過段階を経て、最終的にＩＤカード法は廃止され、２０１１年１月10日にＩＤドキュメント法２０１０（Identity Documents Act 2010）に置き換えられた。英国での強制的にＩＤを与える計画の失敗は、ウェストファリア体制を継続させようとするモダンの観点から解釈せねばならないだろう。

他の多くのケースも、情報化社会が主として国家によって推進されるとき、それは目に見えない「ヒストリー的なレジスタンス（historical resistance）」である。この場合国家は、立法や法律施行を実施する力を基礎にした法的側面だけではなく、情報をベースとした大多数の仕事に及ぼす力を基礎にして、経済的にも主要な情報エージェントとしての役割を維持する。ブラジルから、フランス、中国まで、世界中の国有企業によるいわゆる国家資本主義という押しつけがましい存在は、ハイパーヒストリー的な時代錯誤が生んだ症状である。

似たようなさまざまなレジスタンスは、せいぜい不可避な政治的マルチエージェントシステムの登場を遅らせるだけだろう。しかし残念なことに、それらはコストだけではなく、地域的にも世界的にも、大きなリスクをもたらしかねない。二つの世界大戦が、ウェストファリア体制の終焉と見なすことができることを思い出してほしい。パラドックスではあるが、人類はハイパーヒストリーの時代に向かっているにもかかわらず、現在我々は、最もヒストリー的な国である中国の台頭と、過去におけるどんな超大国よりもすでにハイパーヒストリー的であり、その連邦組織がマルチエージェント機能を持っている米国の衰退を目撃している。我々は、ワシントン・コンセンサスから、ウィリアムソンが改革、イノベーション、実験、輸出主導の成長、国家資本主義と権威主義の増大からなると評した北京コンセンサス[訳注3]へと、移行しているのかもしれない。[11] これは危険である。中国の政策の一部は時代錯誤のヒストリー主義であり、人類のハイパーヒストリー成長とは対立に向かっているからである。衝突にはならないかもしれないが、しかしハイパーヒストリーは力であって、まさに今、その時を迎えているのである。そして、大きく変化して現れるであろうものは、中国という国だと思われる。そこに避けられない軋轢が、できる限り痛みの伴わない、平和なものであることを願うばかりである。多くの先進的な情報化社会が迎えている財政的かつ社会的な危機は、実際、痛みを伴うものであるが、未来のポスト・ウェストファリア体制に適合するために支払うべき、平和的な対価なのである。

こうした結論は、ヒストリー的な国一般に当てはまる。将来、政治的なマルチエージェントシステムの存在がはっきりと目立つようになるが、こうした力の獲得の可視性や透明性が、どちらかというと不明瞭であるという問題が起こるだろう。国家が主要な登場人物である場合、政策をモニターし理解することはすでに難しい。問題とされるエージェントがさらに曖昧な性質を持てば、その行動はいっそう不透明になり、そのエージェントであると同定しにくく、ましてや責任を問いにくい。同時に国家自身も、徐々にハイパーヒストリー的な変化に対する抵抗を捨て、マルチエージェントシステムへと進化することが期待される。良い例が、超国家的なヨーロッパ機関への国家主権の委譲や、イングランド銀行や欧州中央銀行の

[訳注3] 急速な経済発展を遂げる中国の、権威主義的な市場経済主義モデルを表す言葉として使われている。支援対象国に民主化や自由化などを求めないことから、体制改革に積極的ではないアフリカ・中東諸国などに受け入れられている。

ように、独立した公共組織である中央銀行を作るなどの傾向である。

いよいよ、政治的なマルチエージェントシステムの性質と、その出現をすでに提起したいくつかの問いについて、より詳細に考えていく時である。

政治的マルチエージェントシステム

政治的マルチエージェントシステムは、他のシステムから構成される単独エージェントである。それは次のような特徴を持っている。

目的論的：マルチエージェントシステムは、目的やゴールを持ち、自らの行動によってその実現を追求する。

相互作用的：マルチエージェントシステムとその環境は、相互に作用することができる。

自律的：マルチエージェントシステムは、内部の変化を起こし、その状態を変えることで、相互作用に対して直接反応することなしに、その構成を変えることができる。これは、マルチエージェントシステムに複雑性と、その環境からのある程度の独立性を与える。そして最後に、

順応性：マルチエージェントシステムの相互作用は、ルールを変えることができ、それによって自らの状態を変える。順応性によってマルチエージェントシステムは、自らの経験に批判的に依存して、自身の操作モードを確実に学ぶことができる。

政治的なマルチエージェントシステムは、前述の特徴を効率的、効果的に実行し、資源や無駄、エラーを最小化して、一方でその活動の成果を最大化するなら、知的（第6章で述べたAIという意味で）なものとなる。

知的な政治的マルチエージェントシステムの登場は、多くの重要な問いを投げかける。それらのうちいくつかは、ざっとではあっても、ここで考える価値があるだろう。すなわちアイデンティティ、結合、同意、社会スペース対政治的スペース、正当性、透明性である。

アイデンティティ

近代を通して、国家は、国家と国民の間の問題に取り組んで、自身のアイデンティティを確立し、維持するという問題に対処してきた。これはしばしば、市民権の法的手段や、スペース（母国や祖国）と時間（伝統という意味を持つ物語、過去の建国の出来事を繰り返すイベントなど）についてのナラティヴのレトリックによって達成されてきた。たとえば、フランス革命における徴兵制の発明を考えてみよう。それは近代史の中で広く採用されてきたが、今もそれを課している主権国家は減少してきている（ちなみに、私は、12ヵ月の間イタリアの軍隊に行かなければならなかった最後の世代である）。徴兵制は、戦争の遂行を、極めて経済的な問題——たとえば、百年戦争[訳注4]（1337～1453年）の間、フィレンツェ人銀行家がイギリス

[訳注4] フランスの王位継承をめぐるイギリス（イングランド）とフランスの戦いで、1339年のイギリスによる宣戦布告から1453年のボルドー陥落までの約100年間戦われた。

王室に資金を提供した——から、法的問題でもあるように変容させた。すなわち、市民を国家のために死に赴かせる国家の権利の問題である。このように徴兵制は、「王と国のために（for King and Country）」という愛国心の名において、究極の犠牲を利用できるよう、人間の命の価値をその後ろに置く。有事の際に、主権国家が、未だに地理上大して意味のない地点に関してナショナリズムに油を注ぐ誘惑に屈するのは、現代における時代錯誤の表れである。たとえば、フォークランド諸島（英国）あるいはマルビナス諸島（アルゼンチン）、尖閣諸島（日本）または釣魚島（中国）、独島（韓国）または竹島（日本）などのように、それらはしばしば小さな島であり、人の命に値しない。

結合

市民権と土地／物語を通して達成された国家と国民の同一視は、第二の問題に対する答えを用意するというさらなる利点がある。結合（cohesion）である。同一視によって、国家とは誰であり何であるかという問いだけではなく、誰が、あるいは何が国家に所属し、したがってその規範、政策、行動の対象であるのかという問いにも答えを与える。新しい政治的マルチエージェントシステムは、この同じ解決に頼ることはできない。実際、それは、その政治的アイデンティティと結合を切り離すという、さらなる問題に直面している。マルチエージェントシステムの政治的アイデンティティは、米国のティーパーティ運動[訳注5]のように、強固で、その一時的で緩やかな結合とは無関係であるかもしれない。また国際占拠運動[訳注6]のように、政治的マルチエージェントシステムのアイデンティティも結合も、比較的弱い場合もある。あるいは、アラブの春におけるツイートする個人集団と彼らが果たした役割のように、強い結合と、曖昧で弱い政治的アイデンティティが認められる場合もある。政治的マルチエージェントシステムのアイデンティティと結合は、共に、情報の共有によって確立され、維持されていく。物理的な領土は、マルチエージェントシステムが機能するインフォスフィアの領域として、仮想化されていく。そこで、情報の流れの記憶（検索可能な記録）と一貫性（信頼できる最新版が入手できる）によって、政治的マルチエージェントシステムはある程度のアイデンティティとある程度の結合を主張することが可能となり、人々に帰属の感覚を与えることになる。しかし何と言っても、政治的マルチエージェントシステムが現実のエージェントであるという感覚を強化するのは、オンラインとオフラインの間の境界が消えつつあるという事実、オンライフ経験の出現、それによって仮想的なインフォスフィアが、政治的に物理的な空間に影響力を持つことを可能にしたという事実である。もし、反権力の国際的なネットワークであるア、ノ、ニ、マ、ス、（Anonymous）が単なる仮想的な存在だったとしたら、そのアイデンティティと結合は、それほど強力ではなかっただろう。仮想的な情報の流れが結合を保証するには、実際の行動が対となるのである。相互作用は、モノの場合よりもいっそう基本的となり、第2章で見たこと（存在の基準としての相互作用性）、第3章で見たこと（情報のアイデンティティ）と一貫している。言葉遊びになるが、*ings*（interact-*ing*, process-*ing*, network-*ing*, do-*ing*, be-*ing* など）が、*things*（モノ）に置き換わっていくと言えるだろう。

［訳注5］　２００９年からアメリカ合衆国で始まった保守派のポピュリスト運動である。バラク・オバマ政権の自動車産業や金融機関への救済の反対、さらには景気刺激策や医療保険制度改革（オバマケア）における「大きな政府」路線に対する抗議を中心とするとされている。

［訳注6］　ウォールストリートから始まった「ウォール街を占拠せよ」をスローガンとする運動で、世界経済を蹂躙した米国金融業界に反対するものとして始まった。

同意

「政治的マルチエージェントシステム＝主権国家、市民、領土、物語、国民」という等式の解体と、政治的マルチエージェントシステムにおけるアイデンティティと結合の分離は、重要な帰結をもたらす。同意（consent）がいかにして勃興する政治的権威によって運営されるかという古くからの理論的問題は、ひっくり返される。社会契約説[訳注7]のヒストリー的な枠組みでは、人は本来、法的にオプトアウト[訳注8]であると前提している。ある種の（特定の）本来的な同意というものがあり、いずれの個人によっても（さまざまな理由で）政治的国家に与えられたものとされ、国家とその法によって統治されるとする。ここでの問題は、そのような同意がいかにして与えられ、そして、特に市民のようなエージェントが、その同意を拒否する（要するに無法者となる）場合、何が起こるのかを理解することである。ハイパーヒストリーの枠組みでは、前提とされるのは社会的オプトインである。そこでは、市民たちは、特定の目的のために、条件つきで政治的なマルチエージェントシステムを受け入れて、その機能が発揮される。単純に言うと、我々は政治的同意の一部であることから、それに参加することに移行しており、そのような参加は、次第に「適切な時に」、「要求に応じ」、「目的志向」であり、決して安定、永久的、長期的ではない。政治を行うことが、次第にビジネスであるかのように見えてくるとすれば、それはいずれの場合も、その対話者である消費者や市民が、毎回新たに好ましい行動をするよう納得してもらう必要があるためである。忠誠心のあるメンバーというのはデフォルトではなく、政策も商業製品も同じく、そのたびに形成され、更新されていく必要がある。特定の政治問題への同意を集めることは、継続的な（再）関与の過程となる。これは、注意を払える持続時間が限られているという問題ではない。「新世代」は、もう政治的な問題に持続的な注意を払うことができないという、よく言われる指摘は、誤っている。結局のところ、彼らは大量にTV番組を見て育った世代である。これは、情報のインフレ（また新たな危機、また別の緊急事態、また別の革命、また別の……）や、政治的疲弊（我々は何度緊急介入を行う必要があるのか？）に陥ることなく、繰り返し人々の興味を引き出すという問題なのである。それゆえ、問題は、エージェント（繰り返すが、個々の人々だけでなく、あらゆる種類のエージェントである）を繰り返し動機づけ、そのように同意し、関わるよう強いるものは何かを理解することである。そして、関与しないことがデフォルトであり（注意すべきことは、撤退ではないということである。なぜなら撤退は、以前は関与していたことを前提としているからである）、エージェントが、市民としての社会空間に住みながら非政治的なアイデンティティを持って、政治的マルチエージェントシステムの活動から距離を置くことを選ぶと、何が起こるかを理解することである。

前述のヒストリーでのオプトアウトから、ハイパーヒストリーでのオプトインへの変容を把握し損ねると、個人の政治に対する幻滅と、大きな政治的意味を持つ世界規模の運動や、国際的動員、積極行動主義、ボランティア[12]などの人気の高まりとの間に一見して見られる一貫性のなさを理解できなくなる。消滅

［訳注7］個人間の契約によって政治社会が成立したとする政治学説で、政治社会が自然的に成立したのではなく、人為的に作られたとする点に特質がある。

［訳注8］インターネット用語で、ウェブサービスに登録したときに、お知らせ等を受け取るか拒否するかをユーザーがあらかじめ選択できるタイプをオプトイン（opt-in）と言い、デフォルトが送られて来るようになっていて、いらない場合は解除手続きをしなければならないタイプをオプトアウト（opt-out）と言う。ここでは、人は法に従うものであることが前提されているという意味。

しかけているのは、ただの政治ではなく、たった一度だけ政治的正当性を追求し、無効になるまでそれを消費する、政党や階級、固定化された社会的役割、政治的な公約や綱領、主権国家といった、ヒストリーにおける政治なのである。世界中の自由民主主義政党が、いわゆる中道に少しずつ近づいていることも、「投票推進（get out the vote）」戦略（これは、投票できる人に投票してもらえるように、支持者である有権者の動員を示すために使われる）も、選挙で勝利するために関与が絶えず更新され、拡大される必要があることの証拠である。政党（労組も）のメンバーであることは近代の特質であって、次第に一般的なことではなくなっていくと思われる。

社会スペース対政治スペース

ヒストリー以前の時代においては、社会スペースと政治スペースは重なりあっていた。国家不在の社会においては、社会関係と政治関係の間に実質的な違いがなく、したがって社会的相互作用と政治的相互作用の間に本質的な違いがないからである。ヒストリーの時代では、国家は情報のマルチエージェントシステムとして、社会スペースを政治的に占拠し、社会に対する政治の優位性を確立することによって、社会と政治の広がりの同一性（coextensiveness）を維持しようとする傾向がある。この傾向は、もし監視されずに社会と政治の平衡を失ってしまうと、全体主義（たとえばムッソリーニ時代のイタリアを考えてほしい）や、少なくとも民主主義の崩壊（ベルルスコーニ時代のイタリアを考えてほしい）につながる危険がある。このような、社会と政治の広がりの同一性とその統制が、権力や武力の行使、その法制化の実施を通じての規範的、経済的戦略に基づいているであろうことを、すでに見てきた。ハイパーヒストリーの時代においては、社会スペースは人々が元々存在しているスペースであり、主体はそこから移動し、（自ら同意して）政治スペースに参加していく。市民社会[13]、公共スペース[14]、コミュニティといった概念が、ハイパーヒストリーの文脈へ近づくほどますます重要になるということは、偶然ではない。そこでの課題は、多種多様なエージェントが相互作用し、政治的マルチエージェントシステムを生み出すこのような社会スペースを理解し、デザインすることである。

社会スペース内の各々の主体には、ある程度の自由度がある。ここで言う自由度というのは、気ままさや自律性、自己決定などのことを意味しているのではなく、むしろロボットのように、特定の目的のための特定の行動に携わるための、関連する知識に支えられた、いくつかの資質や能力のことを指す、控えめな意味である。初歩的な例を使うと、コーヒーメーカーにはたった一つの自由度しかない。つまり、適切な材料と電気が供給されると、コーヒーを作ることができる。エージェントの自由度の合計が、そのエージェントの「エージェンシー（行為主体性）」である。エージェントが一人ならば、あるのは言うまでもなくエージェンシーでしかなく、社会スペースも、ましてや政治スペースも存在しない。「絶望の島」に流れ着いたロビンソン・クルーソーを考えてみてほしい。しかし、別のエージェント（「絶望の島」のフライデー）やまさしくエージェント集団（土着の食人族、難破したスペイン人、イギリス人反逆者）が現れると、エージェンシーは社会的相互作用の、より大きな価値を獲得することになる。彼らが協調し、それぞれの自由度を制約するための実践とルールが不可欠となる。それは当初は、マルチエージェントシステムを構成するエージェントそれぞれの安寧を目的とするが、やがてマルチエージェントシステム自体の健全性を確保することを目的とするようになる。分析レベルの変化に注意してほしい。ひとたび社会スペースが現れると、我々は人の集まりを集団として――たとえば、家族、コミュニティ、あるいは社会として――捉えるようになり、集団を構成する個々のエージェントの行為は、そのマルチエージェントシステムの新たに確立された自由度をもたらす要素となる。ここでも、先述の単純な例が役立つ。今度はコーヒーメーカーとタイマーについて考えてみる。個々には、それらは異なるエージェンシーを持つ二つのエージェントである。しかし、それらが適切に組み合わせられてマルチエージェントシステムの中に統合されれば、そこから生まれるエージェントは、コーヒーをセットした時間に作るという、新たなエージェンシーを獲得する。このマルチエージェントシステムはより複雑な能力を備えており、それは適切に機能するか、あるいはしないかもしれない。

社会スペースとは、考慮に入れたい、そこに住むエージェントが各々考える、自らの自由度の全体である。ヒストリーにおいては、そのような考慮は――それは実際、また別のレベルの分析であるが――、主に領土内に存在していること、そして種々の近隣のあり方によって、主として物理的かつ地理的に決定された。前に挙げた例では、ロビンソン・クルーソーと関わるすべてのエージェントは、皆同じ「絶望の島」での関係（彼らの自由度の点で相互関係的に存在している）であるから、全員が考慮に入れられる。しかしICTが、このことをすっかり変えてしまったことを見てきた。ハイパーヒストリーでは、社会スペースを構成する自由度を持つ適切なエージェントとして含めるか否かの線引きは、明示的に決定されるのではない場合、少なくとも暗黙の選択となる。その結果として、分散責任を含む分散道徳現象が、より一般的になってきている。ヒストリーとハイパーヒストリーのいずれの場合でも、社会スペースと見なされるのは政治的動きであるだろう。こうした政治的な意味において、グローバル化とは脱領土化

(deterritorialization）なのである。

新しいマルチエージェントシステムが作動する、政治スペースに戻ろう。政治スペースを、社会スペースに重なってその上にある、別個の存在と考えるのは間違っているだろう。社会スペースも政治スペースも、それを構成するエージェントの同じ自由度の全体によって決まる。社会スペースが複雑になり、潜在的な意見の不一致を防ぎ、解消するために、またそれらの収斂について連携や協力が必要となったときに、政治スペースが立ち現れる。双方のスペースとも、重要である。そしてどちらにおいても、多くの人々の複雑な自由度を表現し、それらについて熟慮するうえで、情報が必要とされる。

正当性

社会スペースの中のエージェントが、意見の不一致（対立）や収斂にどう対処するかについて同意することに同意するとき、社会スペースは、我々に馴染みの政治的次元を獲得する。しかし、ここには二つの誤りの可能性が待ち受けている。

一つ目の誤りは、「ホッブズ的誤謬」と呼べるが、クラウゼヴィッツ（1780-1831）の有名な言葉「戦争とは、他の手段をもって行う政治の継続である」を逆にして、政治を単に他の手段をもって行う戦争の防止策と見なすことである。これは政治に対する満足できる見方ではない。たとえ天使の社会でさえ複雑であり、その調和を促進するためには規則を必要とするだろうからである。収斂にも、また政治が必要である。政治は、人々が目的を追求し、自由度を行使するために起こる対立だけに関わるのではない。政治は、強制や暴力以外の手段によって、エージェントの自由度の連携と協調を促進することであり、少なくともそうあるべきである。

二つ目の誤りの可能性は、「ルソー的誤謬」と呼べようが、政治スペースを、法律によって組織化された社会スペースの一部にすぎないと誤解することである。この場合は、誤りはずっと捉え難い。我々は普通、政治スペースを、スペースを規定する規則や法律と結びつけて考えるが、規則や法律それ自体は、政治スペースの構成要素ではない。ゲームを例に、規則が適用される二つの場合を比較しよう。チェスでは、規則はゲームを制限するというだけではない。その前の行動の結果に付随するのではないため、規則そのものがまさにゲームである。規則は規則に従ってなされるすべての動き――そして唯一の動き――を決める、必要十分条件なのである。しかしサッカーでは、規則は行動に付随して適用される制約であり、サッカーのエージェントは、その前の基本的自由度において、その裁量でゴールを決めるために足でボールを蹴り、ルールが制御しているとされる。二つのポーン（チェスの駒）をチェス盤の同じマス目の上に置くことは、物理的には可能であるが意味をなさない。しかしサッカーでは、たとえば（１９８６年ＦＩＦＡワールドカップの）アルゼンチン対イングランドの試合で、マラドーナが誰にも邪魔されずに手を使って悪名高いゴールを決め、違反を見ていなかった審判によって認められてしまった。こうして政治スペースは、チェスの例に見られるように、ただ単にスペースを規定する法によって構成されているのではない。しかしまた、サッカーの例に見られるように、政治スペースはただ単に、法という手段によって社会スペースが制約されていることの結果でもない。政治スペースは、不一致を解消し、収斂に向けて連携することに合意するという合意によって形成された、社会スペースの領域なのである。これはとりわけ、過渡期にあって、問題としているマルチエージェントシステムが依然として国家であるとき、透明なマルチエージェントシステムに関してさらなる議論を引き起こすだろう。

透明性

マルチエージェントシステムが透明であるということには、二つの意味がある。それらはまったく異なっており、それゆえに混乱しがちである。驚くことではないが、いずれもＩＣＴとコンピュータ科学に由来し、情報革命が我々の概念的枠組みを変化させていることの今ひとつの例である。

まず一方では、マルチエージェントシステム（主権国家や法人エージェント、多国籍企業、超国家的機関などを考えよう）は、ブラックボックスの状態からホワイトボックスの状態に変化するという意味で、透明性（transparency）を持ちうる。他のエージェント（マルチエージェントシステムが国家の場合の国民）は、投入物と産出物、たとえば、税金収入や公共支出の水準を見ることができるだけでなく、マルチエージェントシステム（この例では国家）が内部でどのように運営されているかを監視することもできる。これは、決して目新しいことではない。19世紀にはすでに一般化されていた原理である。しかし、ＩＣＴによって開かれた可能性のおかげで、この原理は現代政治の新たな特徴となった。この種の透明性は、開かれた政府としても知られている。

もう一方では、こちらがここで強調したいより革新的な意義であるが、マルチエージェントシステムは「目に見えない」という意味で、透明でありうる。これは、テクノロジー（特にインターフェース）が透明だという意味である。テクノロジーがそこにないからではなく、テクノロジーがサービスを効率的、効果的かつ確実に提供するため、ユーザーはテクノロジーの存在を感知できないのである。何かシステムが最高の状態で稼働している場合、その背後では、可能な限り確実に円滑に操作できるようになっているため、そのシステムは透明となる。マルチエージェントシステムが国家である場合、この二つ目の味での透明性を、「小さな国家」や「小さな政府」の概念など、別な言葉をこっそり持ち込む方法と見なすべきではない。反対に、この二つ目の意味で、マルチエージェントシステム（国家）は、我々が吸い込む酸素と同じくらい、透明で必要不可欠なのである。それは、理想的な執事を指向し、居ないときにだけ知覚できるようになる。この種の透明性を持ったマルチエージェントシステムを指す一般的な用語は存在しない。おそらく、もの柔らかな政府（Gentle Government）と表現できそうである。

マルチエージェントシステムは、正当な倫理的インフラ（これについては後で詳述する）を、より透明に、すなわちオープンに、しなやかに、支援することができるように思われる。マルチエージェントシステムは交渉ゲームによって、国家社会（res publica）の面倒を見る。この交渉ゲームが失敗すると、そこに関わる関係者の間で、暴力的な対立が増える可能性がある。これは、ＩＣＴが大きく変えた悲劇的な可能性である。

このすべてでは、不透明性に利点がないということではない。社会政治的言説が、情報とＩＣＴの、より高い量や質、知性や使いやすさに還元されないように注意しなければならない。より高めればより優れているというのは、唯一の、そして常に最高の経験則というわけではない。情報の撤回が、しばしば有益で重大な違いを生み出すからである。先に、モンテスキューによる国家の政治権力の分立について述べた。三つの権力のそれぞれは、他の二つの権力に対して、適切に情報的に不透明である場合がある。匿名性の保護や公正な待遇の促進、公平な評価の実施など、あるべき目的を達成するために、何らかの情報を欠く

（あるいは意図的に情報を入手できないようにする）必要があるかもしれないからである。有名なロールズの「無知のヴェール」[15][訳注9]は、偏りのない正義にアプローチするために、まさに情報のこうした側面を活用している。情報が与えられていることは、常に喜ばしいことではなく、そこには危険や誤り、あるいは邪魔であったり、大きな打撃であることさえありうる。透明性の価値の核心は、その反対の情報の不透明性が単なる不具合ではなく、その特質であると示すことにより、明示的、意識的に取り入れられるのでなければ、それが政治システムにとって良い属性だとすることはできない、というところにある。

インフラ倫理

第四の革命によって生まれる倫理面に関する取り組みは、倫理的な選択や行動、プロセスを引き起こす、環境のデザインに関わっている。これは、デザインによる倫理と同じではない。以下でさらに明らかにするが、これはむしろ倫理志向のデザインである。双方ともにリベラルではあるが、デザインによる倫理では、そこに関わるエージェントのための、正しい選択や行動、プロセス、相互作用を促すことを第一とする限り、若干父権主義的《パターナリスティック》[訳注10]だと言えるだろう。一方で、倫理志向デザインは、関係するエージェ

[訳注9] アメリカの政治哲学者ジョン・ボードリー・ロールズ（John Bordley Rawls）が提唱した考え方で、社会や政治上の意思決定において、自分だけに有利となるようなルールを誰も提案できなくするため、特に為政者たちに被せられた目隠しのようなものを意味する。社会の中で自分の境遇や階級上の地位、社会的身分、親から受け取る資産や生まれつきの諸能力、知性、体力その他の分配など、自分の境遇に関して知らされていない条件を示す。こうした条件下でのみ、自由と平等の保証、格差の是正、機会均等、民主主義の根本原則が機能すると彼は指摘した。

ントが自らの選択や行動、プロセスにおける内省を促進することを第一とする限りにおいて、必ずしも父権主義的ではない。デザインによる倫理に基づいた方略では、たとえば、運転免許の取得により、自動的に臓器提供者となることがデフォルトの選択になり、選択しない場合は明示的に拒否する必要があるようにするだろう。倫理志向のデザインに基づく方略では、臓器提供者となることを望むかどうかを表明しなければ運転免許の取得が認められないが、その場合、バイアスなしに選択できる。この節では、倫理的な選択や行動、プロセスを促進しうる環境のことを、倫理的インフラという意味で、インフラ倫理（infraethics）と呼ぶことにする。問題となるのは、どのようにして、適切なインフラ倫理をデザインするかである。明らかに、状況によっては、リベラルなインフラ倫理は、多少とも父権的になるだろう。ここでの論点は、リベラルなインフラ倫理のデザインは、それでもなお、状況が許す限り、父権的な傾向を小さくすべきだということである。

昨今は政治家がインフラについて述べる場合、ＩＣＴを念頭に置いているということは、時代を物語っている。彼らは間違ってはいない。ビジネスの未来から紛争に至るまで、現代社会を動かすものは、ますますアトム（原子）よりビット[訳注11]に依存するようになってきている。我々はすでに、これらのすべてを見てきた。そのうちで、あまり明白ではなく、かつ知的に興味深いことは、ＩＣＴが新たな種類の倫理の方程式を明らかにしたように見えることである。

ＩＣＴが、信用やプライバシー、透明性、表現の自由、開放性、知的所有権、忠誠心、尊敬、信頼性、評判、法の支配など、極めて重要な現象をかつてなく強調したことについて考えてみよう。これらはおそらく、関係するエージェントの道徳的、あるいは非道徳的な振る舞いを促進したり妨げたりする（それについて内省する）インフラの観点から、より良く理解できるだろう。こうして、情報による相互作用を我々の生活の中心に置くことによって、常に存在していたが、あまり目には見えなかった何事かを、ICTは明らかにしたのだと思われる。エージェントたちからなる社会の道徳的な行動は、倫理のインフラ、要するにインフラ倫理の問題でもあるという事実である。日常生活における道徳面に関する重要な点の多くを、我々は見落としてきた。倫理に関係するさまざまな考え方や関連する現象は、おそらく実際には、主としてインフラ倫理に関わるものであったが、あたかも、単に倫理的なこととして、間違って扱われてきたのである。技術哲学の用語で言えば、このような概念やそれに関わる現象は、両用（dual-use）の性質を持つ。つまり、それらは道徳的に善でありうるが、道徳的に悪でもありえる（以下で説明する）。この新たな方程式は、経済的に成熟した社会においては、発展するために、ビジネスや行政システムがより高度なインフラ（運輸、通信、サービスなど）を必要とするのと同様に、情報的に成熟した社会においては、マルチエージェントシステムの道徳的な相互作用において、ますますインフラ倫理が発展することが必要となるということを示している。

インフラ倫理の考え方はシンプルであるが、誤解を招くおそれがある。前述の方程式が、その点を理解するのに役立つ。たとえば「破綻国家（failed state）」と言う場合、経済学者や政治学者は、構造としての

[訳注10] 強い立場にある者が、弱い立場にある者の利益になるようにと、本人の意志に反して行動に介入・干渉することを言う。

[訳注11] ビットとアトムという対比は、ニコラス・ネグロポンテ著の『ビーイング・デジタル――ビットの時代（Being Digital）』（1995）に登場する。情報化社会論の古典的な観点である、

国家が国境の統制や徴税、法律の施行、裁判の実施、教育の提供など、基本的役割を果たせないことを指しているだろう。言い換えれば、国家が防衛や警察などの公共財の提供、医療などの価値財の提供ができなくなることを言っている。あるいは（ここで言う「あるいは」は、いずれも含み、さらに相互に関連しあっているという意味である）、経済学者や政治学者は、適切な社会的な相互作用を生み出し、促進するインフラとしての国家、環境の破綻に言及するだろう。これはつまり、彼らが、法の支配や市民権の尊重、政治的共同体の感覚、異なる思想を持つ人々の間の文明的な対話、民族的、宗教的、文化的緊張の平和的解決など、経済的、政治的、社会的状況に対する人々の期待の土台の崩壊に言及していることを意味している。これらの期待、態度、実践のすべて、端的に言えば、人々が当然と考えているであろう暗黙の「社会政治的インフラ」が、どんな複雑な社会にあっても、それをうまく機能させるための不可欠な要因となる。暗黙の社会政治的インフラは、現在我々が、経済における物理的なインフラが果たしていると考えている役割に匹敵するほど重大な役割を、人間の交流において果たすのである。

インフラ倫理を、マルクス理論の観点から、旧来の「下部構造と上部構造」[訳注12]概念の単なる改訂版であるかのように理解するべきではない。ここでの要素は、まったく異なる。我々が扱っているのは、道徳的行動と、そのような道徳的行動を生み出す、「まだ道徳には至っていない」ものである。インフラ倫理はまた、道徳哲学における二次的な規範として理解すべきでもない。インフラ倫理は、道徳的な決定や行動を促すための、暗黙の期待や態度、実践などの、「まだ倫理に至っていない」枠組みのことである。同時に、インフラ倫理は、道徳的に中立だという考えも間違っているだろう。むしろ、先に予見したとおり、インフラ倫理は両用の性質を持っており、それは道徳的に良い行動と悪い行動の双方を、さまざまなレベルで促進したりあるいは妨げたりする。それはせいぜい、道徳メカニズムの潤滑剤といったものである。「両用の」性質を持つからといって、常に善と悪が同じように起こるわけでもない。つまり、問題としているインフラ倫理が未だ中立ではなく単に有効なものでなくても、悪よりも善をもたらすバイアスを持つ、ということは大いにありそうである。このことが理解し難いなら、たとえば、表と裏が等しく出る理想的な硬貨のような均衡状態ではなく、裏よりも表のほうが出やすいいびつな硬貨のように、一方が他方よりも起こりやすい性質を持ちながら二つの結果が共存しているものとして、この「両用の」性質を考えてほしい。インフラ倫理が「バイアスされた両用の」性質を持つ場合、インフラ倫理自体を倫理そのものと誤解しやすくなる。善の普及や悪の定着を促進するものは何であれ、その性質を共有しているからである。

人の国であれ神の国であれ、うまく機能している複雑な社会は、暗黙のインフラ倫理に依拠している。この状態は危険である。なぜならば、インフラ倫理の重要性が増すということは、倫理的な言説を支えるとされるインフラ倫理の「価値」に基づいて、倫理的な言説が正当化されるという危険につながりうるからである。支えるということは基礎になることと誤解されることがあり、正当化する役割さえ求められることにもなり、その結果として、人々が考え、求めている実際の価値にかかわらず、フランスの哲学者ジャン＝フランソワ・リオタール（1924 - 1998）が、単なるシステムの「遂行性（performativity）」である

［訳注12］マルクス理論で、一定の社会構成の基礎となる物質的な生産関係の総体（経済構造）を下部構造と呼び、これが社会的・政治的な制度、思想・芸術などの上部構造を規定するとされる。また社会の下部構造の上に形成される政治・法律・宗教・道徳・芸術などの意識形態（イデオロギー）や制度・組織を上部構造と呼び、下部構造による制約を受ける、また反作用を及ぼすとされる。

と批判した事象が引き起こされる。例として、次のような官僚主義的な状況を考えてみよう。何らかの道徳的に良い行動をもたらすとされるある手続きがあって、時間の経過とともにそれ自体が価値となり、その手続きが支えているとされる行動に倫理的価値が与えられしまう。人工知能を議論する際に用いた区別を再利用するならば、インフラ倫理は社会に不可欠なシンタックスではあるが、社会のセマンティックスではない。インフラ倫理は、構造上の形態であって、意味のある内容ではないのである。

前述したように、構成員全員が天使、すなわち完全な道徳エージェントであるような社会でさえも、やはり協力と協調のためには規律が必要である。理論上は、構成員全員が狂信的なナチ信奉者であり、高いレベルの信用、尊敬、信頼、忠誠、プライバシー、透明性や、さらには表現の自由、開放性、自由競争すら当てにできる社会もあるだろう。我々が求めているのは、適切なインフラ倫理がうまく機能するメカニズムだけではなく、市民権や政治的権利のように、道徳的に良い価値を持つものとインフラ倫理の間の、首尾一貫した連携でもあることは明らかである。こうした理由で、たとえば、安全とプライバシーの間のバランスをとることが非常に難しいのである。そのためには、まず最初に、我々が扱っているのは倫理の中の対立（道徳的権利としての安全とプライバシー）なのか、インフラ倫理の中の対立（共に、「まだ倫理に至っていない」促進要因として理解される）なのか、あるいはインフラ倫理（安全）と倫理（プライバシー）の間の緊張なのかを明らかにしなければならない。別の喩えに頼るならば、最良の水道管（インフラ倫理）は、水流を改善するかもしれないが、水質（倫理）を改善するわけではない。そして、最高に質の高い水でも、もし水道管に錆びや水漏れがあれば無駄になってしまう。それゆえに、適切なインフラ倫理を構築し維持することは、現代における重大な課題のひとつである。インフラ倫理それ自体は、道徳的に善ではないが、適切にデザインされ、正しい道徳的価値と組み合わされるならば、道徳的善を生み出す可能性が非常に高いからである。適切なインフラ倫理は、適切な倫理価値を支援するために存在すべきである。これは間違いなく、正しいマルチエージェントシステムをデザインする問題における構成的部分である。

社会が複雑になるほど、適切にデザインされたインフラ倫理の役割が、重要で顕著なものになるにもかかわらず、我々は確実にこのことを見逃しているように思える。最近の、知的財産権の国際基準に関する多国間条約である「偽造品の取引の防止に関する協定[16]（Anti-Counterfeiting Trade Agreement：ACTA）」について考えてみよう。ACTAの支持層は、知的財産権（IPR）の行使に焦点化して、彼ら自身が、育成しようとしているインフラ倫理自体、すなわち情報化社会の中で、最適かつ最もうまく機能している側面を進展させるものを弱体化させるであろうことを、完全に見過ごしてしまったのである。ACTAは、最も重要な、個人が情報社会に参画する能力とその積極的な自由、ひいては個人の情報有機体としての潜在的な能力を十分に発揮することへの、構造的な抑制を強めたのである。適切な言葉がないが、階級差別、人種差別、性差別のような、他の種類の社会エージェントに対する抑制に匹敵する、ある種の情報差別（informism）を、ACTAは促進したと言えるだろう。自由主義を守ることが、反自由主義的になってしまうこともあるのである。これらを回避して、より適切に行うためには、IPRなどのような問題は、情報社会のための新たなインフラ倫理の一部であり、すでに整備され絶えず進展している複雑な法的基盤や倫理的インフラの中に、注意深くバランスのとれた場所を見つける必要があるということ、そしてそれらは、正しい価値と道徳的な行動のためのものでなければならないということを理解する必要がある。このことは、（ＡＣＴＡのような）新しい法規を（この場合は通商協定から生じる）、単なる既存の倫理や法的義務の履行として見る人々と、既存の倫理面や法律面における市民の自由を、根本的に侵食するものとして見る人々の間で、リベラルなインフラ倫理のレベルでの妥協点を見つけることを意味する。

ハイパーヒストリーの社会では、人々の情報の取り扱い方法に影響するあらゆる規制は、人々が住まい、生活する、インフォスフィアとオンライン、オフライン全体に影響を及ぼすことが避けられない。それゆえに、ＩＰＲのような権利を行使することは、我々の環境の問題になるのである。このことは、あらゆる法規が、必然的に否定的であるということを意味しているわけではない。ここでの教訓は、複雑性についてである。ＩＰＲなどの権利は、我々の社会におけるインフラ倫理の一部であり、インフォスフィアとして理解されている我々の社会環境全体に影響を及ぼすために、その履行は、意図的なものであれ予期せぬものであれ、広範囲な相互に関連する多大な影響をもたらすことになる。これらの結論については、慎重に考慮すべきである。ここでの間違いは、将来の世代に対して、倫理的にも経済的にも、負担の連鎖をもたらす大きな問題を生むかもしれないからである。「知らないと知っていること（known unknowns）」や予期せぬ結果を扱う最善の方法は、注意を怠らず、とられた行動の展開を監視し、悪影響が現れ始めたならば、素早く決定と戦略を修正できるようにすることである。ラテン語の諺が示唆するように、「Festina lente（ゆっくりと急げ）」である。完璧な法規は存在しない。多少とも完璧にしやすいか、そうでないかである。我々のインフラ倫理を形成する方法に関しては、インフラ倫理のタイムリーな更新に関する条項が含まれているべきである。

最後に、我々は、自分が住まう環境とは異なった社会環境を支配する、部外者のようなものだと考えるのは間違いである。（ACTAのような）法的文書は、それが影響を及ぼすインフォスフィアの内部から生まれる。我々は、家を内側から建設し、修復し、改装しているのである。「はじめに」で用いた喩えを使えば、我々はいかだに乗って航海をしながら、そのいかだを修繕しているのだということを思い出してほしい。IPRのような、権利の尊重や侵害、行使に関する問題全体は、高度情報社会におけるインフラ倫理や社会環境の問題であるために、適切な解決策を導くためにできる最善のことは、我々が促進すべきインフラ倫理の枠組みと倫理的価値そのものを、その過程そのものに適用することである。これは、インフォスフィアは、自らをその内側から規制すべきであり、外側からの規制は不可能だということを意味している。

ハイパーヒストリーの紛争とサイバー戦争

伝承によれば、ヘラクレアの戦い[訳注13]（紀元前280年）で、ローマの騎手が20頭のピュロスの戦象を初めて見た際、それまで見たことのなかった奇妙な生物に恐れをなして全速力で逃走し、その結果ローマ軍は戦いに敗れた。今日、デジタルはその新しい象である。この現象は、やっと人々の話題になり始めたところではあるが、ハイパーヒストリーの社会で、ICTはさまざまな武力の衝突を生み出してきている。政治が破綻すると、紛争は武力衝突になっていく。ハイパーヒストリーでは、こうした武力の衝突は、

［訳注13］紀元前280年、共和政ローマから攻められた都市国家タレントゥムの要請を受けた、ピュロス王率いるエペイロス軍とローマ軍の間で行われた戦い。

新たに情報的な性質を帯びることとなった。以前述べた、クラウゼヴィッツによる有名な戦争の解釈にもう一度従うと、サイバー戦争すなわち情報戦争は、デジタルの手段による、紛争の継続、あるいはその代替行為である。そこでは、四つの主な変化に注目すべきである。

第一に、従来の軍事作戦の観点から見ると、ＩＣＴは通信手段に目に見える革命的な変化をもたらし、複雑で新しい方式の現地作戦を可能にした。これはすでに、シャップ電信装置の例で見た。

第二に、ＩＣＴによって、膨大な量のデータを素早く分析することを可能にし、軍当局、諜報部門や警察当局が、かつてないほど適時に、標的を絞って措置を講じることができるようになった。ＩＣＴとビッグデータは、武器でもあるのである。

第三に、より重要な点として、今日戦闘を行っているのは、さまざまな種類のたくさんのロボットや、リアルタイムＩＣＴ機器、人工衛星、戦場のセンサーなどによって高度に武装された、機動部隊なのである。

そして最後に、社会や軍事面が先進的なＩＣＴへの依存度を増すことにより、それらに壊滅的な打撃を与えることを目的とした、戦略的なサイバー攻撃が引き起こされた。人間の兵士からなる軍隊は、もはや必要とされていないかもしれない。これは、自爆テロと明確な対照をなす。一方では、国家がもはや愛国心による人命の犠牲を必要としなくなったため、人間の生命は究極的な価値を取り戻すことができる。ここまで述べてきたことは対照的に、ドローンは「王と国のために」死ぬことはない。サイバー戦争は、ハイパーヒストリーな現象なのである。他方でテロリストは、個人を単なるテロの実行機械とすることで、個人から人間性を奪う。自爆テロはヒストリーの現象であり、そこでは人間の身体が中間性の技術であり、人間が、第2章で述べたアリストテレスによる奴隷の定義、「生きた道具」となる。紛争にまつわる旧来からの経済的な問題、すなわち、どのようにして戦争と、それに必要な先端技術のための資金を調達するかは、今や新しい法的問題と結びついている。つまり、ハイパーヒストリーな類の戦争を、国家主権や地理的国境の尊重の侵害のようなヒストリー的な現象と、どのようにして折り合いをつけるかということである。その上、サイバー攻撃は、国家や組織、さらには小集団や個人によってさえ実行されうる。ICTによって、非対称的な紛争が起こりやすくなり[訳注14]、戦場はインフォスフィアの内部へ、さらに足を踏み込んだのである。

このような変換の規模は、驚くほどのものとなっている。たとえば、2003年のイラク戦争の開始時には、米軍は地上戦用のロボットシステムを保持していなかった。しかし2004年までに、米軍は150台のロボットを配備し、2005年にはその数は2400台に、そして2008年末には2ダースもの種類のロボット、約1万2000台が地上戦に投入された[17]。

2010年に、欧州委員会の副委員長であるネリー・クルースは、全ヨーロッパでの初のサイバー攻撃のシミュレーションであるサイバーヨーロッパ2010[訳注15]について、このように述べた。

[訳注14] 紛争当事者が、国家対国家のような、対称関係だけではなくなったことを指す。
[訳注15] Cyber Europe 2010. 欧州連合（EU）加盟国28ヵ国および欧州自由貿易連合（EFTA）加盟国4ヵ国の計32ヵ国が、欧州全体に影響を及ぼす可能性のある大規模なサイバーインシデントに対し、協調・連携して対応にあたるために行っている演習。2010年、2012年に続き行われたCE2014は、2014年から2015年にかけ、三つのフェーズに分けて実施された。

ヨーロッパ全体の、サイバー攻撃の脅威に対する備えを確認するこの訓練は、必要不可欠なインフラであるネットワークの潜在的な脅威との戦いに一丸となって取り組み、オンライン上での市民と事業者の安全を守ることに向けた、重要な第一歩である。[18]

ここに見るとおり、その視点はこの上なくハイパーヒストリー的である。ＩＣＴに媒介された紛争の姿は、戦場で戦う軍隊や諜報機関、政策立案者、そして倫理学者などに対して、さまざまな倫理的問題を提起している。その問題点を、三つのRとしてまとめることができる。リスク（risk）、権利（rights）、そして責任（responsibility）である。

リスク

サイバー戦争や情報に基づいた紛争では、「ソフトな」紛争が起こりやすいため、犠牲者を増加させる可能性があり、リスクを高めるだろう。２００４年から２０１２年の間に、米中央情報局（ＣＩＡ）が操作するドローンによって、４７９人の一般市民を含む２４００人以上がパキスタンで殺害された。またドローンによる攻撃回数は、２００５年の3回から、２０１１年には76回にまで増加した。[19] サイバースペースでの軍事作戦の結果が破壊的でないことを強調することで、ＩＣＴが旧来とは異なったかたちの紛争を、倫理的により容認しやすいものにするかもしれないというのは、悩ましい観点である。しかしこれは、まったくの錯覚であるだろう。病院や空港のＩＣＴインフラを破壊すれば、爆撃ほど露骨な方法をとらなくても、簡単に人命を奪うだろう。それにもかかわらず、政治的不一致を暴力的に処理する方法を、目標をより正確に絞った、流血のより少ない手段に移行させているという、誤った印象が残る。

権利

サイバー戦争は、現実とシミュレーション、実生活と遊び、従来の紛争、内乱、テロ活動の間の敷居を消し去る傾向がある。これは、基本的な諸権利の間の、潜在的な緊張を高めるおそれがある。情報にまつわる脅威は、個人の権利（たとえばプライバシー）とコミュニティの権利（たとえば安全と治安）の間の対立を生み出しかねず、より高いレベルの管理が必要とされる。国民を保護するという国家の義務が、監視システムの拡張によって国民への危害を防止するという国家の義務と、衝突するようになるかもしれない。張り巡らされた監視システムは、容易に国民のプライバシーを侵害することが可能である。

責任

サイバー戦争は、責任の所在が変形され分散されているため、突き止めるのがより難しい。ソフトウェアやロボット型兵器、ハイブリッド型のマン-マシンシステムが関与している場合、結果との因果関係を特定することがよりいっそう難しくなるため、誰、あるいは何に責任があるのかを立証することは、よりいっそう難しくなる。

新しいリスク、権利、責任である。端的に言えば、サイバー戦争は我々に不意打ちを食らわせる、新しい現象なのである。後知恵ではあるが、少なくとも三つの理由から、これらについてより良く知っておくべきだと言える。

まず、我々の社会の性質について考えてみる。近代の工業化社会だった時代には、紛争は二次的特徴を持つ技術によって機械化された。戦艦から戦車、航空機に至るまで、エンジン（内燃機関）が兵器であり、石油から始まり原子力まで、一貫する結果はエネルギーの強調であった。機械の組み立てラインと戦争の塹壕や、労働力と戦闘部隊には、不気味な類似性があった。従来の戦争は、運動エネルギーによる戦争だったのである。それ以外の類の戦争はまだ存在しなかったため、そうであると知らなかっただけである。冷戦と非対称的紛争の発生は、脱工業化時代に向けた社会の変容の一部であった。今日では、「エンジン」という単語に先行する言葉は、「石油」という名詞ではなく、「検索する」という動詞であるような文化の中で、ハイパーヒストリー社会では、あたかも銃弾や銃を用いて戦うかのように、数字とコンピュータを用いて戦うことになりそうである。それは、とりわけデジタルシステムが、アナログ兵器を管理する傾向があるからである。ここでは、諜報やスパイ、暗号の利用ではなく、サイバー攻撃や、イラクとアフガニスタンにおけるドローンなど、軍事ロボットの広範囲の利用について述べている。若干古いニュースではあるが、２００７年4月27日に、世界中の約１００万台のコンピュータが使われて、エストニア政府と企業のウェブサイトに対して、ＤＤｏＳ（分散型サービス妨害）攻撃が仕掛けられた。ＤＤｏＳ攻撃とは、重要なウェブサイトやサービスに対して、リソースを初期化させる、費消させる、あるいは通信を妨害することによって、ウェブサイトやサービスが適切に機能しなくなるようにして、コンピュータ資源を少なくとも一時的に利用不可にする、一連の工作である。その際にはロシアが非難されたが、いかなる関与も否定している。２０１０年6月には、最新のコンピュータマルウェア[訳注16]であるスタックスネット（Stuxnet）が、イランのブーシェルにある原子力発電所で使われていた、シーメンス社製の約１００

0台の遠心分離機を破壊した。このときは、米国とイスラエルが疑われたが、やはりいかなる関与も否定している。本書を執筆している現在は、米国のICTインフラへの攻撃が継続して行われており、今回は、中国がいかなる関与も否定している。そして登場するのは、ロボット型兵器である。これは戦争の工業化の最終段階と見なすことができるが、より興味深いことには、情報を用いた紛争への進歩の第一段階とも見ることができる。そこでは、行動と反応のみならず、命令と管理も遠隔的になされることになる。人間がもはやそのサイクルの中に入らない三次技術を用いた紛争は、空想科学小説から抜け出して、軍事のシナリオに入ってきている。サイバースペースにおけるソフトウェアのエージェントから、物理的環境のロボットに至るまで、サイバー戦争の非暴力的性質については、あまり楽観的に考えてはならないだろう。我々がICTに依存し、世界を覆うに従い、サイバー攻撃はますます致命的なものとなる。近いうちに、敵の通信や情報のインフラに打撃を与えることが、携帯電話に侵入する程度のことではなく、ペースメーカーを攻撃するほどのことになるだろう。

第二に、我々の周りの環境の性質について考える。我々は長い間、インターネットやサイバースペースについて議論してきた。インターネットやサイバースペースが、人間の紛争の新たな舞台となることを、容易に想像することができる。技術は、絶え間なく拡大していく。我々は陸上や海上、空で戦ってきたし、技術によって可能になるや否や、宇宙でも戦いだすだろう。予想どおり、インフォスフィアも決し

[訳注16] マルウェア（malware）は、不正かつ有害に動作させる意図で作成された悪意のあるソフトウェアや悪質なコードの総称。日本では、「悪意のある不正ソフトウェア」または「不正プログラム」とも呼ばれる。Stuxnet は、2010年にイランを中心とする中東各地域で発見された、標的型攻撃を行うマルウェアの通称である。

てその例外とはならなかった。情報は第五の要素であり[20]、軍隊は今やサイバー戦争を、「戦争の第五の領域」だと考えている。将来的には、この第五の領域が、他の領域よりも重要になるだろうという印象を抱かせる。この理解には、次の二つの例が有効であろう。航空機と無人ドローンの間で最初の戦闘が起きたのは、ほぼ間違いなく、１９９９年５月13日にイラク空軍のＭiＧ-25が、アメリカ空軍の無人ＭＱ-１プレデタードローンを撃墜したときである。１９９５年以来、３６０機以上のドローンが、23・８億ドル以上を使って製造されている。二つ目の例として、２００６年以来サムスン社（第２章で述べた、スマート冷蔵庫の製造元）も、ＳＧＲ-Ａ１を製造している。これは、微光カメラと、動物などの他の物体と人間を区別するパターン認識ソフトウェアが搭載されたロボットである。ＳＧＲ-Ａ１は韓国と北朝鮮の国境を巡回しており、必要ならば、内蔵された機関銃を自律的に発砲することもできる。遠隔操作によって行われる戦争を考えた場合、サイバー戦争と従来の運動エネルギー的な戦争の間に、明確な線を引くことはますます難しくなっている。

最後に、サイバネティックスやコンピュータ、インターネット、全地球測位システム（ＧＰＳ）、無人のドローンや乗り物の起源について考えてみる。これらはすべて、当初、大きな軍事にまつわる取り組みの一部として開発された。コンピュータの歴史は、第二次世界大戦とブレッチリー・パーク[訳注17]でのアラン・チューリングの業績に深く根ざしている。現代のロボット工学の先駆けであるサイバネティックスも、第二次世界大戦中に、砲架とレーダーアンテナの自動制御への応用と関連して、工学の一分野として発展が始まった。我々は、インターネットが、軍拡競争と核拡散の結果の産物であるということを知っているが、ウェブの発展とその科学的な起源に気を取られて、国防総省国防高等研究事業局（ＤＡＲＰＡ）のことを忘れ去ってしまった。人工衛星からの情報をナビゲーションシステムに提供する現在のユビキタスGPSは、米国防総省が開発し発展させたものであり、これは地理情報の政治的重要性を物語るもうひとつの例である。GPSが民生用として自由に使えるようになったのは、1983年9月1日に269人の乗客を乗せた大韓航空のボーイング747機が、旧ソ連の飛行禁止区域に入り込んでしまい、撃墜された事件（大韓航空機撃墜事件）の後のことである。最後に、ドローンの開発（米軍が中心とはいえ、米軍のみによるものではない）や自動走行車（これもDARPA）やさまざまなロボットも、イラクやアフガニスタンでの戦闘や、テロとの戦いに大きく負っている。端的に言えば、デジタルICTの歴史の大部分は、不自然で不気味なほどに、第二次世界大戦、冷戦、第一次、第二次イラク戦争、アフガニスタン紛争や、世界中のテロ組織に対するさまざまな「戦争」など、紛争の歴史と、その背後にある資金の問題に呼応している。ハイパーヒストリーは、単に我々に追いついたにすぎないのである。

ここまでの大筋で、サイバー戦争や、より一般的に言えば情報戦争が、軍事や政治、倫理的な問題に関する我々の思考方法に、抜本的な変化をもたらす理由を理解できるだろう。国家や戦争の概念、市民社会と軍事組織の間の区別に影響が及んでいるのである。サイバー兵器が「時代遅れになる」スピードの速さを考えると、我々は新しい軍拡競争を経験することになるのだろうか？　結局のところ、すぐさま対策としてのパッチプログラムが利用可能になるために、早晩時代遅れとなってしまう特定の技術の中で、一つのマルウェアはたった一度だけしか使うことができないのである。もしサイバー軍縮を選択肢として選ぶ

［訳注17］イギリスバッキンガムシャーの邸宅で、第二次世界大戦期に政府の暗号関係の研究機関が置かれていた。

ならば、サイバー兵器をどのようにして廃棄するのだろうか？　デジタルシステムは、不正侵入される可能性がある。オンライン上のあらゆるデジタルデータを改竄することができる敵に対して、最後の防衛線として、近い将来、たとえば馬による郵便配達が愛国的な再起を果たすのだろうか？　微笑ましい問いもあるが、それ以外はますます解決が難しい。ここではさらに、より一般的関心を惹くであろう一連の問いを、二つほど取り上げたい。

正戦論[訳注18]の背後にある知識と議論の体系は、詳細で大規模なものである。[21]それはローマ時代以来の、何世紀にもわたる洗練の結果である。今日我々は、情報戦争は既存の正戦論の適用が可能な、単なる今ひとつの分野なのか、あるいは正戦論自体の新たな発展が求められる、破壊的な新しい概念なのかという、方法論的な問いに直面している。たとえば、開戦法規[訳注19]では、どんな種類の権限が、サイバー戦争の宣戦布告を行う正当性（legitimacy）を有しているのだろうか？　そして、特にサイバー攻撃が、より暴力的な結末を防止できるとされる場合、最後の手段としてのサイバー攻撃をどのように考えるべきだろうか？　武力紛争の行動を規制する交戦法規では、どのレベルまでサイバー攻撃として見なされるのか？　サイバー攻撃する敵のアイデンティティが意図的に秘匿されているとき、どうやって降伏するのだろうか？　また、ロボットは非戦闘員にどのように対応し、囚人をどのように扱うのだろうか？　ロボット型兵器をデザインする際に、内蔵型の「倫理的アルゴリズム」を開発することは可能なのだろうか、またそれははたして望ましいことなのだろうか？

ギリシア時代以来、同じように発達を遂げているのが、軍事にまつわる徳倫理学[訳注20]に対する理解である。徳倫理学自体の可能性の条件を実際に再形成しつつある現象に対して、倫理をどのように適用すればよいのだろうか？　いかなる徳倫理学も、アリストテレス哲学信奉者や仏教徒、キリスト教徒、儒学者、ファシスト、ニーチェ哲学信奉者、スパルタ派などの人間観など、哲学的な人類学を前提としている。そしてこれまでの章で、情報戦争は情報革命の一部にしかすぎず、情報革命はまた情報有機体としての我々の自己理解にも影響を及ぼしている。古典的な勇気の徳を例に挙げてみよう。軍事ロボットを遠隔操縦するとき、人はどのような意味で勇敢でありうるだろうか？　実際に、情報を評価、管理し、それに対して賢く迅速に行動する能力が、兵士の性格の中でもよりいっそう重要な特質だと思われるとき、勇気はそれでもさまざまな徳の中で、より上位に位置づけられるのだろうか？

こうした問いは、古い概念の単なる適用や翻案よりも、新しい理論化を必要とするように思える。社会がどのように衝突し、それにどのように対処するかに関して、ICTは抜本的な変化を引き起こした。しかし同時に、政策や概念的な欠如も存在する。たとえば、米国防総省は2015年までに、武装車両や兵器の3分の1をロボットに置き換える意向だが、これらの新しい半自律的兵器の配備に関する倫理規定は、まだ存在しない。[22]これは、世界的な問題である。2002年のプラハ・サミットで、NATOは初め

[訳注18]　ローマ哲学とカトリックに起源を持つ、軍事に関する倫理上の原則・理論で、「正しい戦争」「正しくない戦争」を区別することで、戦争の惨禍を制限することを目指して理論構築がなされたとされている。

[訳注19]　武力行使に訴える権利および手続きを規制する国際法をユス・アド・ベルム（jus ad bellum 開戦法規、法的規制）、武力紛争において当事国の行動を規制する国際法をユス・イン・ベロ（jus in bello 交戦法規、武力紛争法規）と呼ぶ。

[訳注20]　倫理的行為に関する学問分野を規範倫理学（normative ethics）と呼び、哲学的倫理学の一領域であり、道徳的な観点から見て、人はいかに行為すべきかにまつわる諸問題を探求する。徳倫理学（virtue ethics）は、規範倫理学の主要なアプローチのひとつであり、義務や規則や行為の帰結を探究する倫理学と対比され、徳や性格を強調するものとされる。

て、サイバー防衛活動に取り組む姿勢を示した。5年後の2007年には、すでにイラン、中国、ベラルーシ、パキスタンを含む42ヵ国が、軍事ロボットに取り組んでいたが[23]、軍事ロボットの配備に関する倫理面に関する国際協定は、草稿すら存在しなかった。このような、応用倫理学における極めて重要な領域について、より記述的、概念的な分析をし、武力衝突におけるICT利用の増加に対処するために行われてきた初期の措置の効果を評価することが、必要とされている。問題は非常に差し迫っており、情報の共有や倫理に関する理論の統合の必要性が強く感じられている。情報や情報戦争に関する、倫理学の現状についての理解を共有すること、サイバー戦争の新しい側面について明確に解釈するための、包括的な枠組みを開発すること、電子兵器の倫理的配備に関して極めて重要な合意を形成すること、情報戦争に対する倫理的なアプローチの基礎を築くことを、目標とすべきである。特に第一次世界大戦中に化学兵器の使用が試みられ、1931~45年の日中戦争では、生物兵器の使用が試みられた。その恐ろしい結末を受けて、1925年に化学兵器と生物兵器の使用を禁じるジュネーヴ議定書(Geneva Protocol)が策定された。1972年には、生物毒素兵器禁止条約(Biological Weapons Convention:BWC)により、生物兵器の開発、生産および貯蔵が禁止された。それ以来、我々はなんとか生物兵器の使用を抑制し、BWCを概ね順守してきた。同様のことが、核兵器についても起きてきている。情報戦争や電子兵器についても、事故や痛ましい教訓を経験することなく、すみやかに、同様の規制や制約が適用されることを期待したい。

象の話に戻ろう。ローマ内戦でのタプススの戦い(紀元前46年)において、ユリウス・カエサルの第五軍団は斧で武装し、敵の象の足を狙い打つように命じられていた。軍団はその責務に耐え、象は軍団のシンボルとなった。動物をそのように残酷に扱うことに倫理的な問題があるということには、当時誰も思いをめぐらせえなかっただろう。歴史はしばしば、少し不機嫌となり、自身を繰り返したがることがあるので、見越して考えねばならない。ＩＣＴを用いた兵器や戦略に関する研究開発が指数関数的に増加しているとき、我々は協力して、サイバー戦争を特徴づける前代未聞の倫理的困難を特定し、議論し、解決しなければならない。これは、時期尚早ではない。おそらく、古い倫理的理論をどんどんサービスパックを用意しながらアップデートしていくのではなく、新しい概念を生み出すことで、古い倫理に関する理論をアップグレードすることを考えたほうが良いかもしれない。第6章で見たロボットの民生利用のように、情報戦争は情報の倫理を求めている。結局のところ、アイロボット社は床を掃除するロボット掃除機ルンバ700シリーズと、敵の爆発物を処理するアイロボット、710ウォリアーのどちらをも製造しているのである。

むすび

6000年前に、人類は文字の発明と、都市や王国、帝国、主権国家、国家、そして政府間組織となる可能性のある条件の出現を目撃した。これは、偶然ではない。プレヒストリー時代の社会には、ＩＣＴも国家もなかった。国家は、典型的なヒストリー的現象である。人間の集団が、小さな共同体でのその日暮らしの生活から脱したときに、国家は出現した。単純労働と専門職の役割が分担され、ＩＣＴの統制を通じて、「通貨」という特殊な種類の情報を含んで、資源を管理することで、大きな共同体は、さまざまなかたちの政府の下に組織される政治集団となった。徴税から立法まで、司法行政から軍事力まで、国勢調査から社会インフラまで、国家は、長い間究極の情報エージェントであったため、ヒストリーの時代、特に近代は、国家の時代であった。

ヒストリーの時代の始まりと現在とのほぼ中間地点で、プラトンは、記号（すなわち文字）で記憶を記述することと、個人と都市国家（ポリス）の間での共生的相互作用の、両方の抜本的変化を解明しようとしていた。第1章で述べたように、我々がアマゾン流域の部族を、プレヒストリー時代の国家のない最後の社会と見なすこととさして違わないやり方で、50年後の孫世代は、我々をヒストリー的で国家として組織された、最後の世代だと見なすだろう。我々が、こうした変化の全貌を理解するに至るまでには、まだ大分時間がかかるだろう。そして、我々の先に、また同じような6000年が控えているわけではないから、これは問題である。我々はICTと、技術的先の一手《ギャンビット》を打ち出したところである。第9章で論じるように、地球の将来が危機に瀕しているため、この環境ゲームに勝つために我々に残された時間は、ほんの短期間しかないのである。

第9章 環境
デジタルの先の一手《ギャンビット》

人新世《アントロポセン》のコストとリスク

ヒストリーからハイパーヒストリーへの移行、インフォスフィアの構築と解釈、オンライフでの生活、世界に書き込み、世界を覆う、これらはすべて、想像を絶するほどのエネルギーを必要とする、大きな変換である。プラトンの『ティマイオス』に登場する世界の創造者であるデミウルゴスのようには、人類は創造を行わないが、その必要性や希望、期待を充足させるために、この惑星全体を修正している。第1章で、我々は千年にもわたって、こうしてきていることを見た。正確にどれだけか、ということは科学的な論点だが、地球の生態系に重大なインパクトを与えてきており、地質学者たちは、新しい、正式な地質学的時代区分として、「人新世」[1][訳注1]を採用することによって、そのことを認識する必要があると、おおかた一致している。

今のところ、その人新世の時代は、まずまずうまくいっているようである。しかし、この成功により、環境コストが増大してきており、そのいくつかは、最近その持続が不可能になってきている。インフォスフィアの発展は、今、生態系を危険に晒している。これは避けられないリスクではあるが、しかし、より安全に管理されねばならず、さらに以下に述べるように、完全にうまく管理可能である。

技術は、さまざまな制約を減少させ、機会を拡大する。そのようにして技術は、それらを享受するエージェントの利用可能空間をたえず再デザインし、その自由度を高めてゆく。技術がさらに力を与え、可能性を高めていくほど、望まない結果（損害や損失の可能性）と、望ましい結果の逸失（潜在的な利益や優位性、経済学上、機会費用と呼ばれるもの）という両方の点で、それがもたらすリスクの性質や範囲も変えることとなる。その結果として、技術は、その性質によって、エージェントたちが操作したり相互作用をする、対応するリスクの範囲もデザインすることになりやすい。たとえば、紐に通した紙人形を作る際でも、技術は実際の制約や機会となるだけでなく、ネガティブにも（望ましい結果を逃す）ポジティブにも（潜在的な望まれない結果）、対応するリスクをもたらさずにはいない。したがって、災害や危機がエネルギー産業に影響を与えていることが痛ましく思い起こされるように、リスクフリーの技術とは、矛盾なのである。にもかかわらず、本質的にリスキーである技術の性質は、絶望の理由とはならない。技術によって、リスクの範囲を減少させ、それらをさらに制御可能なものにすることができる。これが、慎重な楽観主義の根拠でもある。以下に、それを説明する。

時間が経つにつれて、技術の制約の減少、機会の拡大、そして対応する新しいリスクという単純なサイクルは、リスクテイカー（リスクのある選択をする人々）の集合体を、さらに大きなリスクランナー（引き起こされたリスクの影響を受ける人々）やステークホルダー（それらの関係者）の集合体に変化させる。特定のリスクに関して、すべてのリスクテイカーはリスクランナーであるが、しかし、さらに多くのリスクテイカーではないリスクランナーが存在する。すでに、二輪戦車《チャリオット》の操縦者が、それに関連するリスクの唯一のテイカーかつランナーとして認識されていたということは、信じ難いことのように思えるが、つまりは、古代ローマにおいてさえも、交通と操縦行為を規制する法律が存在していたということである。このようなリスクテイカーとリスクランナーの完全な重複は、タクシー運転手のことを考えると不可能であるとわかる。現在、政治的に組織化された社会では、リスクランナーは、標準やプロトコル、ライセンス、制御、運用状況、適切な使用、安全基準や保険など、規制システムを通して、リスクテイカーの行動の結果から、自分自身を守ろうとする。一度そのような規制が法制化されると、そこに内包されたリスクを最小化しつつ、制約を課し、技術開発やその利用の機会を提供するために、法制度や安全技術に依存したリスク管理が可能になる。法制度と安全技術は、双方とも同じ方向性で作用し、共に解決策の一部と見ることができる。そして、それらは共に、メタ技術とも呼ぶべきものを構成する。メタ技術とは、他の技術と共にと言うよりも、他の技術を実行し制御する、二次、三次技術の一種である。

メタ技術を使って、安全に、効率的に、さらに経済的に、他の技術を使うことを実現するのは、決して

［訳注1］２０００年に、ドイツ人化学者パウル・ヨーゼフ・クルッツェンと共同研究者ユージーン・ストーマーが、国連地球圏・生物圏国際協同研究計画（International Geosphere-Biosphere Programme：ＩＧＢＰ）で、生態学における人類の役割を強調し、近年の地質学的な時代を表す言葉として、更新世の次の地質時代としての人類の時代というような意味で、人新世《アントロポセン》（Anthropocene）という造語を提案した。更新世（Pleistocene）は、氷河時代に当たる約１８０万年前から約１万年前までを指す。

新しい考え方ではない。それはすでに、1979年の3月28日にペンシルベニアで発生した、一部で原子力のメルトダウンが生じたスリーマイル島の事故の後、1980年代に理論化されている。実際、1788年にジェームス・ワット（1736 - 1819）によってデザインされた最初の調速機は、エンジンで使われる燃料の量を調整し、可能な限りスピードを一定に保つように使われた、二次的なメタ技術の古典的な例である。しかし、今ここでメタ技術として考えているのは、もう少し包括的なものである。メタ技術は、適切なテクノロジーを制御する技術だけではなく、技術的な研究開発や、それに続く技術の利用とその応用を統制する、規則や決まり、法律、社会政策的な条件などとしても理解されねばならないという観点を示している。それは以下に述べるような意味で、先に述べた慎重な楽観主義の基礎を提供するのは、この広い意味でのメタ技術の考え方である。

最初に、潜在的なネガティブリスクとして、技術による望ましい結果を得る機会の逸失について考えよう。情報経済の大部分は、エージェントが利益を認識し、機会を利用することを可能にするメタ技術としても、ＩＣＴが機能することによって実現されている。法制度もまた同じように、メタ技術として、エージェントが潜在的なリスクテイカーになるようインセンティブを与えることで、ネガティブリスクに対処することができる。これは、ドイツが良い例である。ドイツの太陽光発電市場は、太陽光発電に対する補助金によって、世界で最大となり、２０１１年には、総発電容量が世界全体の40％を占めるまでになった。確かに、既知のリスクは痛みのようなものである。歓迎はされないが、しばしば、大きなトラブルの存在を知らせてくれる。そのため、インセンティブは痛み止めのようなもので、古い問題を隠してしまい、解決策を講じるのを遅らせてしまったり、さらに新しい問題の原因ともなるといった点で深刻な副作用を生む可能性があるため、注意深く使われるべきなのである。ドイツでの太陽光パネルの例では、財政コストとエネルギー市場に与える歪みのために、急増するパネルの建造に歯止めをかける目的で、２０１２年に、エネルギーの買い取り価格を法律で定める固定価格買い取り制度を修正した。同様に、環境の観点から見ると、世界の太陽光パネルメーカーのトップ10社のうち５社が中国企業で、２０１０年には、世界シェアの40％を占めているという点を思い起こすのは重要である。不幸なことに、中国の産業界は、労働環境や人権、環境問題の貧しさに対して、繰り返し批判を受けている。同様の分析は、たとえば、トウモロコシ由来のエタノールや石炭液化合成燃料、水圧破壊法によるシェールガス等々の持続可能性など、他の多くのケースにも当てはまるだろう。しかし、これらのすべてが、我々を絶望させるわけではない。慎重に取り扱えば、こうしたインセンティブは賢い投資となり、もしエネルギー産業が汚染を広げるものからクリーンで再生可能な資源へ移りつつあるならば、重要な架け橋として必要とされるのである。道は狭いかもしれないが、追求する価値が無いというわけではない。それは、緊急に正しく一歩を踏み出すべき、唯一の道かもしれないのである。

次に潜在的なポジティブリスク、すなわち、技術が望まない結果を生み出すことについて考えてみる。メタ技術の法制的なアプローチが最も効果的なのは、ネガティブリスクとの釣り合いをとるためにインセンティブを提供して採用を促す場合よりも、ポジティブリスクに対処するために阻害要因《ディスインセンティブ》を与えて制約を課すとき、つまり「する」よりも「しない」ことに焦点を合わせたときである。この場合、取りうる道はより広くなり、予防、制約、修復、そして補償の、四つの主たる戦略がある。

予　防

改めて言うが、万全のメタ技術というものはない。何か特定の技術を完全に禁止するというのは、やりすぎというものであろう。たとえば1970年代、世界でも早い段階に原子力を導入し、世界で3番目の発電量を持っていたイタリアは、1987年のチェルノブイリ原発事故（1986年）直後の国民投票で、既存の発電所の段階的な廃止が決定され、エネルギー輸入への依存度が高まり、その後、電気料金がEU平均に比べて大幅に高くなるという結果を招いた。2011年の福島第一原発事故の際、イタリアでは原発の導入を再検討していたが、当然のことながら、その政治的なプロセスは現在も停止したままである。結局イタリアは、おおよそ80％の電力を原子力発電によってまかなっている近隣のフランスから、電力を購入している。

制約と修復

相対的な予防策としては、技術開発を許可するが、リスクが現実となるのを防ぐ、あるいは少なくとも限定的にする、ABS（アンチロックブレーキシステム）のような方策が考えられる。予防と、失敗した際に望ましくない結果の限定と実際に発生した結果の修復は、メタ技術的な戦略であり、それにはさまざまな程度がある。すなわち、さらに慎重に調整されるべきことを意味している。こうした戦略が柔軟であるほど、関連する法規と安全を実現する技術の間の正しいバランスに依存したものとなる。しかし、その双方とも失敗するかもしれない。たとえば2011年3月11日の東日本大震災と津波の際、地震の影響を受けた日本国内の16基の原発が2分以内に停止し（福島を含む）、冷却プロセスが迅速かつ正確に実行された。これは、ほぼすべての原発が、あのように大きな自然災害の中でも、地震によるダメージを受けることが無かったという、特筆すべき回復力の証拠と言えるだろう。だが福島原発は、当時の法規に従って海側に設置されていた5・7メートル（19フィート）の防波壁に守られていたが、高さ14メートル（46フィート）の津波が、いとも簡単に原子炉建屋を襲った。続いて起きた問題と危機は、安全策の失敗という結果であるとともに、法的なメタ技術システムの失敗でもあった。2012年に、日本の国会の特別委員会は、福島原発における事故は「深刻な人災」であったと結論づけた。[2] これらすべての事例で重要な点は、望まない結果の増大に対して、より先進的で、未来を予見し、洗練された（法規と安全技術の）メタ技術がさらに —— より少なくではなく —— 必要である、ということを認識することである。望まない結果が発生する可能性を減少させ、そのような結果が発生してしまった際には、その影響を減少させることができるような回復力を実現すること、これらの双方によって、優れたデザインは、顕著な違いを生み出すことができるのである。システムが失敗した後、最悪の事態の二番目は、システムがそのエラーに対処することができないことである。

補　償

この4番目のメタ技術戦略は、不十分にデザインされた場合には、おそらく失敗するであろう。住宅保険が火災の危機に対処する方法ではないのと同じ意味で、補償は、技術によって引き起こされた望まない結果に対処する戦略ではない。補償は、抑止力でもない。もしそれが目的ならば、おそらく、法制度で当の技術を禁止するべきだろうし、相当する国際的な権威による、罰金やポイントシステムを設定するべきであろう。たとえば国際原子力機関のような関連する国際機関のもとで、技術の失敗により生じた損失や、損害に対する罰金や罰則を課すべきである。これを、いくつかの国で採用されている、運転免許を管理する機関が交通違反を犯した運転者に対して刑罰を科す法制度と比べてみよう。補償というのは、技術の失敗に対して、事前（たとえば、保険のプレミアム）や事後（払い戻し）における、コスト管理の手段である。どちらも慎重に設定されなければ、効果的ではないだろう。エクソン・バルディーズ号が、[訳注2]１９８９年にアラスカで原油流出事故を起こした後、１９９０年にアメリカ議会は、１回の流失に対して、海洋設備に対して責任を負う船の借り受け人もしくは許可証所有者に、最高７５００万ドルの賠償義務と除去費用を科す、油濁法（Oil Pollution Act）を成立させた。当時この補償額は、理に適ったものと思われていた。しかし、２０１０年4月20日に起こったディープウォーターホライゾンの掘削施設爆発事故（メキシコ湾原油流出事故[訳注3]）では、正確な被害程度が未だに不明という事実にもかかわらず、民間経済と公的な天然資源に対するコストは、現行の原油流出に関わる法制内の上限である７５００万ドルをはるかに超えているのは明らかである。これよりもはるかに小さかったエクソン・バルディーズ号の場合でも、天然資源への損害と民間への補償コストが23億ドルに達しているということを考えねばならない。そのため、こうした法制度のデザインを再考することが必要とされており、ディープウォーターホライゾンの災害の後、ホワイトハウスは、正当にも、補償額の上限を引き上げようとした。ＢＰ社は自発的にこの上限を放棄し、追加の補償資金を拠出しているが、それはおそらく、安全規制の違反による最高額の罰金を避けるためであった。[3][訳注4]

もちろん、技術のポジティブとネガティブなリスクに対処することによって、法規制や安全のための技術ともに、それら自身のポジティブリスクやネガティブリスクに陥ることもあるだろう。しかし、メタ技術のリスクを扱うことは、倫理的な問題であって、もはや技術的な問題ではないため、ここに「無限の遡及」[訳注5]の問題はない。何を優先するか、限りある資源を、いかに見つけ分配するか、誰によるどういったリスクが、誰の利益の観点から誰によって受け入れられるとされるか——これらや同様の問いに対して、異論の無い答えは存在しないし、技術的なことでもない。これらは、幅広い知識、合理性、寛容な議論、そしてオープンマインドが必要とされる、開かれた問題なのである。言い換えれば、哲学的な態度が求められるのである。

アーミッシュ的なライフスタイル[訳注6]においてすら、リスクの無い技術は存在しないことは明らかである。

[訳注2] エクソンの所有する石油タンカー。1989年3月24日にアラスカ州のプリンス・ウィリアム湾で座礁し、1100万ガロン（24万バレル）の原油を流出させた（エクソン・バルディーズ号原油流出事故）。これは史上最大の生態学的災害のうちのひとつである。

[訳注3] 2010年4月20日にメキシコ湾沖合80km、水深1522mの海上で海底油田掘削作業中だった、BP社の石油掘削施設「ディープウォーター・ホライゾン」で、技術的不手際から掘削中の海底油田から逆流してきた天然ガスが引火爆発し、海底へ伸びる5500mの掘削パイプが折れて、大量の原油がメキシコ湾へ流出した事故。

[訳注4] アメリカでは、1989年のエクソン・バルディーズ号事故を踏まえ、原油流出事故の損害賠償は上限7500万ドル（約61億円）に規定されている。しかしこの額では到底足りないため、BPは自発的にこの上限を放棄し、追加の補償資金を拠出している。

[訳注5] 推論や証明を、その論拠に遡ってさらに推論、証明するというように、次々と無限に続けること。

[訳注6] アーミッシュは、アメリカ合衆国のペンシルベニア州・中西部などやカナダ・オンタリオ州などに居住するドイツ系移民（ペンシルベニア・ダッチも含まれる）の宗教集団で、移民当時の生活様式を保持し、農耕や牧畜によって自給自足生活をしていることで知られる。人口は20万人以上いるとされている。

技術は可能性の制限を押し広げるため、必然的に何らかのリスクをもたらすからである。完全に安全な技術というものは、作られたことはない。さらに、技術的のもたらすリスクを制御する、コストのかからない解決策も存在しない。しかしまた、どのような技術にも内在しているリスクにうまく対処することができる、メタ技術的な方法があるのも明らかである。そしてこれが、スマートICTが非常に重要になる点である。我々はさらに、より賢い方法で、メタ技術に投資すべきなのである。第3章で見たように、人々の意識を拡大することができる技術としての教育、社会の相互作用を拡大する技術としての法、そしてもちろん、他の技術を制御し監視するスマートな二次、三次のメタICTである。未来は、過去よりもさらに技術的に複雑になり、課題は増えていくため、我々にはこれらのすべてが必要なのである。

もちろんまだ大きなリスクが残り、同じように時間に関連している。人新生《アントロポセン》の環境コストへの対処を支援するスマートICTの開発によって、我々は先の一手《ギャンビット》を打っているのである。次節で説明しよう。

先の一手《ギャンビット》

スマートICTは現在の環境危機において大きな役割を果たすが、大きな欠陥も存在する。それらは、多くのエネルギーを消費することもあり、したがって、潜在的に環境に悪影響を与える。いつもどおり、いくつかの特定のデータを示すことによって、ポイントを示すことにする。

2012年時点で、世界中のデータウェアハウスは、年間約300億ワットの電力を消費している。これは、原発30基分の発電量とほぼ同じである。一つのデータセンターは、中規模の町よりも多くの電力を消費すると言えば、その大きさが実感できるだろう。[4] 近年電力消費量はますます増加しており、我々が生み出している膨大なデータ総量と関係がある。ゼタバイトは、ゼタワットを必要とするのである。2000年、データセンターは世界の層電力の0・6％を消費した。その数値は、2005年には1％に上がった。2007年には、ICTは8・3億トンの二酸化炭素を排出した計算になるが、それは地球上の総排出量のおよそ2％にあたり、航空機産業とほぼ同じだった。2020年までに、ICT関連産業による排出量は毎年6％増加すると見込まれ、航空機産業の排出量を大きく超えることになるだろう。現在ICTは、一年間にアルゼンチンやオランダよりも多くの二酸化炭素を排出している。[5] このシナリオの中で、カリフォルニア州にある多くのデータセンターが、州政府の有害汚染物質リスト（Toxic Air Contaminant Inventory）中で、主要な汚染事業社として列挙されているのも驚くことではない。[6] 2013年に、グーグル社は、スウェーデンの、完全に風力による電力（72メガワット）を購入して、フィンランドのデータセンターに供給し、カーボンニュートラル[訳注7]の状態を維持することを試みている。[7]

厳しい環境状況であるが、しかし、環境保全の戦いにおいて、ICTが重要な仲間となりうるということも知っている。コンサルティング企業のマッキンゼー社は、ICTの活用によって、

2020年までに、二酸化炭素換算で78億トンの温室効果ガスの排出削減が可能となり、これは現在の全世界の総排出量の15％に相当し、また2020年におけるこれらの技術による排出量の見積りの5倍以上で

[訳注7] 炭素中立。環境化学の用語で、排出される二酸化炭素と吸収される二酸化炭素が同じ量であるという考え方を意味する。

ある。[8]

と試算している。これは楽観的ではあるが、改善可能なバランスである。さらにマッキンゼーによると、２００８年から２０１２年の間に、総消費エネルギー量の６％から12％にすぎないが、ＩＣＴ産業のエネルギー利用の効率性に若干の改善が見られたということである。

ＩＣＴの環境に対する影響に対する賛否の議論は、２００８年に環境系ＮＰＯであるクライメイトグループが発表した、「ＳＭＡＲＴ２０２０――情報化時代の低炭素経済実現に向けて」と題されたレポートにうまくまとめられている。

従来どおりの状況が続くシナリオだと、ＩＣＴ産業自体の排出量は、２００２年の二酸化炭素換算５・３億トンから、２０２０年には14・３億トンへと増加していくものと予想される。しかしこのレポート内で示されているＩＣＴの可能性により、２０２０年までに、この産業が排出する総量の５倍の量である78億トン、もしくは、従来どおりの状況が続いた場合における総排出量の15％に相当する量の削減に貢献できる。[9]

これが意味することは、図22を見れば一目瞭然であろう。

相対的な結果としては、我々は技術的な先の一手《ギャンビット》を打っているということである。すなわち、ＩＣＴが環境に与える負荷よりも、ＩＣＴが環境にもたらす利益はより大きく、すぐ効果が出るという事実に期待でき、そのような先手を打ち、効果を得る十分な時間があるのである。以下に議論するように、時間とい

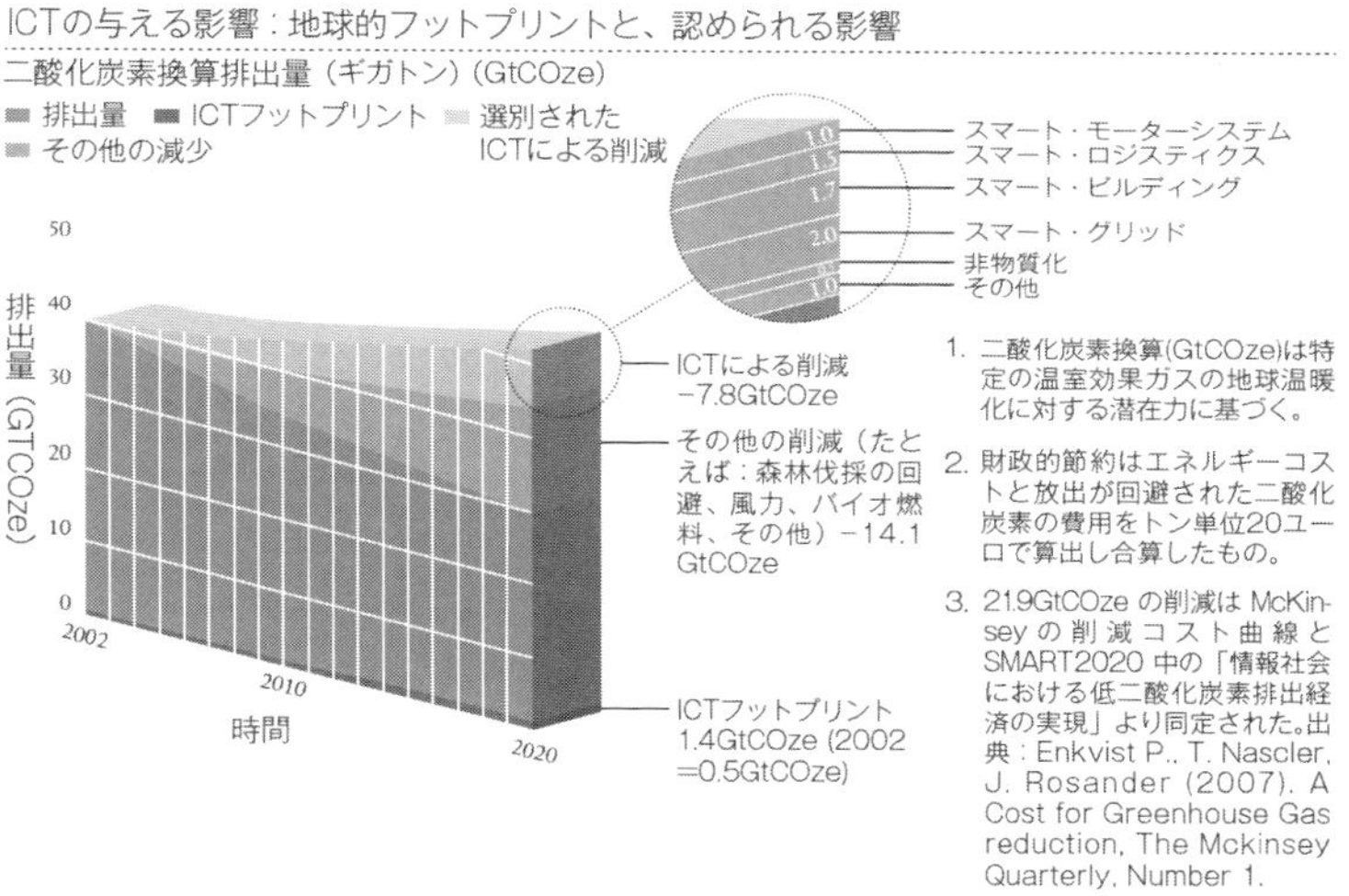

図22　ＩＣＴと、それらの環境への影響

The Climate Group 2009の好意による。許可を得て再掲。

う変数は、非常に重要である。先の一手《ギャンビット》とは、チェスのゲーム開始時において、ゲームの優位を得るために、弱い駒、たいていはポーン（歩兵）を、犠牲にすることである。したがってそれは、大きな損失を含むが、初回の損失を補い、それよりも大きな利益を得るために、戦略的に行われる、自発的なリスクの問題である。このような特質は、「善の前の悪（worse before better）」の論理で一般化できよう。金融危機の際の緊縮経済政策、武力紛争時の突撃、流行感染症における患者隔離、ガン治療における化学療法[10]など、これらすべては、この原理の具体的な実施例である。その一般的なパターンを、図23に示す。

ＩＣＴの場合、先の一手《ギャンビット》とは、世界的な二酸化炭素の排出量を減らす（つまり、ゲームに勝つ）ために、多少の二酸化炭素を排出する（ポーンを失う）、ことである。もちろんこれは、

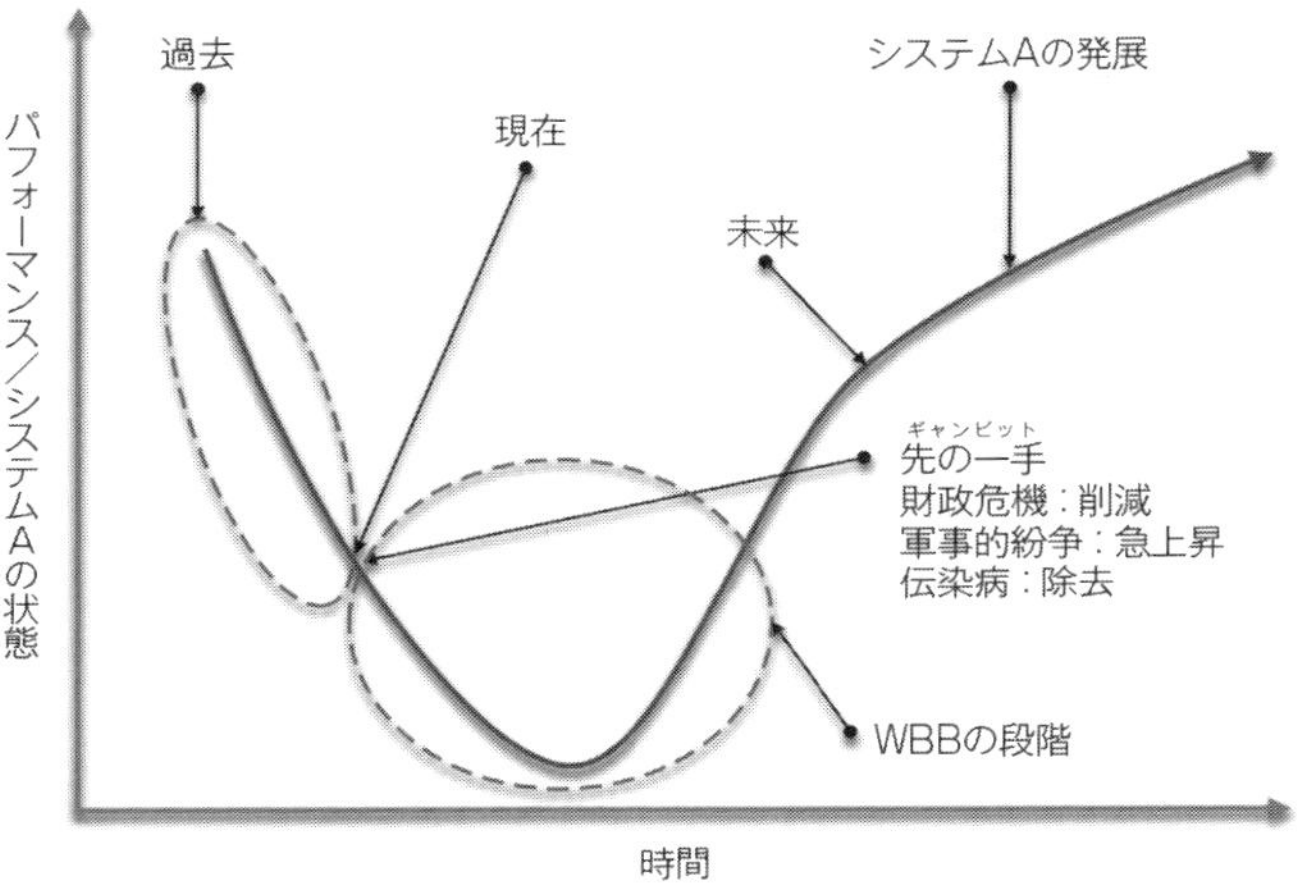

図23 「善の前の悪（Worse Before Better：WBB）」の論理

データセンターを運営するどのような企業にも当てはまる、経済戦略でもある。これが先の一手《ギャンビット》に止まるのは、ICTを改良して環境をより良い状態にし、そうした戦略から利益を回収するだけの十分な時間があるということに我々は賭けているからである（図24参照）。

知的に行うならば、先の一手《ギャンビット》による損失は回収可能である。しかし、先の一手《ギャンビット》を成功に導くためには、我々はそれが単なる間違い（つまり、偶発的もしくは計算違いでポーンを失う）ではなく、勝算のある方略であって、時間を計算に入れ、発生した損失を取り戻す十分な時間があるよう、ことを明確にしておく必要がある。これは今、グリーンコンピューティング[訳注8]に投資するべきだということを意味している。我々には、より環境に対して持続可能性を持ち（すなわち、低負荷）であり、将来に向けた環境保全が可能な（環境に対する高い親和性が高い）、特にメタ技術としてのICTが、より多く、早急に必要である。それらのIC

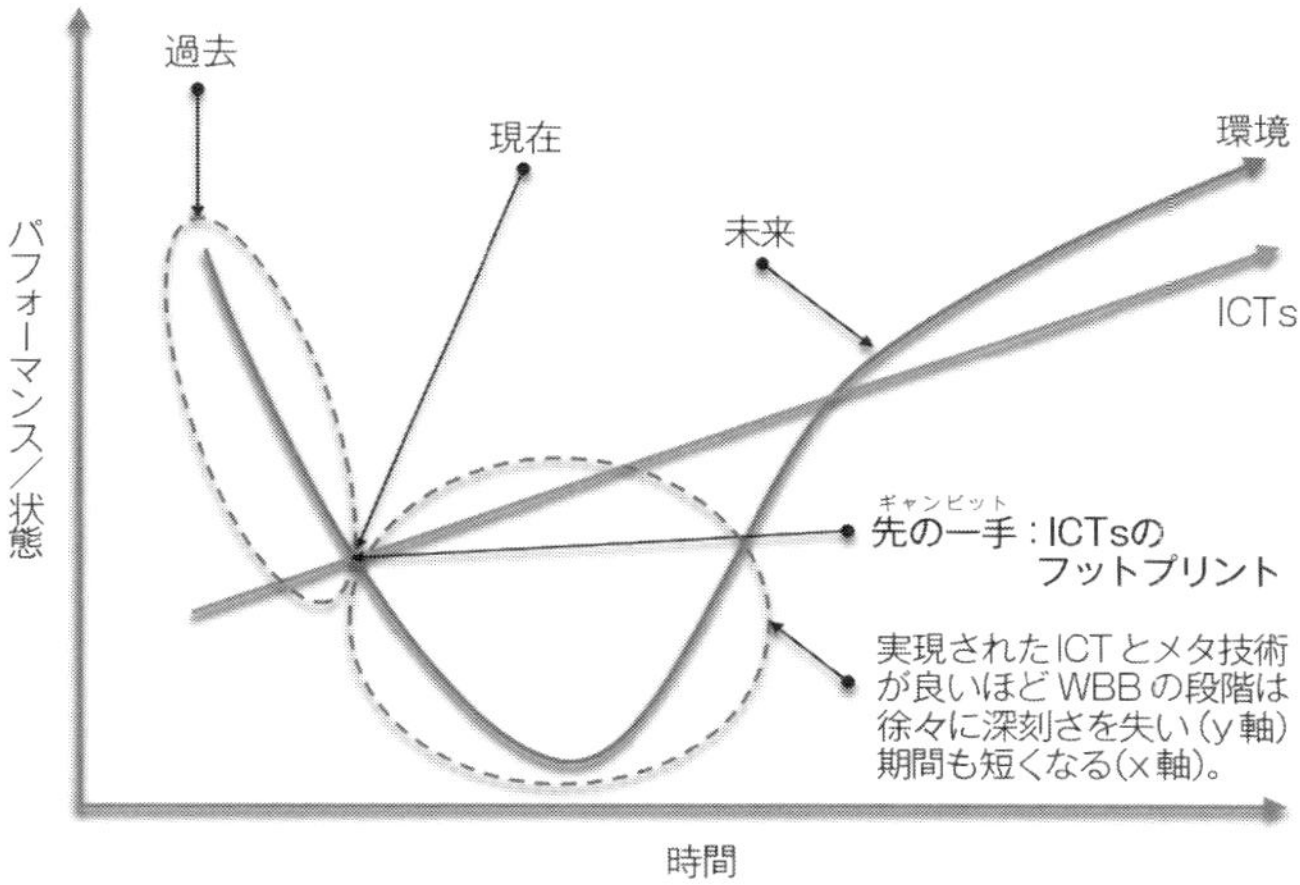

図24　ＩＣＴとグリーンな先の一手《ギャンビット》

Tは、「少なく使い、多くを得る」（利用可能な資源を効率よく使う）、「残された物から多くを得る」（使用済み資源の再利用）、「別のものから多くを得る」（代替資源を利用する、たとえば、マニュアル等の電子化など）によって、我々を支援する。そしてこれらの技術はすべて、より安全に、またその技術自身だけではなく、他の技術を制御するメタ技術として、先の一手《ギャンビット》から利益を得、ゲームに勝つために、絶対に必要なレベルの効率性と安全性を実現することができるものでなければならない。誰も、先の一手《ギャンビット》自体が持つ、リスキーな性質に幻想を持つべきではない。しかし、そのリスキーな性質とそれが持つ潜在的な利益を深く理解し、それらを管理することによって、先の一手《ギャンビット》はよりスマートな一手となるはずである。

［訳注８］　グリーンＩＴ、グリーンＩＣＴとも呼ばれ、ＩＴの効果的な利用を通じて環境保護を促進するとともに、コンピュータやその関連設備・装置のライフ・サイクル全般でＩＴ利用による環境負荷の削減を目指す諸活動のことを意味する。

エネルギー効率が100％であれば、環境に対して究極の機械となる。しかし残念ながらこれは永久機関と同じであり、単なる夢物語である。このような不可能な限界に、決して近づけないと言いたいわけではない。エネルギーの浪費を、劇的に減少させ、エネルギーの効率性をより高くすることは可能である（この二つは必ずしも同じではない。リサイクルと「少なく使い、多くをする」の違いである）。これら二つのプロセスは、しばしば情報マネージメントにおける著しい改良によって、特により良いハードウェアとプロセスの構築、運用によって実現される。ICTは、自然と、歴史的および文化的なものを含んだ人間資源に対する、破滅や疲弊、暴力的行為、そして浪費に対する我々との戦いを支援することができる。そのためICTは、私が統合的環境主義（synthetic environmentalism）、あるいはe-環境主義[11]（e-nvironmentalism）と呼ぶ考え方における、重要な仲間なのである。つまり、我々は知識に欠けるため悪しきことを行うというソクラテスの倫理的主知主義を、我々の情報マネージメントのやり方が向上すれば、道徳的な悪が減少するという意味で、どう新しく解釈するかである。我々の課題は、自然の中のエージェントであり、自然の執事でもある我々の二つの役割の調和を図ることである。我々は、正しき創造者、デミウルゴスにならねばならない。良いニュースは、これは我々が対処可能な挑戦だということである。

我々が現在直面しているエネルギー問題は、決して無くなることはない。工業化を進める国家の増加、それらの国の人々の生活水準の向上、地球温暖化に発する喫緊の問題、そしてインフォスフィアの拡大によって、むしろ悪化している。こうした問題が、制御不能に陥る前に、あるいは取り返しのつかない事態になる前に取り組みたいと考えるのであれば、メタ技術の観点から、今すぐ、断固として取り組む必要がある。そして、現在と予見されるメタ技術によるリスクに対する倫理的な分析結果が必要とするならば、おそらく、消費とコストの観点から、犠牲を払う用意が必要だろう。より良い世界は、経済のみならずモラルの面においても、より要求が多いのは当然である。「今、痛みを（pain now）」が、唯一残された成功戦略であると言えよう。

第10章 倫理

e-環境主義

鉄器の起源とされる古代オリエントのシュメール時代からiPodのホイールまで、技術の物語を語るひとつの方法は、一次、二次、三次システムの層が次第に加速しながら進化し、互いに入れ替わったり、洗練されたり、補足しあったり、相互作用したりしながら、垂直的には相互に依存しあい、水平的には統合化されていく過程として見ることである。もし古代に技術の哲学の痕跡がほとんど見られないとするならば、それはおそらく、一次技術しか存在していなかったからである。二次技術の登場によって、技術の中間性が巨視的なレベルで成長し、哲学の吟味を受けることになった。こうして、近代の哲学は、ホッブズにおけるような機械の哲学であり、ヘーゲルやマルクスにおけるような力動的メカニズムの哲学であり、あるいはハイデガー、フーコー、リオタールのような機械文明への批判であった。三次技術に対応する現代哲学は未だ形成途上にあるが、第1章で出会った未来の歴史家は、賭けてもいいが（安全な賭けである。間違いだとわかる頃には私はいないのだから）、我々の時代を、ネットワーク指向のアプローチから社会を入力‐処理‐出力といった一連のプロセスとして把握することまで、エージェントの分散形態から関係を力動的な相互作用とする見方まで、知識のインターフェース的な理解の方法から、科学のデータベースに基づくソフトウェア駆動と見る考え方まで、情報的思考があまねく浸透した時代として書くだろう。未来の歴史家は、もはやヒストリーとしてでも機械としてでもなく、ハイパーヒストリー、そして情報として我々自身、我々の世界、我々の文化を概念化する、新しい見方の影響力の大きさに感銘を受けるのではないだろうか。

しばらくの間、サイバースペースの最先端は人間／機械のインターフェースであった。そのため、我々はしばしば、自分自身がその外側にいると考えた。チューリングが有名なテストで、人間かコンピュータかわからないようにするために、キーボードやモニター画面のインターフェースを用いたことを思い起こさせる。半世紀経って、そのインターフェースは日常の現実の一部となった。おそらくテレビの普及とその情報を伝え娯楽を与える役割のため、インターフェースは、コミュニケーション、情報、ビジネス、エンターテイメント、社交等々のための第二の皮膚となり、我々はそれに頼っている。我々は、インフォスフィアの中に移り住んだのである。インターフェースの隅々まで浸透する性質は、それがそこにあると知覚されないという意味で、我々の現実に統合され、透明なものとなって受け入れられたことにも依存している。アトムからビットへの移行は、それほど問題ではない。これは、コミュニケーションに基づく情報化社会の解釈であり、あまりにもマスメディア社会学の影響を受けており、時代遅れである。もっとずっと根底的な事実は、我々の現実の本質と組成の理解も概念も、変化していることである。実際我々は、仮想が部分的に現実であり、現実が部分的に仮想であると認め始めている。第3章で見たように、情報化社会は、新製造社会（neo-manufacturing society）としてより良く理解できる。原材料やエネルギーが、データや情報に置き換わり、新しいデジタルの金銭が付加価値の源となった社会である。我々のハイパーヒストリーの困難を正しく理解し、持続可能なインフォスフィアを発展させる鍵となるのは、コミュニケーションと処理だけでなく、情報の創造やデザイン、管理もまた重要である。

こうした事柄を理解するためには、新しいナラティヴ、すなわち、我々が抱える困難と、追求したいと願う人間の企図についての、新しい物語が必要である。これは、誤った方向への時代遅れのステップのように見えるかもしれない。最近まで、マルクス主義や自由主義からいわゆる「歴史の終焉」まで、「大きな物語（big narratives）」に対する批判があった。しかし事実は、こうした批判もまたもうひとつの物語であり、しかも有効ではなかった。壮大な物語に対する体系的な批判は、必然的に、それが解決しようとする問題の一部なのである。なぜさまざまな物語が存在するのか、それらを正当化するものは何か、そしてそれらをどのより良い物語が取って代わるかを理解することは、決して子供じみたことではなく、未来に向けてのより実り多い方法である。

ＩＣＴは新しい情報環境を作りつつあり、将来の世代は大部分の時間をそこで過ごすだろう。前の、とりわけ農業と産業によって富を生み出した革命は、社会的、政治的な構造と建築的環境の巨視的な変化をもたらしたが、しばしば将来への見通しに欠け、深い概念的、倫理的問題を抱えていた。情報革命も——富の創造という点で第三の革命と考えるか、我々自身の再概念化という点で第四の革命と考えるかは大して重要ではない——、劣らずドラマティックである。もし、将来の世代がその中に住まうことになる新しい物理的、知的な環境を構築しているという事実を真摯に受け止めないならば、我々は大きな困難に陥るだろう。次第に他のエージェントと楽しむようになっているＩＣＴに媒介される類の相互作用と我々の自己理解におけるこうした重要な変化から見て、生物的か人工的かにかかわらず、環境へのアプローチは、ＩＣＴによって引き起こされる新しい倫理的挑戦に取り組む、実りある方法だと思われる。[1] それは、自然物や手が加わっていないものをことさら重視しないアプローチであり、人工的、合成的、ハイブリッド、工学的人工物であっても、すべての存在や行動を真正な本物として扱うのである。そこでの課題は、インフォスフィアを、道徳的に注意を払う価値があり、そこに住まう人々を情報有機体としてケアする新しい環境として扱うことのできる、倫理的な枠組みを作成することである。こうした倫理的枠組みは、この新しいインフォスフィアで起こる先例のない挑戦に向き合い、解決せねばならない。それはすべてのインフォスフィアに対する、ｅ‐環境倫理でなければならない。この種の合成的（全体的ないし包摂的という意味と、人工的という意味の両方で）環境保護主義（environmentalism）は、我々がどのように自分自身と現実に関する自分たちの役割を知覚するか、何が我々の敬意とケアに値すると考えるか、そして、どのように自然と人工との新しい同盟をうまく作り上げるか、ということにおける変化を必要とするであろう。そのためには、個人と社会、そして政治のレベルにおいて、人間の企図に対する真摯な振り返りと、今の時代のナラティヴに対する批評が必要となる。これらはすべて、我々が十分に注意を払うべき、喫緊の課題なのである。しかし残念ながら、インフォスフィアが公共の場所であり、すべての人々のために保護される必要があるということに気づくためには、今少し時間と、まったく新しいかたちの教育と感性とを必要とするように思われる。本書が、そのようなものの見方の変化に貢献することを願っている。

訳者あとがき

本書を簡単に紹介すれば、啓蒙書でも予言書でもなく、我々市民に向けた、我々が生きている社会についての入門書と言えるだろう。それは情報通信技術が高度に発達した社会であるが、技術にフォーカスを当てるのではなく、それに囲まれている我々の姿を解き明かしていく。

そこから浮かび上がるのは、情報通信技術は単なるツールではなく、環境である、ということである。我々は情報的な生物（情報有機体 *inforgs*）として、情報環境（インフォスフィア *infosphere*）の中で相互に結ばれ、それに埋め込まれており、他の情報エージェントと共有して生きている。そのことを、情報哲学、情報倫理学分野の第一人者であるフロリディが、様々な論拠を上げながら徹底的に分析を加え、明らかにしてゆく。そして、今という時代を哲学者の目から再構成、再構築してゆく。しかし決して難解な書ではない。ミクロからマクロまで、グローバルからローカルまで、古典からモダン、ポストモダンまで、そして聖なるものから俗のものまで、あらゆることを俎上に挙げて、読者を引き込まずにはいない。

以下、少し詳細に解説しよう。本書の表題『第四の革命（*The Fourth Revolution*）』は、「革命（Revolution）」よりも、「第四（The Fourth）」にポイントがあり、そこから1980年代に世界を席巻した、『第三の波（*The Third Wave*）』を思い浮かべる人も多いだろう。『第三の波』は、アメリカの評論家、作家、未来学者であるアルビン・トフラーが1980年に発表した書籍で、当時のみならず、最近に至るも同書がもたらしたこのキーワードのインパクトは大きい。トフラーは、人類が経験した文明上の大変革を、農耕の開始を端緒とする農業革命、エネルギーの変換による産業革命とし、そして情報革命による脱産業社会という、三つ目の波の到来を予言した。

1980年と言えば、インターネットはおろか、PCすらまだ一般的ではなかった時代であるが、その後トフラーの予想した未来像に向けて社会は速度を上げ、変容を遂げていったと言えるだろう。トフラー自身は、1990年の『パワーシフト』で、社会における力の源泉が、財力や権力から情報を持つ者に移るとし、さらに2006年の『富の未来』では、金銭を介さないボランティアなどが金銭経済と同等以上のインパクトを持つようになるという、第三の波の中での展望を示したが、残念ながら、2016年の6月に亡くなっている。

本書の中にトフラーの名前は出てこないが、「第四」の意味は、言うまでもなく「第三」の次であって、『第三の波』が思い浮かぶが、端的に言えば、本書『第四の革命』は、このトフラーによる一連の指摘の先にいる。ただし、本書は未来予測ではない。誤解を恐れずに言えば、我々の社会に起こってきたこと、そしてそれが変化してゆく方向を、俯瞰し、分析し、説明付けるものである。

人はかつて、この宇宙の不動の中心とみなされていたが、そうではなくなった。様々な生物たちと切り離された特別な存在でもなくなった。そして自分自身の精神においても、完全に自分の思考によって生きているというわけではないことが明らかとなった。ネタバレになるのでこれ以上は述べないが、これら三つのパラダイムシフトが誰の思考の産物であるかは、明らかだろう。そして今我々は、その次の段階、すなわち第四の革命のステージにいる、そうフロリディは言明している。その世界で、チューリング、ノイマンによるコンピュータの出現から始まるＩＣＴが、我々は何者であるのか、どのように世界や相互に関わりあっているのか、そしてどのように自分たち自身を認識するのかに新しい光を当てたということを、解き明かしていく。「ＩＣＴは、我々の理解に、外向的にも内向的にも影響を与えてきた。」この一文が示すように、本書は我々人間の存在に関する視点を与えてくれるもので、決して予測でも予言でもない。冷徹なまでに、分析を貫き通すのである。

このように、世界を段階を踏んでエスカレーションを起こすものと捉える観点は、様々な分析的な研究に共通している。１９９０年代には、政治学者のサミュエル・Ｐ・ハンティントンが、民主主義体制への移行について、同タイトルの『第三の波』をまとめているし、近年では、特に産業資本主義のコアとなる工業技術にフォーカスを当てた、「第四次産業革命」、いわゆるインダストリー４・０が注目されている。しかし、著者フロリディの言う「第四」とは、単に三の次という意味ではない。トレンドごとに階段を上がって行く、そういう連鎖的な、あるいは連続的なイメージでは、決して捉えていないということである。

おそらくフロリディも意識的に下敷きにしていると思われるが、現在のコンピュータは、第四世代と呼ばれるものである。真空管を素子としたものから始まり、ソリッドステートデバイス、すなわちトランジスタ、さらに集積回路へと、素子技術は変化し、それにあわせて、第一、第二、第三と世代が進んでいった。ここまでは、素子技術のパラダイムチェンジによって、エスカレーションの階段を連続的に上ってきたイメージで捉えていいだろう。

しかし、この第三世代が第四世代、すなわち現在のコンピュータとなるにおいては、ここまでとは若干異なっており、大規模集積回路、3・5世代、超大規模集積回路、第四世代へと集積回路の集積度が爆発的に増していった。そこには弁証法の三大法則の一つである、「量から質への転化、またその逆の法則」、量質転化則を見ることができる。つまり量的な変化がとてつもなく莫大なもの、巨大なものであった場合、それは質の変化と等しいということである。第三世代と第四世代は半導体素子という形態は同じなのだが、集積度がここまで違うということは、すでに別のモノなのである。

端的に言えば、フロリディの言う第四の革命とは、目に見えるような、わかりやすい変化ではなく、こうした量質転化的な側面が非常に強いものである。多用されるヒストリーとハイパーヒストリーの使い分けも、まさにそこに注目するものである。

本文でも触れられているが、21世紀になって情報爆発というトレンドが起きた。そもそも情報自体、人間にとって重要なリソースであって、今になって初めて情報が重要な存在になったわけではない。ただし情報はあくまで操作の対象物であったが、量的な爆発を起こすことで、改めて我々が情報環境の中で相互に結ばれ、それを共有する「情報的な生物」であるということが、顕在化した。つまり、明らかに質的に、大きな変化が起こっているのである。

科学技術史家であるトーマス・クーンは、ある時代に共通する価値観、方法論、知識、常識などを総称する科学技術哲学上の概念「パラダイム（paradigm）」を提唱し、そしてパラダイムの内では解決できないような変則事例を「アノマリー（anomaly）」と呼んだ。アノマリーがいつしか新しいパラダイムとなっていくパラダイムチェンジのプロセスこそが、科学技術におけるエスカレーションの正体であり、人間はそれを三段まで登ったのではあるが、四段目は、アノマリーがパラダイムを塗り替えたわけではない。基本的なパラダイムはそのままでありながら、情報そのものが大きな力と意味を持ち、それがいつしか革命と呼ぶほどの大きなトレンドとなっている。

こうした量質的な変化は、その真っただ中にいると、理解することは難しい。本書の冒頭で筆者が投げかけているが、我々は1773年12月16日のボストンや、1789年7月14日のパリにいる人々と、同じ立場なのである。我々はまさにその真っただ中にいて、残念ながら自らの位置や役割に気づいていない。フロリディの言う「第四」とは、どうもこういうイメージなのではないかと思われる。

そしてその第四の革命の担い手は、誰か特定の人ではなく、すべからく全ての人々、要するに市民である。その革命の只中にあって、誰もが「次は何なんだい?」と問いかけている。それに対して、哲学者が、多様な現象を整理して答えたのが本書である。その点非常にわかりやすく、目的も明確であり、市民である我々にとって価値の高い本であるのは言うまでもない。情報哲学、情報倫理の本という先入観を一度捨てて読んでもらいたいと、訳者全員切望する。


なお本書を訳すにおいて、畳み掛けるように語り、さらに論がどんどん展開する原著には、大変苦労をした。その上、ギリシア哲学から、テレビのコメディやソープオペラ、紛争から出会い系まで、多方面に博識な筆者の論に付いていくために、多くの人の力を借りることになった。原著の豊かな表現を生かすことに心を砕いたが、翻訳の責任は訳者代表であるこの小文の筆者にある。

翻訳の過程で、議論に応じてくれた様々な研究者、識者の皆様に、訳者を代表して感謝申し上げます。

監訳代表　春木良且

第四の革命
情報圏《インフォスフィア》が現実をつくりかえる

初版第1刷発行　2017年4月10日
初版第3刷発行　2018年2月10日

著　者　ルチアーノ・フロリディ
監訳者　春木良且・犬束敦史
訳　者　先端社会科学技術研究所
発行者　塩浦　暲
発行所　株式会社　新曜社
101-0051　東京都千代田区神田神保町3－9
電話(03)3264-4973(代)・FAX(03)3239-2958
e-mail : info@shin-yo-sha.co.jp
URL : http://www.shin-yo-sha.co.jp
組版所　Katzen House
印　刷　新日本印刷
製　本　イマヰ製本所

Printed in Japan
ISBN978-4-7885-1522-2 C1004

著　者

ルチアーノ・フロリディ（Luciano Floridi）

1964年ローマ生まれ。ローマ・ラ・サピエンツァ大学で古典学、哲学を学び、イギリスのウォーリック大学に進んで認識論と論理哲学を研究、1989年に博士号を取得。現在、オックスフォード大学セント・クロス・カレッジのフェロー。専門は、哲学及び情報倫理学。邦訳書に、本書のほか『情報倫理の思想』（共著、NTT出版, 2007）がある。

監訳者

春木良且（フェリス女学院大学国際交流学部教授）

東京大学工学系研究科博士課程単位取得期間満了退学（先端学際工学専攻）。経営情報学会社会連携型PBL研究部会主査。
著書に『オブジェクト指向への招待』（近代科学社）、『ソーシャルグラフの基礎知識』（新曜社）、『情報って何だろう』（岩波書店）などがある。
2014年より、筑摩書房の高校国語教科書「国語総合」に『情報って何だろう』が取り上げられた。

犬東敦史（キャスタリア株式会社コンサルタント）

東京大学教養学部地域文化研究学科ロシア・東欧地域文化研究分科卒業。
著書に『教養のSNS：ソーシャル時代の技術とセキュリティについて考える』（先端社会科学技術研究所、共著）がある。
学生時代の専門はロシア研究、特にロシアの教育におけるICTの活用について研究する。現在の専門はモバイルラーニング。

共訳者

先端社会科学技術研究所

科学技術と社会の接点をテーマに、教育、研究と実践活動を行っている。本書はその一環として、監訳者と以下のメンバーによって翻訳したものである。

仲野友樹（千葉商科大学 サービス創造学部専任講師）
田中弥生（東京大学大学院 総合文化研究科言語情報科学専攻）
岩崎俊祐（Spiral Vibe Sdn Bhd Project Coordinator）
髙橋我意（国際基督教大学教養学部）
杉浦園枝（日本ヒューレット・パッカード株式会社）

索　引

■ か行

■ さ行

■ た行

■ な行

■ は行

■ ま行

■ や行

■ ら行

■ わ行

注　釈

はじめに

［1］私は Floridi (2011) と Floridi (2013) において、情報哲学に関するプロジェクトを進めてきた。

［2］Waismann (1968), p.19.

［3］あなたが当時のウィーンにいたとして、基礎づけ主義（foundationalism）に反感を覚えていたなら、水は味方だったようである。ウィーン生まれの偉大な科学哲学者カール・ポパー（1902-94）は決してウィーン学派の一員ではなかったが、ウィーン学派と数多くの接点を持ち、注目すべきことに、水に関する別の比喩を使って科学を描写した。「科学は頑丈な基礎に基づくものではない。その理論のくっきり際立つ構造は、いわば沼地の上にそびえている。それはまるで杭の上に建てられた建造物のようだ。杭は上から沼の中に打ち込まれるが、それは何らかの自然な「所与の」基礎に対して打ち込まれるのではない。そして、私たちが杭をさらに深く打ち込むことをやめたとしても、それは私たちが固い地盤に到達したからというわけではない。単純に、杭が充分堅固になり、少なくとも当面の間は構造を支えることができると納得したときに、私たちは杭を打ち込むことをやめるのである。」Popper (2002), p.94.

［4］「完全に実証された純粋なプロトコル命題を科学の出発点とすることは不可能である。タブラ・ラサは存在しない。私たちは、乾ドックで船を解体して最良の材料で作り直すようなことは決してできず、大海原で自分たちの船を修復しなければならない船員たちのようなものである。形跡もなく消えることを許されるのは、形而上学的要素だけである。不明確な言語の塊は、常に何らかの形で船の構成要素として残るのである。」Neurath (1959), p.201.

謝　辞

［1］"The Onlife Manifesto" はオンラインで入手可能である。Floridi (2014) に、注釈と背景の章を含む最終版が発表された。

第 1 章

［1］フランス人生物学者ラマルク（ Jean-Baptiste Lamarck, 1744-1829）によれば、有機生命体は、生涯の中で自分の努力によって獲得した適応変化を子孫に伝えることが可能である。ダーウィンに先行するこの理論は、「柔らかな遺伝性」として知られている。

［2］出　典：Survival for Tribal Peoples report, *Uncontacted Amazon Indian face annihilation*, 14 February 2011.（オンラインで入手可能）

[3] Evans (2011), p.3.

[4] Lyman and Varian (2003).（オンラインで入手可能）

[5] 1エクサバイトは、10の18乗バイト、DVD品質の映像で50,000年分の長さに相当する。

[6] Gantz and Reinsel (2011).（オンラインで入手可能）

[7] 出典：NSF-12-499.（オンラインで入手可能）

[8] Hill (4 July 2012).

[9] 国立公文書記録管理局（National Archives and Records Administration）は、議会制定法、大統領告示、大統領命令、連邦規制の法律上認証された正式コピーなどの、合衆国政府の記録と歴史的価値のある資料を管理するアメリカ合衆国政府の機関である。

[10] 一般的になってきている別の共通の尺度に、年間故障率（AFR）がある。AFRに、まる1年間システムを利用する間にシステムが故障する推定確率を示す。これはMTBFと、様々な機器が1年につき稼働している時間の間の関係である。

[11] 出典：IBIS World, *Data Recovery Services Market Research Report*, July 2012.（オンラインで入手可能）

[12] 簡単な説明は、Cukier (27 February 2010) を参照。より最近の概況については、IBIS World のレポートの根拠となっている Vesset et al. (2012)（オンラインで入手可能）を参照。

[13] 出　典：ICT Data and Statistics Division, Telecommunication Development Bureau, International Telecommunication Union, *The World in 2013, ICT Facts and Figures*.（オンラインで入手可能）

第2章

[1] 一時期、私はアフォーダンス（affordance）という言葉がふさわしいと思っていたが、この言葉には他の特定の文脈において異なる専門的含意があり、あまりに混乱を招くだろう。アフォーダンスという言葉を使うと、本当は太陽を遮ることが帽子のアフォーダンスであると言いたいのに、帽子のための太陽のアフォーダンスとして記述することになりかねない。

[2] Brezis et al. (1993).

[3] Benjamin (2013).

[4] Aristotle. (1995), 1.253b31-3.

[5] Aristotle. (1995), 1.1254a14-18.

[6] Muniz Jr and Schau (2005), Honan (5 August 2013).

[7] Aldridge (2013).

[8] しかし、決してあり得ないわけではない。Slezak (2013) を参照。

[9] 同じ理由により、私たちは言語とメタ言語（すなわち、言語について語る言語）のみを区別する傾向にあり、メタ・メタ言語（言語について語る言語について語る言

語。たとえば、フランス語の文章をイタリア語に翻訳する方法を英語で説明することを想像して欲しい）を使うことは、過剰な区別として避けている。それは、どんなメタ連鎖も、対象言語とメタ言語の一連の組に変換されうるからであり、相互作用を説明するには十分である。

[10] Logan (1944).

[11] Fowler et al. (2008).

[12] これは、ドイツの哲学者ゲオルク・ヴィルヘルム・フリードリヒ・ヘーゲル（1770-1831）が自著『精神現象学』（Hegel (1979). *Phenomenology of the spirit*.）の中で唱えた、「理性的なものは現実的であり、現実的なものは理性的である」という有名な見解の言いかえである。

[13] 'Graecia capta ferum victorem cepit et artes intulit agresti Latio.'（「征服されたギリシア人は野蛮な征服者を魅了し、粗野なラティウム［現在のローマの南東にあった古国］に芸術を持ち込んだ。」）（Horace, *Epistles*, book II, epistle 1, ll. 156-7, Horace (2011).

[14] Nogee (2004).

[15] Harrop and Das (2013).

[16] Saponas et al. (2006).（オンラインで入手可能）

[17] Gardiner (15 August 2008).

[18] Briere et al. (2013).

[19] Gabbatt and Rushe (3 October 2013).

[20] Clemens (2004).

[21] *The Economist* (20 December 2005).

[22] Doward and Hinsliff (24 February 2008).

[23] BBC News (11 October 2007).

[24] Norris (2001).

[25] ALife は、たとえば生物学的現象の再現を試みるシミュレーションやロボットにおいて、人工生命について調査する科学研究分野である。

[26] これは「近距離無線通信（NFC）」として知られている。NFC は、たとえば取引やデータ交換を実行するために、接触や近接による無線通信を可能にする ICT の一連の基準である。

[27]「ジェームズ・キャメロンからウォシャウスキー姉妹、スティーヴン・スピルバーグに至るまで、アメリカの映画製作者たちは、今日のサイバー空間像を私たちにもたらした革新的な日本のアニメに敬意を表している。」Rose, (19 October 2009).

[28] BBC News (9 August 2013).

[29] Bridle (29 September 2013).

[30] Dredge (27 June 2013).

[31] BBC News (16 September 2013). 以前、Reed Hastings は同様の見解を表明したことがあり、Mason (6 May 2013) で批判されている。

[32] 初歩の入門書として、Gardner and Krug (2006) を参照。
[33] Uppenberg (2009).
[34] わかりやすい入門書として、Barnatt (2010) を参照。
[35] Barboza (9 December 2005).
[36] Herzfeld (4 December 2012).
[37] Dibbell (17 June 2007).
[38] Dannenberge (2010).
[39] Horowitz (2008), p.80.
[40] Luke (2013).（オンラインで入手可能）
[41] Anderson and Moore (2006).
[42] Bond (2013).（オンラインで入手可能）
[43] Pfanner (28 September 2009), Ata et al. (2013).
[44] Sauter et al. (1 February 2013).
[45] この対比は、Klein (2000) の中で示唆されている。

第3章

[1] Facebook ユーザーには今でも ID 番号があり、それは <http://findmyfacebookid.com/> のようなオンラインサービスを使えば簡単にわかる。たとえば、私の ID 番号は 556011030である。
[2]「自己のテクノロジー」という表現は、フランスの哲学者ミシェル・フーコー（1926-84）が考案した。Martin (1988) を参照。
[3] Proust (1996), 序章。
[4] Lenhart (19 March 2012).
[5] 出　典：Informa, OTT messaging traffic will be twice volume of P2P SMS traffic this year, Press Release, 30 April 2013.（オンラインで入手可能）
[6] Carter (12 September 2013).
[7] James (1890), vol.i, pp.239-43.
[8] TED (Technology, Entertainment, Design) は、スピーカーがほんの数分間（最大18分で、通常はそれよりずっと短い）の中で自身の持つ革新的なアイディアを魅力的にプレゼンテーションする、一連の国際カンファレンスである。
[9] BBC News (7 June 2013).
[10] Peter Steiner の漫画は、1993年7月5日号の *The New Yorker* に掲載された。
[11] プラトンは「洞窟の比喩」について『国家』514A-520A で述べている（Plato (1997) を参照）。洞窟の壁に鎖で繋がれたまま一生を過ごす人がいる。彼らは、何も描かれていない壁に向き合っており、その壁には、彼らの後ろにある火の前を通り過ぎるものの影だけが見える。これはまるでプラトンが、技術的に、仮想現実の概念に達していたかのようである。プラトンは、いかにして私たちが、自分の知覚する世界をその

後ろにある現実と取り違えてしまうかについて、そのアナロジーを使って説明する。そのアナロジーでは、哲学者は、洞窟から抜け出して、壁に見える影は現実ではなくただ現実の実体を映しているだけであることを悟る囚人であり、他の囚人を助けるために洞窟の中に戻っていく。

[12] Giuseppe Verdi, *La Traviata*, Atto Primo, Preludio, Scena I, Coro I.

[13] Plutarch, *Theseus. The Internet Classics Archive*.（オンライン）

[14] Acts 7:58.

[15] したがって、ルートヴィヒ・ウィトゲンシュタイン（1889-1951）は、私的言語（自分だけが話す自分自身の言語）は公的言語なしでは存在しえないが、一度公的言語が使えるようになると、話者は公的言語を放棄し、言わば公的言語を私的言語化し得ると論じた点で正しかった。ウィトゲンシュタインは、ハムレットが自分だけの私的言語で独白できたということを否定してはいなかった。彼は、初めから公的なものである言語を使うことなく独白することができるということを否定していた。

[16] Wheeler (1990).

[17] Wolfe and Akenson (2005).

[18]『失われた時を求めて (*Remembrance of Things Past*)』にある、マドレーヌの味によって回復された無意識的記憶に関するプルーストの有名なエピソードを参照。

[19] ラカンは、フーコーの哲学とフェミニスト理論において中心的な役割を担っている、凝視という現象の重要性に対して人々の注目を喚起してきたことで高い評価を得ている。

[20] Juniper Research. (2012).

[21] Heilman et al. (2011).

[22] Fishman (2010).

[23] Shin and Sneider (2011).

[24] Berkman and Plutzer (2010).

第4章

[1] Pascal (2008), p.347.

[2] この手紙は、Pascal (1997) で再版された。

[3] その機械は足し算ができた。引き算は補数を使って実行された。補数を使う手法では、まず引かれる数が補数に変換され、それから補数が最初の数に加えられた。そして掛け算と割り算は、足し算と引き算を連ねて実行された。興味深いことに、コンピューターは同様の補数を使う手法を用いている。

[4] ジェトン (jeton) とは、そろばんのような線の入った盤の上で計算する際に、計数器として使われた硬貨に似たメダルである。

[5] Pascal (1997). 著者訳。

[6] Hobbs (1991) を参照。

［7］ US Civil Service (1891).

［8］ Turing (1950).

［9］ キーボードの最上列の最初の6文字を取って名付けられたQWERTYキーボードは、1870年代初頭に考案され、レミントン・タイプライターによって1878年以降知られるようになった。この配置は、隣り合うキーが同時に押された時や、素早く連続で押されたときの機械の衝突や故障を最小限に抑えるために採用されたものであるため、最適とは言えない。それにもかかわらず、広範に普及したためにこの配置は1972年にISO規格となった。Noyes (1983) を参照。

［10］テレプレゼンス（遠隔地からその場にいるような臨場感を生み出す技術）という現象は、遠隔での制御ややり取りが普及しつつある外科手術など多くの文脈においては重要なことではない。

［11］『死せる魂 (*Dead Souls*)』は、1842年に出版されたロシアの作家ニコライ・ゴーゴリ（1809-52）の古典的な小説で、主人公チチコフと彼が出会う人々を軸とした物語である。「死せる魂」という表現には二重の意味がある。一方では、1861年までロシア帝国で、地主たちが自分の土地を耕すために農奴を所有することを認められていたという事実に言及している。農奴は奴隷のようなもので、売買され、抵当に入れられ、「魂 (soul)」という単位で数えられていた。「死せる魂」とは、死亡したにもかかわらず、依然として登記上は資産として報告されていた農奴のことである。他方、詐欺師になってしまうという意味で、「死せる魂」は小説の中の登場人物をも指す。ゴーゴリの古典的小説の英語の訳書は、Oxford World's Classics Series の Gogol (1998) を参照。

［12］Van Duyn and Waters (7 August 2006).

［13］Gogol (1998), ch.5.

［14］Raice (2 February 2012).

［15］出典：*Financial Times* (13 June 2013).（オンラインで入手可能）

［16］驚かされたのは私だけではなかった。Cohan (20 May 2013) を参照。

第5章

［1］ Woolf (1999) を参照。

［2］ Turing (1936).

［3］ Woolf (2003) を参照。

［4］ Bentham (2011).

［5］ Asimov (1956).

［6］ この議論は70年代後半に始まった。たとえば、Oldham and Brass (1979) や Sundstrom et al. (1982) を参照。

［7］ Warren and Brandeis (1890).

［8］ Helvast (2009).

［9］ Lenhart and Madden. (18 April 2007), p.iv.

［10］Marwick et al. (2010), p.13.

［11］Orwell (2013).

［12］プラトン『国家 (*Republic*)』第2巻 , 359B-360B. Plato (1997) を参照。

［13］クッキーは、ユーザーがウェブサイトを閲覧している間、ウェブサイトから送信されユーザーのウェブブラウザ内に保存される非常に小さなファイルである。ユーザーがそのウェブサイトを再び訪れるたびに、ユーザーの以前の活動をウェブサイトに通知するために、ブラウザはクッキーをサーバーに送り返す。クッキーは、ウェブサイトが情報（例：ショッピングカート内の商品）を記憶したり、特定のボタンのクリック、ログイン、過去にユーザーが訪れたページなどのユーザーの閲覧行動を記録したりできるように設計されている。

［14］Soltani et al. (2009).

［15］*The Economist* (16 December 1999).

［16］Fineman and Mykitiuk (1994). 特に、Elizabeth M. Schneider による 'The Violence of Privacy（プライバシーの暴力）' の章を参照（1990年に彼女の記事が再版された）。

［17］Warren and Brandeis (1890), p.25.（強調を付加した）

［18］Cohen (2000), p.1426.

［19］Warren and Brandeis (1890), p.31.

［20］Warren and Brandeis (1890), p.33.

［21］Mills (2005) に引用されている。

［22］Salinger (1951).

第６章

［1］ Anderson (23 June 2008).

［2］ プラトン『クラテュロス (*Cratylus*)』390C. Plato (1997) を参照。

［3］ Carr (1 July 2008).

［4］ Turing (1950), p.442.

［5］ Turing (1950).

［6］ インタビュー全文は次のURLから入手可能。<http://www.youtube.com/watch?v=3Ox4EMFMy48>.

［7］ School of Systems Engineering, 'Reading to host Loebner Prize' 次の URL から入手可能。<http://www.reading.ac.uk/sse/about/News/sse-newsarticle-2008-05-16.asp>.

［8］ 日常のありふれた会話のいくつかを模倣するチャット・ボットの歴史は長い。その中で最も有名な ELIZA は、ワイゼンバウムによって作られたが（Weizenbaum, 1966）、彼は人工知能に対してかなり批判的になった。Weizenbaum (1976) を参照。

［9］ Cosmides (1989).

［10］Fiddick et al. (2000).

［11］McCarthy (1997).

[12]「哲学におけるあなたの目的は何か。ハエにハエとり壺からの出口を示してやることだ。」Wittgenstein (2001), § 309.
[13] Dijkstra (1984).
[14] Simon (1996).

第7章

[1] BBC News (2 December 2013).
[2] Von Ahn et al. (2008).
[3] 2013年12月2日時点では、最も高額な報酬は28.69USドル、最も低額な報酬は0.00USドル（ボランティア）または0.01USドルだった。
[4] Lohr (10 March 2013) に引用されている。
[5] Fuggetta (2012). クラウトと影響力のある一般的な現象については、Schaefer (2012) も参照。
[6] スパルタクス（紀元前109頃-71）は、ローマ帝国に対する大規模な奴隷の反乱である第三次奴隷戦争における、軍事奴隷の指導者である。
[7] 出典：アメリカペット製品協会 (American Pet Products Association) 年次報告書（オンラインで入手可能）
[8] 出典：エンターテインメントソフトウェア協会 (Entertainment Software Association) 年次報告書（オンラインで入手可能）
[9] Wollslager (2009).
[10] スタンダードな参考文献は今なお Picard (1997) である。
[11] Weizenbaum (1966).
[12] Berners-Lee et al. (2001).
[13] 出典：W3C Semantic Web Frequently Asked Questions.（オンラインで入手可能）
[14] 人工知能の分野において、問題を解くのにコンピューターを少なくとも人間並みに知的にすることが求められる場合（つまり、問題が強いAIを利用可能であることを前提とする場合）、その非常に困難な問題はAI完全問題あるいはAIハード問題と呼ばれる。AI完全問題の例には通常、コンピュータービジョン（本書のCAPTCHAの例を参照）、意味の理解、どんな現実世界の問題を解く際にも不測の事態に柔軟にうまく対処することなどがある。今日の時点で、コンピューターは人間の介入という助力がなければAI完全問題を解くことができない。
[15] O'Reilly (1 October 2005).（オンラインで入手可能）
[16] 出　典：ICT Data and Statistics Division, Telecommunication Development Bureau, International Telecommunication Union, *The World in 2013, ICT Facts and Figures*.（オンラインで入手可能）

第8章

[1] これは、個人が所有する金融資産と実物資産（主に住宅）の価値を足し合わせて、負債を差し引いたものとして定義される。

[2] 出典：*The Credit Suisse Global Wealth Report 2011*.（オンラインで入手可能）

[3] 出典：*Nielsen Global AdView Pulse Q4 2011*.（オンラインで入手可能）

[4] 出典：Stockholm International Peace Research Institute, *Military Expenditure Database*.（オンラインで入手可能）

[5] 出典：PricewaterhouseCoopers, *Global Entertainment and Media Outlook 2007-2011*.（オンラインで入手可能）

[6] 出典：IDC, *Worldwide IT Spending Patterns: The Worldwide Black Book*.（オンラインで入手可能）

[7] 一般的な語彙を使えば、nation（民族）という言葉によって、私は言語と文化によって統合された人々から構成される社会文化的実体を指している。state（国家）という言葉によって、私は定住人口、明確な領土、政府、他の国家と関わりを持つ能力を持つ政治的実体を指している（モンテビデオ条約（1933年））。クルド人は国家を持たない民族の典型例である。

[8] このラテン語の単語は「見積もり」を意味している。すでにローマ人たちは、そのような巨大な帝国における行政と税務のための情報と意思疎通の重要性を充分理解しており、5年ごとに国勢調査を実施していた。

[9] Williamson (1993).

[10] Anderson and Cavanagh (2000).

[11] Williamson (2012).「北京コンセンサス」という表現は、Ramo (2004) で提唱されたが、私はここではこの表現を Williamson (2012) と Halper (2010) で議論された意味で使用している。

[12] ボランティア精神については、Hockenos (2011)（オンラインで入手可能）を参照。デジタル・アクティビズムについては、Digital Activism Research Project (<http://digital-activism.org/>) が豊富な情報を提供している。

[13] ここで私はこの表現を、ポストヘーゲル主義的な非政治的社会という意味で使用している。

[14] 人々が集い、互いを認識し、社会問題について議論することができ、そして政治行動を形成する社会空間。

[15] Rawls (1999).

[16] より詳細な分析は、Floridi (2012) を参照。

[17] 出典：*The New Atlantis report*.（オンラインで入手可能）

[18] 出　典：Press release, *Digital Agenda: cyber-security experts test defences in first pan-European simulation*.（オンラインで入手可能）

[19] *The Economist* (2 June 2012).

[20] Floridi (1999).
[21] 現行の国際法がサイバー紛争やサイバー戦争にどのように適用されるかに関する研究については、NATO Cooperative Cyber Defence Center of Excellence (2013) を参照。
[22] *The Economist* (7 June 2007).
[23] 出典：*the Wilson Quarterly*.（報告書をオンラインで入手可能）

第9章

[1] Crutzen (2006).
[2] Funabashi (2012).
[3] Weaver (13 May 2010).
[4] Glanz (22 September 2012).
[5] *The Economist* (22 May 2008).
[6] Glanz (22 September 2012).
[7] Sterin (2013).
[8] Boccaletti et al. (2008).
[9] Webb (2008).（オンラインで入手可能）
[10] これは、急速に分裂する細胞を破壊することである。急速に分裂する細胞とは、癌細胞のみでなく、骨髄や消化管、毛包などの中の細胞も含む。
[11] Floridi (2013).

第10章

[1] 私は Floridi (2013) において、このような環境倫理を作り上げようとした。

推奨図書

はじめに

本書で言及している哲学者たちについてさらに知りたければ、Magee (2000) がよいだろう。たいへん読みやすい。Floridi (2011) は大学院レベルであるが、情報哲学と情報倫理の基礎を扱っている。

第1章

技術と口承と識字の間の相互作用については、Ong (1988) が今では古典である。クロード・シャノン（1916-2001）は情報理論の父である。彼の大きな影響を与えた書、Shannon and Weaver (1949, repr. 1998) を読むには数学と確率理論についてよく知っている必要がある。情報理論のとっつきやすい入門は、いまだ Pierce (1980) である。本章で議論したトピックは、Floridi (2010) にカバーされている。この本はまた、情報理論への簡潔な入門となっている。Gleick (2011) は、情報についての楽しめる「ストーリー」である。Ceruzzi (2012) は、コンピュータの始まりからインターネットまで、その歴史を簡潔に紹介している。Caldarelli and Catanzaro (2012) はネットワークの簡単な紹介である。ビッグデータについては、O'Reilly Media (2012) がよい調査で、キンドル版は無料で読める。Mayer-Schönberger and Cukier (2013) は読みやすい。ポストモダン社会については、Lyotard (1984) が必読である。哲学の素養が求められるが、収穫も大きい。ネットワーク社会については、3部策の第1冊である Castells (2000) が議論を明確にした。情報社会はそれ自身についての情報を大量に生みだす。多くの貴重な年報、無料で提供されているオンライン情報のなかで、*Measuring the Information Society* を参照するとよいだろう。そこには ICT Development Index と ICT Price Basket のベンチマークがあり、世界的な情報社会の発展をモニターするのに有用である。世界経済フォーラム（World Economic Forum）が INSEAD（フランスのビジネススクール）と共同で作成した the *Global Information Technology Report* は世界の134経済体をカバーし、国家の発展と競争力に対する ICT 影響についての最も包括的で権威ある国際評価として認められている。the *International Telecommunication Union Statistics* は、世界の遠隔通信の接続性と利用可能性についてのデータを集めている。the *Digital Planet* 報告は、世界情報サービス産業機構（World Information Technology and Services Alliance: WITSA）による出版で、ICD 支出の推定がある。最後に、Brynjolfsson and McAfee (2011) は、いかに ICT が雇用市場に影響し、技能を転換し、人間の労働の進化を新形態にするかを分析している。アメリカの観点からの分析であるが、その洞察は普遍的であり、学術的に賞賛すべきもので、機械と人間がいか

に協働すべきかの提言は、実に説得的である。

第2章

技術の歴史の役に立つ、簡潔だが包括的な概観が、Headrick (2009) にある。教科書スタイルのアプローチで、技術と科学の相互作用に指向していてよい出発点となるのが、McClellan and Dorn (2006) である。Shumaker et al. (2011) は、動物の道具作り行動についての文献の中で重要な参照文献である。初版は1980年に出版され、大きな影響を与えた。発明の歴史の簡便な入門としてまず挙げたいのが、Challoner (2009) で、1001シリーズの一冊である。インターフェースの歴史はよい入門書にうってつけで、というのも、私が知る限り、みな技術的な本だからである。情報の視覚化については、Tufte (2001) が古典である。McCandless (2012) を併読するのがいいだろう。デザインはもうひとつの巨大な研究フィールドである。出発点として、いまだ Norman (1998) が挙げられるかもしれないが、今となっては少し古い（基本的に同じ著者の、1989年に出版された *The Psychology of Everyday things* の改題である）。千年紀については Howe and Strauss (2000) に書かれているが、デジタル・ネイティブについては Palfrey and Gasser (2008) も参照。グローバリゼーションについては、Very Short Introduction シリーズの別の一冊、Steger (2003) を薦めたい。物の機械的再生産が我々の理解とそれらの価値の認識に及ぼす影響についての最も重要なアイデアのいくつか ── 真正性のアイデアを含めて ── が、ヴァルター・ベンヤミンの大きな影響を与えた古典に論じられている。近年の英訳に、Benjamin (2008) がある。

第3章

この章は、おおむね Floridi (2013) の11章に準じている。個人的アイデンティティの哲学については、Noonan (2003) が厳密だが読みやすい入門である。Feser (2006) は心の哲学のもっとシンプルな概観である。マルチエージェント・システムについては、Wooldridge (2009) が重要である。Weinberger (2011) は、ICT がいかに知とそのプロセスを変えているかについての貴重な本である。同様のテーマの Brown and Duguid (2002) も強く薦めたい。Floridi (ed.) は、オンライフ経験についてのエッセイ集である。Sainsbury (1995) は、パラドックスを学問的に扱う上でのスタンダードな参照本である。もっと手軽で楽しめる本を読みたければ、今でも Smullyan (1980) が良い選択である。

第4章

この章は、おおむね Floridi (2013) の1章に準じている。最初の3つの革命のアイデアは、フロイトによって紹介された（Freud,1917）。学問的分析は Weinert (2009) 参照。アラン・チューリングについては、いまも Hodges (1992) が優れた入門書で、基本的に1983年版のリプリントである。チューリングの影響については、Bolter (1984) が珠玉で

あるが、不当に忘れられている。我々がサイボーグ化しつつあるのではないかという見方については、Clark (2003) に詳述されている。Davis (2000) は、ライプニッツからチューリングに至る論理的、数学的、計算論的アイデアについての明快で読みやすい概観である。Goldstine (1993) は1972年が初版で、コンピュータの歴史のほとんど古典となっている。ペーパーバックの第5版には、新しいはしがきがある。

第5章

この章は、おおむね Floridi (2013) の12章に準じている。Wacks (2010) には、プライバシーについての簡潔な紹介がある。公共空間におけるプライバシーの分析を含めて、さらに哲学的に扱っているのが、Nissenbaum (2010) である。Cohen (2012) は、ネットワークセルフについて、洗練された分析をしている。セキュリティの問題とそれを市民権とどうバランスをとるかについての活発な議論については、Schneier (2003) を参照。

第6章

Turing (2004) は、チューリングの最重要論文集である。初心者向きではないので、Copeland (2012) を読むことから始めるのがいいだろう。Shieber (2004) にはチューリングテストについての素晴らしい論文がある。Negnevitsky (2011) は、人工知能についての簡潔で読みやすい入門で、少々長いがモデュール構成になっている。ノーバート・ウィーナー（1894-1964）はサイバネティクスの父である。彼は人間とその新しい機械の関係について、多岐にわたって洞察力をもって書いた。彼の3つの著作、Wiener (1954, 1961, 1964) は、必読の古典である。Winfield (2012) はロボティックスの簡潔な入門書である。Floridi (2011) にシンボルグラウンディング問題についての大学院レベルの議論がある。異なる観点から人工知能の本質について議論している偉大で影響を及ぼした2冊が、ELIZA の設計者である Weizenbaum (1976) と、Simon (1996) である。Dreyfus (1992) は少し古いが、今も有効な強い AI への批判を提供している。

第7章

Han (2011) はウェブ20. についてのわかりやすいテキストである。Antoniou (2012) はもっと難しいが、セマンティックウェブの入門書である。Dijck (2013) はソーシャルメディアの批判的再構築をしている。セマンティックウェブの詳細な批判については、Floridi (2009) 参照。

第8章

この章は、おおむね Floridi (2014) に準じている。Linklater (1998) に、ポスト・ウェストファリア社会とそれに先立つ倫理的挑戦の解説がある。ブレトンウッズと今日的財政・金融システムの出現については、Steil (2013) を参照。Clarke and Knake (2010) はサイバー戦争とサイバーセキュリティの問題に政治的観点からアプローチしており、本

書からは「ヒストリー的」と言えるが、有用である。Floridi and Taddeo (2014) はサイバー戦争の倫理を探索したエッセイ集である。Floridi (2013) は上本倫理の根底的な分析である。情報とコンピュータ倫理の問題と理論の学部レベルの入門が Floridi (2010b) である。政治と情報社会については、Mueller (2010) と Brown and Marsden (2013) の2冊がお勧めである。人間行動には主要な4つの制御機構 ── 法、規範、市場、アーキテクチャー ── があるというアイデアは、Lessig (1999) によって展開され、影響を与えた。Lessig (2006) も参照。

第9章

リスクの性質と論理を理解するには、Fischhoff and Kadvany (2011) による簡潔な入門が良い出発点である。Hird (2010) は一般の教養人よりも大企業のCEO向けであるが、グリーンコンピューティングとその問題、利点についてのよい概観である。Carter (2007) は環境哲学、グリーンな政治的志向、環境政党と運動、そして政策立案と環境問題について、案内してくれる。

第10章

次の4冊は少々手強いが、本書で議論した問題についてもっと深く理解したいなら、注意深く読むに値する。Wiener (1961), Weizenbaum (1976), Lyotard (1984), Simon (1996). それぞれ異なる知的伝統に属する。私はこれらの書から、非常に大きな影響を受けた。

訳者補遺

以下の文献は、日本語で読めるもので、各章でのテーマに関連しているものの一例として挙げた。原著の著者フロリディが多様な観点から論じているので、広く選んでみた。なお文献によっては、批判的に捉えた方がよいものもあり、時代的に古びたものもあるが、それもまた重要な先行研究だと思う。

はじめに

アシュトン, T.S.／中川敬一郎（訳）(1973).『産業革命』岩波文庫, 岩波書店.
コーニン, D.／林昌宏（訳）(2009).『迷走する資本主義：ポスト産業社会についての3つのレッスン』社会思想選書, 新泉社.
佐伯啓思 (1993).『「欲望」と資本主義：終りなき拡張の論理』講談社現代新書.
浜野保樹 (1988).『ハイパーメディア・ギャラクシー：コンピューターの次にくるもの』福武書店.

第１章

青木直史 (2011).『冗長性から見た情報技術：やさしく理解する原理と仕組み』ブルーバックス, 講談社.

秋山隆平 (2007).『情報大爆発：コミュニケーション・デザインはどう変わるか』宣伝会議.

奥山清行 (2010).『フェラーリと鉄瓶：一本の線から生まれる「価値あるものづくり」』PHP 文庫, PHP 研究所.

川添愛 (2016).『精霊の箱：チューリングマシンをめぐる冒険』上・下, 東京大学出版会.

コモエスタ坂本 (2006)『低度情報化社会』光文社.

佐藤俊樹 (1996).『ノイマンの夢・近代の欲望：情報化社会を解体する』講談社選書メチエ, 講談社.

高岡詠子 (2012).『シャノンの情報理論入門：価値ある情報を高速に、正確に送る』ブルーバックス, 講談社.

ネルソン, T.／ハイテクノロジー・コミュニケーションズ（訳）(1994).『リテラリーマシン：ハイパーテキスト原論』アスキー .

矢野和男 (2014).『データの見えざる手：ウエアラブルセンサが明かす人間・組織・社会の法則』草思社.

第２章

栄久庵憲司 (2000).『道具論』鹿島出版会.

佐々木力 (1996).『科学論入門』岩波新書, 岩波書店.

ティルゲル, A.／小原耕一・村上桂子（訳）(2009).『ホモ・ファーベル：西欧文明における労働観の歴史』社会評論社.

ノーマン, D. A.／岡本明・安村通晃・伊賀聡一郎・野島久雄（訳）(2015).『誰のためのデザイン？　増補・改訂版』新曜社.

藤山英樹 (2005).『情報財の経済分析：大企業と小企業の競争、ネットワーク、協力』昭和堂.

三村忠史・倉又俊夫 (2009).『デジタルネイティブ：次代を変える若者たちの肖像』生活人新書, 日本放送出版協会.

リッチー, K.／中江昌彦（訳）(1996).『ジェネレーションX マーケティング』東急エージェンシー出版部.

第３章

井上俊・船津衛 (2005).『自己と他者の社会学』有斐閣アルマ, 有斐閣.

大矢勝 (2013).『環境情報学：地球環境時代の情報リテラシー』大学教育出版.

梶田叡一・中間玲子・佐藤徳（編著）(2016).『現代社会の中の自己・アイデンティティ』金子書房.

浜野保樹 (1990).『ハイパーメディアと教育革命：「学ぶもののメディア」としてのコンピュータの出現』アスキーブックス, アスキー .
三村俊之 (2000).『情報空間論』勁草書房.

第4章

齋藤孝 (2013).『デカルト、足りてる? 優柔不断に効くサプリ』ホーム社 , 集英社（発売）.

第5章

オルソップ, R. J.／トーマツCSR グループ（訳）(2005)『レピュテーション・マネジメント：企業イメージを高める18の成功ルール』日本実業出版社.
ソローヴ, D. J.／大谷卓史（訳）(2013).『プライバシーの新理論：概念と法の再考』みすず書房.
原広司・池上高志ほか (2010).『アーキテクチャとクラウド：情報による空間の変容』millegraph.
福田忠彦 (1995).『生体情報システム論』知識・情報・メディアシリーズ, 産業図書.
四元正弘 (2000).『デジタルデバイド：情報格差』エイチアンドアイ.

第6章

石井健一郎・前田英作ほか (2002).『コミュニケーションを科学する：チューリングテストを超えて』NTT 出版.
円城塔 (2015).『リスを実装する』Kindle 版.
北野宏明（編著）(1993).『グランドチャレンジ：人工知能の大いなる挑戦』共立出版.
マッカーシー, J.・ヘイズ, P. J.／松原仁・三浦謙（訳）(1990).『人工知能になぜ哲学が必要か：フレーム問題の発端と展開』哲学書房.

第7章

秋山智俊 (2005).『恋するプログラム：Ruby でつくる人工無脳』毎日コミュニケーションズ（Mynavi Advanced Library 版, 2014.)
池上高志・石黒浩 (2016).『人間と機械のあいだ：心はどこにあるのか』講談社.
虚淵玄・大森望（編）(2014).『楽園追放rewired：サイバーパンクSF 傑作選』ハヤカワ文庫JA, 早川書房.
巽孝之 (1988).『サイバーパンク・アメリカ』KEISOBOOKS, 勁草書房.

第8章

伊東寛 (2016).『サイバー戦争論：ナショナルセキュリティの現在』原書房.
中兼和津次 (2010).『体制移行の政治経済学：なぜ社会主義国は資本主義に向かって脱

走するのか』名古屋大学出版会.
西川輝 (2014).『IMF 自由主義政策の形成：ブレトンウッズから金融グローバル化へ』名古屋大学出版会.
眞嶋俊造 (2016).『正しい戦争はあるのか？：戦争倫理学入門』大隈書店.
山下範久・安高啓朗・芝崎厚士（編）(2016).『ウェストファリア史観を脱構築する：歴史記述としての国際関係論』ナカニシヤ出版.

第９章

中村昌允 (2012).『技術者倫理とリスクマネジメント：事故はどうして防げなかったのか?』オーム社.
ムラー, R. A.／二階堂行彦（訳）(2014).『エネルギー問題入門：カリフォルニア大学バークレー校特別講義』楽工社.

第10章

伊達康博 (2010).『IT 社会における情報社会論：情報化社会の歴史的変化に基づいて』学文社.
坂井洲二 (2006).『水車・風車・機関車：機械文明発生の歴史』法政大学出版局.
星野芳郎 (1974).『機械文明の崩壊のなかで』人文書院.

文　献

Aldridge, I. (2013). *High-frequency trading: A practical guide to algorithmic strategies and trading systems* (2nd edn.). Hoboken, NJ: Wiley.

Anderson, C. (23 June 2008). *The end of theory: Data deluge makes the scientific method obsolete*. Wired Magazine.

Anderson, R., and Moore, T. (2006). The economics of information security. *Science*, 314 (5799), 610-13.

Anderson, S., and Cavanagh, J. (2000). Top 200: The rise of corporate global power. *Institute for Policy Studies*, 4.

Antoniou, G. (2012). *A Semantic Web primer* (3rd edn.). Cambridge, Mass. and London: MIT Press.

Aristotle. (1995). *The politics*. Oxford and New York: Oxford University Press.〔アリストテレス／山本光雄（訳）(1961).『政治学』岩波文庫, 岩波書店. ほかの邦訳がある。〕

Asimov, I. (1956). The dead past. *Astounding Science Fiction* (April), 6-46.

Ata, R. N., Thompson, J. K., and Small, B. J. (2013). Effects of exposure to thin-ideal media images on body dissatisfaction: Testing the inclusion of a disclaimer versus warning label. *Body image*, 10(4), 472-80.

Barboza, D. (9 December 2005). Ogre to slay? Outsource it to Chinese. *New York Times*, A1.

Barnatt, C. (2010). *A brief guide to cloud computing: An essential introduction to the next revolution in computing*. London: Robinson.

BBC News. (11 October 2007). Speaker's legal costs criticised.

BBC News. (7 June 2013). Self-portraits and social media: The rise of the 'selfie'.

BBC News. (9 August 2013). The pirate bay: BitTorrent site sails to its 10th birthday.

BBC News. (16 September 2013). Netflix studies piracy sites to decide what to buy.

BBC News. (2 December 2013). Amazon testing drones for deliveries.

Benjamin, M. (2013). *Drone warfare: Killing by remote control* (updated edn.). London and New York: Verso.

Benjamin, W. (2008). *The work of art in the age of mechanical reproduction*. London: Penguin.

Bentham, J. (2011). *Selected writings*. New Haven: Yale University Press.

Berkman, M. B., and Plutzer, E. (2010). *Evolution, creationism, and the battle to control America+s classrooms*. New York: Cambridge University Press.

Berners-Lee, T., Hendler, J., and Lassila, O. (2001). The Semantic Web. *Scientific American*, 284(5), 28-37.

Boccaletti, G., Loffler, M., and Oppenheim, J. M. (2008). How IT can cut carbon

emissions. *McKinsey Quarterly*, (October), 1-5.

Bolter, J. D. (1984). *Turing's man: Western culture in the computer age*. London: Duckworth.〔デイヴィッド・ボルター／土屋俊・山口人生（訳）(1995).『チューリング・マン』みすず書房.〕

Bond, M., Meacham, T., Bhunnoo, R., and Benton, T. G. (2013). Food waste within global food systems. *A Global Food Security Report*, available online.

Brezis, E. S., Krugman, P. R., and Tsiddon, D. (1993). Leapfrogging in international competition: A theory of cycles in national technological leadership. *American Economic Review*, 83(5), 1211-19.

Bridle, J. (29 September 2013). Matchbook: One giant leap towards a virtual book collection. *The Observer*.

Briere, M., Oosterlinck, K., and Szafarz, A. (2013). Virtual currency, tangible return: Portfolio diversification with bitcoins. *Working Papers CEB*, 13 (Université Libre de Bruxelles).

Brown, I., and Marsden, C. T. (2013). *Regulating code: Good governance and better regulation in the information age*. Cambridge, Mass.: MIT Press.

Brown, J. S., and Duguid, P. (2002). *The social life of information* (repr. with a new preface, originally 2000 edn.). Boston: Harvard Business School; McGraw-Hill.〔ジョン・シーリー・ブラウン, ポール・ドゥグッド／宮本喜一（訳）(2002).『なぜIT は社会を変えないのか』日本経済新聞社.〕

Brynjolfsson, E., and McAfee, A. (2011). *Race against the machine: How the digital revolution is accelerating innovation, driving productivity, and irreversibly transforming employment and the economy*. Lexington, Mass.: Digital Frontier Press.〔エリック・ブリニョルフソン, アンドリュー・マカフィー／村井章子（訳）(2013).『機械との競争』日経BP 社, 日経BP マーケティング (発売).〕

Caldarelli, G., and Catanzaro, M. (2012). *Networks: A very short introduction*. Oxford: Oxford University Press.〔Guido Caldarelli, Michele Catanzaro／高口太朗（訳）(2014).『ネットワーク科学：つながりが解き明かす世界のかたち』サイエンス・パレット015, 丸善出版.〕

Carr, N. (1 July 2008). Is Google making us stupid? *The Atlantic*.

Carter, C. (12 September 2013). Just 224 tweets for modern-day couples to fall in love. *The Telegraph*.

Carter, N. (2007). *The politics of the environment: Ideas, activism, policy* (2nd edn.). Cambridge: Cambridge University Press.

Castells, M. (2000). *The rise of the network society* (2nd edn.). Oxford: Blackwell.

Ceruzzi, P. E. (2012). *Computing: A concise history*. Cambridge, Mass. and London: MIT Press.〔ポール・E・セルージ／山形浩生（訳）(2013).『コンピュータって：機械式計算機からスマホまで』東洋経済新報社.〕

Challoner, J. (ed.). (2009). *1001 inventions that changed the world*. Hauppauge, NY: Barron's.〔ジャック・チャロナー編集／小巻靖子ほか（訳）(2011).『人類の歴史を変えた発明

1001』ゆまに書房.〕

Clark, A. (2003). *Natural-born cyborgs: Minds, technologies, and the future of human intelligence*. Oxford and New York: Oxford University Press.

Clarke, R. A., and Knake, R. K. (2010). *Cyber war: The next threat to national security and what to do about it*. New York: Ecco.

Clemens, A. M. (2004). No computer exception to the constitution: The Fifth Amendment protects against compelled production of an encrypted document or private key. *UCLA Journal of Law and Technology*, 2-5.

Cohan, P. (20 May 2013). Yahoo's Tumblr buy fails four tests of a successful acquisition. *Forbes*.

Cohen, J. (2000). Examined lives: Informational privacy and the subject as object. *Stanford Law Review*, 52: 1373-1437.

Cohen, J. (2012). *Configuring the networked self: Law, code, and the play of everyday practice*. New Haven: Yale University Press.

Copeland, B. J. (2012). *Turing: Pioneer of the information age*. Oxford: Oxford University Press.〔B・ジャック・コープランド／服部桂（訳）(2013).『チューリング：情報時代のパイオニア』NTT 出版.〕

Cosmides, L. (1989). The logic of social exchange: Has natural selection shaped how humans reason? Studies with the Wason Selection Task. *Cognition*, 31(3), 187-276.

Crutzen, P. J. (2006). The 'anthropocene'. In E. Ehlers and T. Krafft (eds.), *Earth system science in the anthropocene* (pp.13-18): Heidelberg: Springer.

Cukier, K. (27 February 2010). Data, data everywhere: A special report on managing information: *The Economist*, 3-18.

Dannenberg, R. A. (ed.). (2010). *Computer games and virtual worlds: A new frontier in intellectual property law*. Chicago: American Bar Association, Section of Intellectual Property Law.

Davis, M. (2000). *Engines of logic: Mathematicians and the origin of the computer*. New York and London: Norton.

Dibbell, J. (17 June 2007). The life of the Chinese gold farmer. *New York Times*.

Dijck, J. v. (2013). *The culture of connectivity: A critical history of social media*. Oxford: Oxford University Press.

Dijkstra, E. W. (1984). The threats to computing science. Paper presented at the ACM 1984 South Central Regional Conference, 16-18 November, Austin, Tex.

Doward, J., and Hinsliff, G. (24 February 2008). Air miles, taxis and his reluctance to come clean bring Speaker to the brink of disgrace. *The Observer*.

Dredge, S. (27 June 2013). Autorip comes to the UK: Amazon's 'gentle bridge' between real and virtual music. *The Guardian*.

Dreyfus, H. L. (1992). *What computers still can't do: A critique of artificial reason* (rev. edn.). Cambridge, Mass.: MIT Press.

The Economist. (16 December 1999). Living in the global goldfish bowl.

The Economist. (20 December 2005). Frequent-flyer miles-funny money.

The Economist. (7 June 2007). Robot wars.

The Economist. (22 May 2008). Down on the server farm.

The Economist. (29 February 2012). Now for the good news.

The Economist. (2 June 2012). Morals and the machine.

Evans, D. (2011). The Internet of things: How the next evolution of the Internet is changing everything. *CISCO white paper* (April).

Feser, E. (2006). *Philosophy of mind: A beginner's guide*. Oxford: Oneworld.

Fiddick, L., Cosmides, L., and Tooby, J. (2000). No interpretation without representation: The role of domain-specific representations and inferences in the Wason Selection Task. *Cognition*, 77(1), 1-79.

Fineman, M., and Mykitiuk, R. (1994). *The public nature of private violence: The discovery of domestic abuse*. New York and London: Routledge.

Fischhoff, B., and Kadvany, J. D. (2011). *Risk: A very short introduction*. Oxford: Oxford University Press.〔Baruch Fischhoff, John Kadvany／中谷内一也（訳）(2015).『リスク：不確実性の中での意思決定』サイエンス・パレット023, 丸善出版.〕

Fishman, T. C. (2010). *Shock of gray: The aging of the world's population and how it pits young against old, child against parent, worker against boss, company against rival, and nation against nation*. New York: Scribner.

Floridi, L (1999). *Philosophy and computing: An introduction*. London and New York: Routledge.

Floridi, L. (2009). The Semantic Web vs. Web 2.0: A philosophical assessment. *Episteme*, 6, 25-37.

Floridi, L. (2010a). *Information: A very short introduction*. Oxford: Oxford University Press.

Floridi, L (ed.). (2010b). *The Cambridge handbook of information and computer ethics*. Cambridge: Cambridge University Press.

Floridi, L. (2011). *The philosophy of information*. Oxford: Oxford University Press.

Floridi, L. (2012). Acta—the ethical analysis of a failure, and its lessons. *ECIPE working papers*, 04/2012.

Floridi, L. (2013). *The ethics of information*. Oxford: Oxford University Press.

Floridi, L. (ed.). (2014). *The onlife manifesto*. New York: Springer.

Floridi, L., and Taddeo, M. (eds.). (2014). *The ethics of information warfare*. New York: Springer.

Fowler, W., North, A., and Strange, C. (2008). *The history of pistols, revolvers and submachine guns: The development of small firearms, from 12th century hand-cannons to modern-day automatics, with 180 fabulous photographs and illustrations*, London: Southwater.

Freud, S, (1917). A difficulty in the path of psycho-analysis. *The Standard Edition of the Complete Psychological Works of Sigmund Freud*, ed. James Strachey (London: Hogarth Press, 1956-74), xvii. *An Infantile Neurosis and Other Works*, 1917-1919, 135-44.〔「精神分析に関わるある困

難」『フロイト著作集第10巻』（高橋義孝ほか（訳）), 人文書院, pp.331-332.〕

Fuggetta, R. (2012). *Brand advocates; Turning enthusiastic customers into a powerful marketing force*. Hoboken, NJ: Wiley.〔ロブ・フュジェッタ／土方奈美（訳）(2013).『アンバサダー・マーケティング：熱きファンを戦力に変える新戦略』日経BP社, 日経BPマーケティング(発売).〕

Funabashi, H. (2012). Why the Fukushima nuclear disaster is a man-made calamity. *International Journal of Japanese Sociology*, 21(1), 65-75.

Gabbatt, A., and Rushe, D. (3 October 2013). Silk Road shutdown: How can the FBI seize Bitcoins? *The Guardian*.

Gantz, J., and Reinsel, D. (2011). *Extracting value from chaos*. White paper sponsored by EMC-JDC, available online.

Gardiner, B, (15 August 2008). Bank failure in second life leads to call for regulation. *Wired Magazine*.

Gardner, S., and Krug, K. (2006). *BitTorrent for dummies*. Hoboken, NJ: Wiley Pub.

Glanz, J. (22 September 2012). Power, pollution and the Internet *New York Times*.

Gleick, J. (2011). *The information: A history, a theory, a flood*. London: Fourth Estate.〔ジェイムズ・グリック／楡井浩一（訳）(2013).『インフォメーション：情報技術の人類史』新潮社.〕

Gogol, N. (1998). *Dead souls*. Oxford: Oxford University Press.〔ニコライ・ゴーゴリ／東海晃久（訳）(2016).『死せる魂』河出書房新社ほかの邦訳がある。〕

Goldstine, H. H. (1993). *The computer from Pascal to von Neumann*. Princeton: Princeton University Press.〔ハーマン H. ゴールドスタイン／末包良太・米口肇・犬伏茂之（訳）(2016).『計算機の歴史：パスカルからノイマンまで』共立出版.〕

Halper, S. A: (2010). *The Beijing Consensus: How China's authoritarian model will dominate the twenty-first century*. New York: Basic Books.〔ステファン・ハルパー／園田茂人・加茂具樹（訳）(2011).『北京コンセンサス：中国流が世界を動かす?』岩波書店.〕

Han, S. (2011). *Web 2.0*. London: Routledge.

Harrop, P., and Das, R. (2013). RFID forecasts, players and opportunities 2012-2022. *IDTechEx*, Cambridge. UK.

Headrick, D. R. (2009). *Technology: A world history*, Oxford: Oxford University Press.

Hegel, G. W. F. (1979). *Phenomenology of spirit*. Oxford: Oxford University Press.〔ヘーゲル／金子武蔵（訳）(2002).『精神の現象学』上下巻, 岩波書店.〕

Heilman, J. M., Kemmann, E., Bonert, M., Chatterjee, A., Ragar, B., Beards, G. M., et al. (2011). Wikipedia: A key tool for global public health promotion. *Journal of Medical Internet Research*, 13(1).

Herzfeld, O. (4 December 2012). What is the legal status of virtual goods? *Forbes*.

Hill, K. (4 July 2012). How Target figured out a teen girl was pregnant before her father did. *Forbes*.

Hird, G. (2010). *Green IT in practice: How one company is approaching the greening of its IT* (2nd edn.). Ely: IT Governance Publishing.

Hobbes, T. (1991). *Leviathan*. Cambridge: Cambridge University Press.〔ホッブス／水田洋（訳）(1964-1967).『リヴァイアサン』1, 2, 岩波文庫, 岩波書店 ほかの訳がある。〕

Hockenos, P. (2011). *State of the world's volunteerism report, 2011: Universal values for global well-being*. New York: United Nations, available online.

Hodges, A. (1992). *Alan Turing: The Enigma*. London: Vintage.〔アンドルー・ホッジス／土屋俊・土屋希和子（訳）(2015).『エニグマ：アラン・チューリング伝』上下, 勁草書房.〕

Holvast, J. (2009). History of privacy. In V. Matyáš, S. Fischer-Hübner, D. Cvrček, and P. Švenda (eds.), *The future of identity in the information society (IFIP advances in information and communication technology*, 298). Berlin and Heidelberg: Springer, pp.13-42.

Honan, M. (5 August 2013). Remembering the Apple Newton's prophetic failure and lasting impact. *Wired Magazine*.

Horace (2011). *Satires and epistles*. New York: Oxford University Press.

Horowitz, S. J, (2008). Bragg v. Linden's second life: A primer in virtual world justice. *Ohio NUL Review*, 34, 223.

Howe, N., and Strauss, W. (2000). *Millennials rising: The next great generation*. New York: Vintage Books.

James, W. (1890). *The principles of psychology*. London: Macmillan.〔W. ジェームス／松浦孝作（訳）(1940).『心理學の根本問題』現代思想新書6, 三笠書房.「心理学原理」の抄訳版.〕

Juniper Research. (2012). *Smart wearable devices. Research report*. Hampshire, UK.

Klein, N. (2000). *No logo: No space, no choice, no jobs*. London: Flamingo.

Lenhart, A. (19 March 2012). Teens, smartphones & texting. *Pew Internet & American Life Project*.

Lenhart, A., and Madden, M. (18 April 2007). Teens, privacy & online social networks: How teens manage their online identities and personal information in the age of myspace. *Pew lnternet & American Life Project*.

Lessig, L. (1999). *Code: And other laws of cyberspace*. New York: Basic Books.〔ローレンス・レッシグ／山形浩生・柏木亮二（訳）(2001).『Code：インターネットの合法・違法・プライバシー』翔泳社.〕

Lessig, L. (2006). *Code* (2nd edn.). New York: Basic Books.〔ローレンス・レッシグ／山形浩生（訳）(2007).『Code』翔泳社.〕

Linklater, A. (1998). *The transformation of political community: Ethical foundations of the post-Westphalian era*. Oxford: Polity.

Logan, H. C. (1944). *Hand cannon to automatic: a pictorial parade of hand arms*. Huntington, W.Va.: Standard Publications, Incorporated.

Lohr, S. (10 March 2013). Algorithms get a human hand in steering web. *New York Times*.

Luke, K. (2013). World of warcraft down to 7.7 million subscribers. *IGN*, available online.

Lyman, P., and Varian, H. R. (2003). *How much information 2003*. available online.

Lyotard, J.-F. (1984). *The postmodern condition: A report on knowledge*. Minneapolis: University of Minnesota Press.〔ジャン= フランソワ・リオタール／小林康夫（訳）(1986).『ポスト・モダンの条件：知・社会・言語ゲーム』叢書言語の政治1, 水声社.〕

McCandless, D. (2012). *Information is beautiful*. London: Collins.

McCarthy, J. (1997). AI as sport. *Science and Engineering Ethics*, 276(5318), 1518-19.

McClellan, J. E., and Dorn, H. (2006). *Science and technology in world history: An introduction* (2nd edn.). Baltimore: Johns Hopkins University Press.

Magee, B. (ed.), (2000). *The great philosophers: An introduction to Western philosophy* (2nd edn.). Oxford: Oxford University Press.〔ブライアン・マギー（編）／高頭直樹ほか（訳）(1993).『西洋哲学の系譜：第一線の哲学者が語る西欧思想の伝統』晃洋書房.〕

Martin, L. H. (ed.). (1988). *Technologies of the self: A seminar with Michel Foucault*. Amherst, Mass.: University of Massachusetts Press.〔ミシェル・フーコー ほか／田村俶・雲和子（訳）(1990).『自己のテクノロジー：フーコー・セミナーの記録』岩波書店.〕

Marwick, A., Murgia-Diaz, D., and Palfrey, J. (2010). Youth, privacy and reputation (literature review). *Berkman Center Research Publication 2010-5; Harvard Law Working Paper* 10-29.

Mason, M. (6 May 2013). Reports of our death have been greatly exaggerated. *BitTorrent Blog*.

Mayer-Schönberger, V., and Cukier, K. (2013). *Big data: A revolution that will transform how we live, work, and think*. Boston: Houghton Mifflin Harcourt.〔ビクター・マイヤー = ショーンベルガー , ケネス・クキエ／斎藤栄一郎（訳）(2013).『ビッグデータの正体：情報の産業革命が世界のすべてを変える』講談社.〕

Mills, E. (2005). Google balances privacy, reach. C|Net News.com, <http:flnews.com.com/Google+balances+privacy%2C+reach/2100-1032_3-5787483.html>.

Mueller, M. (2010). *Networks and states: The global politics of internet governance*. Cambridge, Mass.: MIT Press.

Muniz Jr, A. M., and Schau, H. J. (2005). Religiosity in the abandoned Apple Newton brand community. *Journal of Consumer Research*, 31(4), 737-47.

NATO Cooperative Cyber Defence Centre of Excellence. (2013). *Tallinn manual on the international law applicable to cyber warfare: Prepared by the international group of experts at the invitation of the NATO Cooperative Cyber Defence Centre of Excellence*. Cambridge: Cambridge University Press.

Negnevitsky, M. (2011). *Artificial intelligence: A guide to intelligent systems* (3rd edn.). Harlow: Addison Wesley/Pearson.

Neurath, O. (1959). Protocol sentences. In A. J. Ayer (ed.), *Logical positivism* (pp.199-208). Glencoe, Ill.: The Free Press.

Nissenbaum, H. F. (2010). *Privacy in context: Technology, policy, and the integrity of social life*. Stanford, Calif.: Stanford Law Books.

Nogee, A. (2004). RFID tags and chip: Changing the world for less than the price of a cup of coffee. *In-Stat/MDR*.

Noonan, H. W. (2003). *Personal identity* (2nd edn.). London: Routledge.

Norman, D. A. (1998). *The design of everyday things*. Cambridge, Mass.: MIT.〔D.A. ノーマン／野島久雄（訳）(1990).『誰のためのデザイン?：認知科学者のデザイン原論』新曜社.〕

Norris, P. (2001). *Digital divide: Civic engagement, information poverty, and the internet worldwide*. Cambridge: Cambridge University Press.

Noyes, J. (1983). The QWERTY keyboard: A review. *International Journal of Man-Machine Studies*, 18(3), 265-81.

O'Reilly Media. (2012). *Big data now: 2012 edition*. Kindle edition: O'Reilly Media Inc.

O'Reilly, T. (1 October 2005). Web 2.0: Compact definition? *O'Reilly radar blog*, available online.

Oldham, G. R., and Brass, D. J. (1979). Employee reactions to an open-plan office: A naturally occurring quasi-experiment. *Administrative Science Quarterly*, 24, 267-84.

Ong, W. J. (1988). *Orality and literacy: The technologizing of the word*. London: Routledge.〔W.J. オング／桜井直文・林正寛・糟谷啓介（訳）(1991).『声の文化と文字の文化』藤原書店.〕

Orwell, G. (2013). *Nineteen Eighty-Four* (annotated edn.). London: Penguin.〔ジョージ・オーウェル／高橋和久（訳）(2009).『一九八四年』新訳版, ハヤカワepi 文庫, 早川書房.〕

Palfrey, J., and Gasser, U. (2008). *Born digital: Understanding the first generation of digital natives*. New York: Basic Books.

Pascal, B. (1997). Machine d'arithmétique. *Review of Modem Logic*, 7(1), 56-66.

Pascal, B. (2008). *Pensées and other writings*. Oxford: Oxford University Press.〔『パンセ』の邦訳は、津田穣（訳）(1952). 上下, 新潮文庫, 新潮社. ほか、多数ある。〕

Pfanner, E. (28 September 2009). A move to curb digitally altered photos in ads. *New York Times*.

Picard, R. W. (1997). *Affective computing*. Cambridge, Mass. and London: MIT Press.

Pierce, J. R. (1980). *An introduction to information theory: Symbols, signals & noise* (2nd edn.). New York: Dover Publications.

Plato. (1997). *Complete works*. Indianapolis and Cambridge, Mass.: Hackett.〔p ラトン／田中美知太郎・藤沢令夫（監修）(2005年復刊).『プラトン全集』岩波書店.〕

Popper, K. R. (2002). *The logic of scientific discovery*. London: Routledge.〔カール・R. ポパー／大内義一・森博（訳）(1971-72)『科学的発見の論理』上下, 恒星社厚生閣.〕

Proust, M. (1996). *In search of lost time, i. Swann's way* (trans. C. K. Scott Moncrieff and T. Kilmartin, rev. D. J. Enright). London: Vintage (originally published: London: Chatto & Windus, 1992).〔プルースト／吉川一義（訳）(2010).「スワン家のほうへ」『失われた時を求めて』1, 2, 岩波文庫, 岩波書店. ほかの邦訳がある。〕

Raice, S. (2 Feb. 2012). Facebook sets historic IPO. *Wall Street Journal*.

Ramo, J. C. (2004). *The Beijing Consensus*. London: Foreign Policy Centre.

Rawls, J. (1999). *A theory of justice* (rev. edn.). Cambridge, Mass.: Belknap Press of Harvard

University Press.〔ジョン・ロールズ／川本隆史・福間聡・神島裕子（訳）(2010).『正義論』改訂版, 紀伊國屋書店.〕

Rose, S. (19 October 2009). Hollywood is haunted by ghost in the shell. *The Guardian*.

Sainsbury, R. M. (1995). *Paradoxes* (2nd edn.). Cambridge: Cambridge University Press.〔R.M. セインズブリー／一ノ瀬正樹（訳）(1993).『パラドックスの哲学』勁草書房.〕

Salinger, J. D. (1951). *The catcher in the rye*. Boston: Little Brown.〔J.D. サリンジャー／村上春樹（訳）(2003).『キャッチャー・イン・ザ・ライ』白水社. ほかの邦訳がある。〕

Saponas, T. S., Lester, J., Hartung, C., and Kohno, T. (2006). Devices that tell on you: The Nike+iPod sport kit. *Dept. of Computer Science and Engineering, University of Washington, Tech. Rep.*, available online.

Sauter, M. B., Hess, A. E. M., and Weigley, S. (1 February 2013). The biggest car recalls of all time. 24/7 *Wall St. Report*.

Schaefer, M. (2012). *Return on influence: The revolutionary power of Klout, social scoring, and influence marketing* (1st edn.). New York: McGraw-Hill.〔マーク・W・シェイファー／中里京子（訳）(2012).『個人インフルエンサーの影響力：クラウト、ソーシャルスコアがもたらす革命的マーケティング』マグロウヒル・エデュケーション, 日本経済新聞出版社 (発売).〕

Schneier, B. (2003). *Beyond fear: Thinking sensibly about security in an uncertain world*. New York: Copernicus, an imprint of Springer.〔ブルース・シュナイアー／井口耕二（訳）(2007).『セキュリティはなぜやぶられたのか』日経BP 社, 日経BP 出版センター (発売).〕

Shannon, C. E., and Weaver, W. (1949, repr. 1998). *The mathematical theory of communication*. Urbana: University of Illinois Press.〔クロード・E. シャノン, ワレン・ウィーバー／植松友彦（訳）(2009).『通信の数学的理論』ちくま学芸文庫, 筑摩書房.〕

Shieber, S. M. (2004). *The Turing Test: Verbal behavior as the hallmark of intelligence*. Cambridge, Mass.: MIT Press.

Shin, G.-W., and Sneider, D. C. (2011). *History textbooks and the wars in Asia: Divided memories*. Abingdon: Routledge.

Shumaker, R. W., Walkup, K. R., and Beck, B. B. (2011). *Animal tool behavior: The use and manufacture of tools by animals* (rev. and updated edn.). Baltimore: Johns Hopkins University Press.

Simon, H. A. (1996). *The sciences of the artificial* (3rd edn.). Cambridge, Mass.: MIT Press.〔ハーバート・A・サイモン／稲葉元吉・吉原英樹（訳）(1999).『システムの科学』パーソナルメディア.〕

Slezak, M. (2013). Space miners hope to build first off-earth economy. *New Scientist*, 217(2906), 8-10.

Smullyan, R. M. (1980). *This book needs no title: A budget of living paradoxes*. Englewood Cliffs, NJ: Prentice-Hall.

Soltani, A., Canty, S., Mayo, Q., Thomas, L., and Hoofnagle, C. (2009). Flash cookies and privacy, available at SSRN 1446862.

Steger, M. B. (2003). *Globalization: A very short introduction*. Oxford: Oxford University Press.〔マンフレッド・B・スティーガー／櫻井公人・櫻井純理・高嶋正晴（訳）(2010).『グローバリゼーション』岩波書店.〕

Steil, B. (2013). *The battle of Bretton Woods: John Maynard Keynes, Harry Dexter White, and the making of a new world order*. Princeton: Princeton University Press.〔ベン・ステイル／小坂恵理（訳）(2014).『ブレトンウッズの闘い：ケインズ、ホワイトと新世界秩序の創造』日本経済新聞出版社.〕

Sterin, F. (2013). Powering our Finnish data center with Swedish wind energy. Google Green Blog, <http://googlegreenblog.blogspot.co.uk/2013/06/poweringour-finnish-data-center-with.html>.

Sundstrom, E., Herbert, R. K., and Brown, D. W. (1982). Privacy and communication in an open-plan office a case study. *Environment and Behavior*, 14(3), 379-92.

Tufte, E. (2001). *The Visual Display of Quantitative Information*. Cheshire, Conn.: Graphics Press.

Turing, A. M. (1936). On computable numbers, with an application to the entscheidungsproblem. *Proceedings of the London Mathematics Society*, 2nd ser., 42, 230-65.

Turing, A. M. (1950). Computing machinery and intelligence. *Mind*, 59(236), 433-60.

Turing, A. M. (2004). *The essential Turing: Seminal writings in computing, logic, philosophy, artificial intelligence, and artificial life, plus the secrets of Enigma*. Oxford: Clarendon Press.

Uppenberg, K. (2009). Innovation and economic growth. *European Investment Bank Papers*, 14(1), 10-35.

US Civil Service. (1891). *The executive documents, house of representatives, first session of the Fifty-First Congress 1889-1890*. Washington, DC.

Van Duyn, A., and Waters, R. (7 August 2006). Google in $900m ad deal with myspace. *Financial Times*.

Vesset, D., Morris, H. D., Little, G., Borovick, L., Feldman, S., Eastwood, M., et al. (2012). *Worldwide big data technology and services 2012-2015 forecast*, a report by IDC, available online.

Von Ahn, L., Maurer, B., McMillen, C., Abraham, D., and Blum, M. (2008). Recaptcha: Human-based character recognition via web security measures. *Science*, 321(5895), 1465-8.

Wacks, R. (2010). *Privacy: A very short introduction*. Oxford: Oxford University Press.

Waismann, F. (1968). *How I see philosophy*. London: Macmillan (1st pub. 1956). Warren, S., and Brandeis, L. D. (1890). The right to privacy. *Harvard Law Review*, 193(4).

Weaver, M. (13 May 2010). Obama to force BP to pay more cleanup costs for deepwater disaster. *The Guardian*.

Webb, M. (2008). Smart 2020: Enabling the low carbon economy in the inforn1ation age. *The Climate Group*, available online.

Weinberger, D. (2011). *Too big to know: Rethinking knowledge now that the facts aren't the facts, experts are everywhere, and the smartest person in the room is the room*. New York: Basic Books.

Weinert, F. (2009). *Copernicus, Danwin, and Freud: Revolutions in the history and philosophy of science*. Oxford: Blackwell.

Weizenbaum, J. (1966). ELIZA-a computer program for the study of natural language communication between man and machine. *Communications of the ACM*, 9(1), 36-45.

Weizenbaum, J. (1976). *Computer power and human reason: From judgment to calculation*. San Francisco: W. H. Freeman.

Wheeler, J. A. (1990). Information, physics, quantum: The search for links. In W. H. Zurek (ed.), *Complexity, entropy, and the physics of information*. Redwood City, Calif.: Addison-Wesley Pub. Co., pp.3-28.

Wiener, N. (1954). *The human use of human beings: Cybernetics and society* (rev. edn.). Boston: Houghton Mifflin.〔ノーバート・ウィーナー／鎮目恭夫・池原止戈夫（訳）(1979).『人間機械論：人間の人間的な利用』みすず書房.〕

Wiener, N. (1961). *Cybernetics: Or control and communication in the animal and the machine* (2nd edn.). Cambridge, Mass.: MIT Press.〔ウィーナー／池原止戈夫 ほか（訳）(2011).『サイバネティックス：動物と機械における制御と通信』岩波文庫, 岩波書店.〕

Wiener, N. (1964). *God and golem, inc.: A comment on certain points where cybernetics impinges on religion*. Cambridge, Mass.: MIT Press.

Williamson, J. (1993). Democracy and the Washington Consensus'. *World Development*, 21(8), 1329-36.

Williamson, J. (2012). Is the 'Beijing Consensus' now dominant? *Asia Policy*, 13(1), 1-16.

Winfield, A. F. T. (2012). *Robotics: A very short introduction*. Oxford: Oxford University Press.

Wittgenstein, L (2001). *Philosophical investigations: The German text with a revised English translation* (3rd edn.). Oxford: Blackwell.〔ルートヴィヒ・ヴィトゲンシュタイン／丘沢静也（訳）(2013).『哲学探究』岩波書店. ほかの邦訳がある。〕

Wolfe, C. K., and Akenson, J.E. (2005). *Country music goes to war*. Lexington, KY: University Press of Kentucky.

Wollslager, M. E. (2009). Children's awareness of online advertising on neopets: The effect of media literacy training on recall. *SIMILE: Studies In Media & information Literacy Education*, 9(2), 31-53.

Wooldridge, M. J. (2009). *An introduction to multiagent systems* (2nd edn.). Chichester and Hoboken, NJ: Wiley.

Woolf, V. (1999). *The years*. Oxford: Oxford University Press.〔ヴァージニア・ウルフ／大澤實（訳）(2013).『歳月』文遊社.〕

Woolf, V. (2003). *The common reader* (rev. edn.). London: Vintage.